寒门子弟上大学

美国精英大学何以背弃贫困学生?

[美]安东尼·亚伯拉罕·杰克 著

田雷 孙竞超 译

生活·讀書·新知 三联书店

Simplified Chinese Copyright © 2021 by SDX Joint Publishing Company.
All Rights Reserved.

本作品简体中文版权由生活·读书·新知三联书店所有。
未经许可,不得翻印。

图书在版编目(CIP)数据

寒门子弟上大学:美国精英大学何以背弃贫困学生?/(美)安东尼·亚伯拉罕·杰克著;田雷,孙竞超译. —北京:生活·读书·新知三联书店,2021.8
(雅理译丛)
ISBN 978 – 7 – 108 – 07139 – 2

Ⅰ.①寒… Ⅱ.①安… ②田… ③孙… Ⅲ.①特困生-大学生-研究-美国 Ⅳ.① G645.5

中国版本图书馆 CIP 数据核字(2021)第 102192 号

THE PRIVILEGED POOR: How Elite Colleges Are Failing Disadvantaged Students by Anthony Abraham Jack
Copyright © 2019 by Anthony Abraham Jack
Published by arrangement with Harvard University Press through Bardon-Chinese Media Agency
Simplified Chinese translation copyright © 2021 by Beijing Tao Zhi Yao Yao Culture Co., Ltd.
ALL RIGHTS RESERVED

责任编辑	王晨晨
责任印制	宋 家

出版发行 生活·讀書·新知 三联书店
(北京市东城区美术馆东街 22 号 100010)

网	址	www.sdxjpc.com
图	字	01-2021-2396
经	销	新华书店
印	刷	河北鹏润印刷有限公司
版	次	2021 年 8 月北京第 1 版
		2021 年 8 月北京第 1 次印刷
开	本	880 毫米 × 1092 毫米 1/32 印张 11
字	数	227 千字
印	数	00,001 – 20,000 册
定	价	62.00 元

(印装查询:01064002715;邮购查询:01084010542)

谨以本书献给

坞丽莲·巴特勒·杰克
自我来处，即教导我

小格雷戈里·格伦
为我引路，让我走远

诚然,
时代、环境和历史,造就了我之所以为我,
但我也远不止单纯地被造。
我们,都是如此。

        詹姆斯·鲍德温,《土生子札记》

目 录

序　言　寒门也能出"贵子"吗?	1
第一章　"来啊,跟我一起去意人利!"	31
第二章　"您能为我在书上签个名吗?"	100
第三章　"我,也,饿"	167
结　语　在录取之后	227
附　录	248
注　释	278
致　谢	307
索　引	316
译后记	333

缩略词

社会分层

DD（Doubly Disadvantaged） 双重贫困生
PP（Privileged Poor） 寒门幸运儿
UI（Upper Income） 高收入学生

种族/人种分类

A（Asian American） 亚裔美籍
B（Black） 黑人
L（Latino） 拉丁裔
W（White） 白人

序　言
寒门也能出"贵子"吗？

"托托，我觉得，我们已经不在堪萨斯了。"

——桃乐茜，《绿野仙踪》

"别的黑人穷孩子在哪儿呢？"这是记忆中我问自己的第一个问题，那时的我，还是一名肥嘟嘟的大一新生，梳着辫子头，走在阿默斯特学院的校园里。不一会儿，我就发现自己来到了校园主庭院的中心地带，站在约翰逊教堂外。草坪刚刚修剪过，看上去很清新，闪着深绿色的微光。那个夜晚，对于我这种迈阿密土生的外来客略有些冷，但初来乍到的新生在四处闲逛，躁动不安地互相问候寒暄，夜晚的空气中也飘浮着激动。话匣子打开后就再关不上，我被包围起来。没费多大工夫，新同学就带我通过了跨入大学的仪式，15年后，我现在称之为"破冰对话"——就是发生在你去吃饭或上课的路上，那些短暂且随意的闲谈，以自我介绍为主，仿佛不经意之间，同学们口头提及一段他们的学业经历，或者向所有愿意听的人讲述他们暑假的消夏旅途。

这些陌生人——我的新同学们——交换着他们夏日玩乐的趣事。有人出国旅行了好几周,有人在家里的避暑别墅内办了酷炫的派对,有人拿到了职业篮球赛的场边票,还有人接到邀请,观看电影的私人首映礼,据我所知,都是那些尚未到影院公映档期的电影。这些孩子多是白人同学,但黑人同学也会插话进来——来而不往非礼也,开始讲述自己护照印戳背后的精彩故事。班上就有一位黑人同学,漫不经心地提到她曾经坐过私人飞机。我当时就想到自己第一次坐飞机的经历,其实就发生在数月之前:为了赶上阿默斯特的橄榄球招生行程,我乘坐达美航空公司的航班,从劳德代尔堡飞往康涅狄格州的哈特福德,所有人都警告我,使得我非常害怕自己的耳膜会爆裂,于是乎,我,拼命嚼了 5 块绿箭薄荷口香糖。我搜肠刮肚,试着想出一个可以让我加入对话的故事。在我印象中,唯一能称得上家庭度假的一次,就是全家人驾车沿着 95 号州际公路,从迈阿密开往我们在佐治亚州的亲戚家。这些富家子弟有他们自己版本的夏天,但在我家,夏天仅仅是一个季节而已,是一百天挥之不去的酷热、潮湿和飓风。当然,还有该死的蚊子。

我被富人包围了;我在阿默斯特的一些同学是真有钱。阿默斯特的宣传手册骄傲地宣称,约有 40% 的学生获得了经济资助,但我知道,这句话的真意要反过来读:在这所学校,超过一半的同学来自能赚大钱的家庭,这让他们压根没有资格申请任何经济资助。但财富并没有让我感到惊讶。毕竟,我已经知晓了同富人一起上学是什么样子。我刚刚从格列佛预科学校（Gulliver Preparatory）完成高中学业，那是一所昂贵的私立中学，就位于迈阿密。虽然我在格列佛只待了一年，但那一年却让我初尝了未来的滋味，我也因此对即将到来的大学生活做好了准备，无论在生活上还是学术上。我在格列佛交到了最好的朋友，是他父亲说服我开始吃五分熟的汉堡，而不是我们家里习惯的全熟汉堡，在高中最后一年，他收到了一辆车，还有费用全部付讫的横穿欧洲背包游，作为他的毕业礼物。我第一次听到"青年旅社"这个词，就是在他们家的西班牙风格的豪宅里，里面有两个家庭活动室，我们当时就坐在较大的那间闲谈。

然而，从我在格列佛的经历，到我在阿默斯特的发现，两种生活之间也存在着一种差异。尽管财富已经不再让我震惊，但我确实曾因阿默斯特的肤色而感到惊讶。在格列佛，那些富家子弟，开着路虎揽胜车，炫耀着昂贵的度假旅行，都不是黑人。但在阿默斯特，在我的新同学里，却有很多富家子是黑人。

我在那天下午的发现，<u>丝毫不差地映照了我多年后的阅读</u>。我后来成为一名社会学的研究生，在阅读威廉·鲍恩和德里克·博克关于美国高等教育的开创性研究《河流的形状》时，我又回想起初到阿默斯特的日子。鲍恩和博克发现，在他们所研究的28所精英文理学院和大学（其中既有常春藤盟校，如哥伦比亚大学，又有居于领先位置的公立大学，如密歇根大学安娜堡分校）中，大多数的黑人学生都来自高收入家庭。我在阿默斯特的同学们也不例外，有些人是贝恩资本和麦肯锡咨询公司的公子哥，还有些则是出身梅奥医学中心和麻省总医院的富家女。我则不然。我来自迈阿密的椰林区，是一个"赢在起跑线"项目（Head Start）的孩子。2013年，我的故土作为一处破败之地被《迈阿密先驱报》称为"被时间遗忘的街区"。我的母亲30多年如一日，穿着一件绿色的Polo衫，背后印着"保安"字样的白色大写字母，在庞塞德利昂中学的长廊里巡逻。白天，我大哥穿着他的淡蓝色制服，全身布满了漂白剂的斑点，在我从前的破旧小学里打扫教室；到了晚上，他还要在南迈阿密医院里清扫急诊室。[1]

在我转学到格列佛之前，我同财富最亲密的接触要数奶奶讲给我的故事。在她成年后，占据她全部生活的，就是在有钱的白人家里打扫卫生，主要是医生和律师家庭。当我的堂兄因非法持有管制药品而被捕时，奶奶的一位律师雇主代表他出了庭，算作对奶奶20多年家政服务的回馈。奶奶从不八卦雇主的家长里短，但她间或还是会透露一些琐事，关于某次昂贵的采购或者某次奢华的家庭旅行。其中一家的父亲是一位民航飞行员，他曾邀请奶奶搭乘由他执飞的某次航班去旅行，这样一来，在登机旅客找位子就座时，奶奶就能听到雇主通过班机通话系统传来的迎客声。（奶奶压根就没去。）然而，即便是这些二手的叙述和没有回应的邀请，也已是我能接触到的极限了——于我而言，财富只不过是一种传说。听着我在阿默斯特的同学讲述他们的奇遇，仿佛我们坐在奶奶的膝头听她讲故事一样遥远，我早已学会让自己坦然面对，在一个富有且以白人为主的地盘上，成为少数的黑人穷孩子，从前在格列佛是这样，如今在阿默斯特也是如此。

那个下午，我匆忙得出的结论是合理的。美国的高等教育是极其不平等的，其阶级分化也令人不安。与有钱人家的同龄人相比，穷人家的年轻人，不论族裔为何，他们上大学的可能性要更低，而其中来自黑人和拉丁裔家庭的穷孩子就更没啥可能了。即便他们能够上大学，也很少就读于阿默斯特这样的学校。在美国的全部本科生中，虽然约有一半学生是其家庭中上大学的第一人——这部分学生又多半出身贫苦背景——但第一代大学生却不成比例地被分流至社区学院、以赚钱为目的的学院，还有某些更容易被录取的四年制学院。这些学校存在着一些共同的问题：资源匮乏，学生资助稀缺，在读生流失严重。[2]

当然，这种不均衡在精英大学里却颠倒过来。学校在录取时选拔性越强，则它们录取的苦出身的学生人数就会越少，无论在阶级还是种族意义上，都是如此。安东尼·卡耐瓦莱和杰夫·施特罗尔是乔治城大学教育与人力中心的研究人员，通过统计1982年至2006年间的大学生人口数据，他们的研究清楚地记录下这一现象。在录取竞争最激烈的大学梯队里，如哥伦比亚、普林斯顿和斯坦福，来自全国收入分配排位后半段家庭的，只占全部本科生的14%。而在录取竞争难度第二梯队的大学里，也即诸如狄金森学院、福尔曼大学和斯基德莫尔学院这类大学，同比数据也只有16%。在两位学者合作研究时，他们在录取竞争激烈的分层里纳入了193所学校，在此类大学里，低收入学生的稀缺，同另一现象构成了鲜明的对比：在上述两档类型的大学里，来自收入分配排位居前四分之一的家庭的学生，其比例分别为63%和70%。换言之，以经济收入作为衡量标准，富家子弟已经在全美最好的大学里占据了三分之二的席次。[3]

来自不同收入水平的美国家庭的孩子们到底去哪儿上大学，新的数据提供了一幅更详细但却也更令人沮丧的图景。2017年，经济学家拉杰·切蒂和他的合作者研究发现，来自收入高居金字塔顶部1%的家庭，也即年度收入超出630,000美元的家庭，与那些年收入30,000美元甚至更低的底部家庭相比，前一类型家庭的孩子入读常春藤盟校的可能，比后一类型高出77倍之多。这项研究还做了一个统计，研究者在样本中纳入了共计38所精英院校，包括科尔比学院和巴克内尔大学这样的地方，结果得出了一个惊人的数据，在这些大学，来自收入居前1%的家庭的学生，其人数之多，超过了来自落在后面的60%的家庭（也即年度收入不足65,000美元的家庭）的学生总数。在科罗拉多学院，这一比率甚至已经高于2∶1，而在华盛顿大学圣路易斯分校，比率甚至已经突破了3.5∶1。[4]

换一种比较方法，我们再来看看超级富豪的大学目的地，上述的不平等还能有更加尖锐的呈现。切蒂的研究报告指出，统计收入在顶尖0.1%家庭的学生，他们就读于精英大学的比例为40%，这一百分比同出身穷人家的孩子读大学的比例是相同的，只是后者要把所有的大学包括在内，无论是四年制，还是两年制。

我们现在或许有了更好看点的数据，但这一状况本身并不是什么新鲜事。事实上，在此前20多年的时间，大学一直面对着巨大的压力，它们被认为应当更积极有为，更努力地去战胜不平等，具体而言，大学应当利用它们可观的财富来应对高等教育"上学贵"的问题。2008年，就在金融危机爆发的前夕，参议院的财政委员会就发出警告，根据它的指控，大学拿到的捐赠虽然水涨船高，但却没有将经费用于学生资助和录取。公众也随声附和，抱怨学费开支不断增长，让越来越多的美国人无力承担。大学也因此错失了出身卑微但上进心十足的好苗子，过去是这样，现在依旧如此。因为录取中的不平等，出身贫寒的年轻人难以获得精英教育的收益，为了解决这种不平等，同时也为了回应公众对教育开支飞涨的强烈不满，有些大学早在20世纪90年代末就引入了无贷款助学政策。在此之前，助学政策通常采用奖学金和学生贷款的组合，对于许多贫穷家庭来说，成本之高依然令年轻人望而却步。而现在，学校开始引入一揽子的助学政策，用奖学金和其他形式的资助代替了贷款，希望借此帮助那些出身卑微但却有学术天赋的申请人，首先把他们招进大学，继而支持这些穷孩子。[5]

普林斯顿大学在1998年开启了这场变革运动。当年的校长哈罗德·夏皮罗在谈及该政策时曾如是说："我们的目标就是，要尽我们之所能，确保没有学生仅仅出于经济考虑而决定不申请普林斯顿。"普林斯顿改革之后，许多高校立刻跟上。阿默斯特在1999年也如法效仿，此举为数年后我获得录取扫除了障碍。到2008年为止，所有的常春藤盟校都加入了无贷款助学的行列。斯坦福大学、麻省理工和杜克大学也采纳了类似的政策。虽然推行此类政策的大多是私立院校，但无贷款助学政策也在一些旗舰排位的公立大学得到推广。2003年，北卡罗来纳大学教堂山分校成为首个引入无贷款政策的公立大学。弗吉尼亚大学和密歇根大学紧随其后。唐纳德·萨利赫，此前曾任康奈尔大学新生录取及助学办公室的主任，就曾道出社会大众对此类助学新路径的感触："保证社会经济背景的多样性，其意义不可低估，唯有如此，大学校园才能成为整个国家的缩影，而不只是高收入者的家园。"[6]

这些政策革命扩展了进入大学，尤其是步入精英院校的通道，其收效可谓立竿见影：学生群体看起来开始发生变化。2015年，瓦萨学院赢得了首届"库克促进教育公平卓越奖"，在该校，有资格申请"佩尔奖学金"的学生，也即来自收入分配位居后四分之一家庭的学生，占比从2008年的12%提高到2015年的23%，几乎翻了一番。而根据北卡罗来纳大学和阿默斯特学院的报告，统计它们在2012年至2014年间所录取的学生，至少有20%来自低收入家庭。[7]

精英大学虽然为数不多，但这些学校的影响力，特别是它们对学生个体之生活乃至美国社会之整体的影响，却不容小觑。对于那些家境贫寒或出身卑微的学生而言，能到精英文理学院或大学读书，就意味着踏上了一块社会流动的跳板。从任何一所大学毕业，学生都能因此受惠——尤其对于隶属某些群体的学生而言，他们之所以能上大学，一定程度上得益于旨在让大学生在阶级和族裔构成上更加多元的政策红利——高等教育更是能提供实在的收益。但是，在毕业率更高的精英院校，这种差异却更加显著。在美国，那些在入学录取时竞争最激烈的大学，也向来因其90%甚至更高的毕业率而骄傲，相比之下，社区学院的平均毕业率只有57%。如何解释这种毕业率上的差距，一方面要看到就读于不同类型的院校，学生在学业上的准备是天差地别的，但另一方面也不能否认，精英文理学院和大学可以提供丰富的资源以及充分的支持。也因此，就读于精英院校，学生在毕业后的经济回报也会更大。一项1999年的研究发现，比较精英私立院校和排名靠后的公立大学的毕业生，虽然是同龄人，但前者的经济收入要比后者高出39%。无论我们把目光投向联邦最高法院的大法官，还是各行各业的领军人物，看到的往往是毕业于精英文理学院和大学的校友，极少有例外。社会学家劳伦·里韦拉也为我们展示，在尝试进入管理咨询、法律和投资银行这类高收入行业时，来自精英院校的学生都带有文凭的优势；久而久之，精英院校的校友也就主导着此类公司的各级人事。[8]

考察精英院校本科生的人员构成结构，变化是显著的。越来越多的院校都在推行新政，促进出身卑微者的社会流动。这些院校致力于让校园更多元，引申开来，也旨在扩展美国未来领导者梯队的元素构成，它们也因此备受尊重，并获得嘉奖。对于穷学生来说，精英院校的大门正在日渐打开。但我们要问，究竟这扇门现在开了多大的缝？我们不应忘记，普林斯顿是率先引入助学政策变革的，但即便是普林斯顿，在前述切蒂的研究中，仍是其样本中的 38 所大学之一，来自收入顶尖 1% 家庭的学生多于后 60% 的家庭。较之于 50 年前，穷学生进入精英院校的人数现在可能多了些，但这些大学的校园仍是财富围成的堡垒，作为其坚实地基的风俗、传统和政策，所反映的仍是有钱人的品位和习惯。

我坚信，我们应该祝福这些文理学院和大学，应该为它们的改革意愿而骄傲。然而，我们也不能止步于此。我们必须做进一步的追问：那些得益于新助学政策而走进大学的学生，他们究竟是谁？当这些学生置身校园之后，他们又会遇到什么状况？既然他们已经成为某一精英院校的学生，他们又是如何在学术圣殿内安身立命的？

回到阿默斯特方庭的那个下午，在四处闲逛并寒暄问候之后，我和新生同学们一道，步入了瓦伦廷餐厅。用餐时，坐在我旁边的是一位黑人女孩，她刚从一所高贵的私立中学毕业，前一年还曾到西班牙做交换生，但当我知道她来自一个单亲家庭，而且也是家里的头一个大学生时，诸位可以想象我当时的惊讶。发现了我们竟有共同的过去，一股强烈的安慰就涌到心间，不仅因为我们都曾经历的贫穷，也为我们共同体验的自由。我们当即找到了共同话题，开始交流来阿默斯特之前的生活故事。原来，我们俩都在隔离社区内长大，那里差不多都是黑人。我们所见过的白人，不外乎如下清晰可辨的三类：警察、瘾君子、迷路的人。她家也是勉强维持生计，经常入不敷出。我们俩都曾在烛火下写作业，不是为了烘托气氛，而是因为没钱买电。

当说起为月末开支买单而陷入绝望挣扎时，我俩都笑了，感受竟是如此相同。很快，在我们桌上，又有其他几位同学也加入进来。事实证明，我们不是绝无仅有的例外，原来，曾在小时候尝过穷困的滋味，但却在转入预科中学后接触到另一个不同世界的，并非只有我们。我这才发现，在刚才的破冰寒暄中，我从一些新朋友口中听到的度假别墅，并不一定是他们自家的。这些度假屋，经常属于他们有钱的高中同学，就是那些与我们交好的家庭，让我们得以瞥见过美好生活的模样。原来，我不是孤身一人。我也不是校园内唯一的黑人穷孩子——曾超越家庭的经济能力甚至是想象力，有机会去体验那些原本不在自己生活经验里的经历和场所——我在阿默斯特并非孤例。原来，在我和身边同学之间，并没有我曾认为的那么不同。我们都很穷。但我们也都很幸运。

大学的"宣传册"——由学校编辑的杂志样式的招生工具,主要目的在于推销自己——包含着光鲜亮丽的校园生活场景。近年来,这种校园景观几乎总是在凸显多样性:黑色和棕色的面孔被安排在照片的前排和中间,正如统计数据也在展示学生群体来自五湖四海。然而我们知道,光鲜的外表最能骗人。统计数据也可能会撒谎,或者至少会掩盖更深层的真相。毫无疑问,较之于前一代,如今的美国大学更加多元,但这并不意味着这些学校展示了美国社会的整体样态。

归根到底,大学在"对冲"它们的录取风险:它们扩展学生多样性的方法,仍是从旧生源群体中做选拔。我们知道,在美国就读于私立高中的学生总数中,穷学生只占很小的比例;我们也知道,在穷学生的微小比例中,黑人穷学生又不过是其中的很小一部分。但我发现,那些为竞争激烈的精英院校所录取的穷学生,主要就来自这一小部分中的极小部分。在当前精英院校的黑人穷学生中,过半数的学生之所以能走到这里,在于高中就读于寄宿、私立或预科中学——都是财大气粗、竞争激烈的学校,向来标榜本校学生的独立思考,并主张学习不止于课堂,还要求师生在课外的密切互动。当我踏足阿默斯特的第一天,在我遇到的所有黑人穷孩子中,大概至少半数毕业于精英的私立高中,如马萨诸塞州的安多佛菲利普斯中学和新罕布什尔州的圣保罗中学。

现在，请你想象一所有钱的私立高中——拥有顶尖的设施和充裕的资源，你脑海中的图景很可能会自带一种颜色：白色。正因此，当人们在一所精英大学见到黑人穷学生时，大多数人第一反应不会想到那些学生来自一所上等的高中。那些预科中学挤满了富贵人家的子弟——大多是白人，但也不尽然——提供通常为他们所独享的学业和社交机会，从国外游学的项目，到浸润式的语言学习，以及同拥有研究生学位的教师进行沟通。从此类高中毕业，即便是穷学生在进入大学时，也已经懂得如何游刃有余地穿梭于精英的学术场域，同时也熟悉了有钱人的生活方式和习惯。的确，他们很穷，但他们也很幸运，早早接触到他们在大学里所要进入的那个世界。我把这组学生称为寒门幸运儿（*Privileged Poor*）。[9]

在寒门幸运儿之外，精英大学还有另一半出身穷人家的黑人学生。这群学生是从哪儿升入大学的？答案正如大多数人第一反应想到的：本地的社区中学，破败、拥挤、资源匮乏。较之于富裕社区的教师同行，这里的教师往往更年轻，并因此缺乏从教经验（也欠缺环境支持）。因为周边社区的问题随时会渗入校园，维持秩序经常是第一位的，其优先性压倒了教学。无论在种族还是社会经济意义上，此类学校往往是隔离中学。在这些中学读书，要想在毕业后进入大学，学生们要穿过危险的校园走廊，忍受无序的课堂。当他们首次驻足于一所精英大学的校园时，这里的所见、所感以及所为，都同他们此前的经历完全不同。我把这组学生称为双重贫困生（*Doubly Disadvantaged*），他们不仅穷，而且也完全陌生于这个新世界。[10]

通向大学有两条不同的路径，这种情形并非仅限于黑人学生。许多来自低收入家庭的白人和亚裔学生也走了私立高中这条路，尽管比例要低于黑人学生。拉丁裔的学生也是如此。在精英文理学院和大学中，三分之一的拉丁裔穷学生来自名牌的私立高中，如位于纽约市的布里尔利女子中学和加利福尼亚州的撒切尔高中，另外三分之二则留在家附近读高中。[11]

在我多年之前抵达阿默斯特学院时，像大部分18岁的孩子一样，我优哉游哉，对自己周遭世界的复杂性一无所知。我知道自己学习很刻苦，而现在，我有机会去念一所伟大的学校，我做到了自己家里从来没人做到的事。但当时的我完全没有概念，压根不知道转学去格列佛预科学校的意义，不知道这条路是一条快车道，在全国各地为众多的学生敲开了大学之门。在我进入阿默斯特，听到一些同学的故事之前，我都以为自己是独一无二的。只有在多年之后，我才开始完全掌握这些真相。也是在多年之后，我成为一名社会学的研究生，我才意识到，我绝非在此问题上唯一懵懂无知的人。那些我当时正在急切阅读、分析并且学习的社会科学家们，他们也忽略了贫困青年学生群体内的上述区别，更谈不上分析这种区别在大学里的表现形式，并进一步追问造成如此区别的根源了。

因此，我立志着手为这幅拼图补上其所缺失的一块——

虽然总是被忽视，但却是至关重要的一部分。我选择了一所声名显赫的本科学校，在校园里生活了两年，进行参与式观察，在书中，我把这所学校称为"英杰大学"（Renowned University，关于我的数据和方法的详细讨论，包括我对化名的使用，请参见本书附录）。有些读者或许会存疑，既然我想要研究不平等，为什么我却选择去考察一所精英大学的生活。然而，不平等的研究，不可能也不应该总是限于研究穷地方的穷人。如此设计研究，就预设了一个命题，也即那些限制穷人发展并削减其福利的不平等全都发生在穷人扎堆的场所。现实情况却是，虽然我们的社区可能是相互隔离的，但我们的命运却始终相互交织。在英杰大学这样的文理学院和大学里所发生的事儿，就可以让我们见微知著。正因此，我们务必理解穷学生的经验，既然精英院校正在努力招录更为多元的学生，那么我们也务必考察它们是否做好了准备，迎接这些日益多样的学生群体的到来。[12]

初到英杰大学的几周，当我正要开始自己的研究时，我遇见了两个学生，派翠丝和艾丽斯，她俩都是来自纽约市的拉丁裔学生。我们在一起聊天，并开始彼此熟悉。当她们向我讲述自己的故事时，我发现这两位姑娘有着相仿的人生起点，但她们升入英杰大学却沿着不同的道路。她俩都出身贫寒，但其中一位上过预科中学，另一位则没有。

派翠丝和艾丽斯都自强不息，意志坚定，被英杰大学录取，实现了她们的学业梦想。这俩姑娘个子都不高，梳着卷发，金棕色的皮肤，就像刚被阳光亲吻过一般。然而，她俩的相似之处并非只停留在外表。在社会生活的意义上，派翠丝和艾丽斯也可谓是一对双生儿。在自己家里，在所在的街区，在就读的学校，她们都曾目睹并经历过好些相同的事儿。她们走过同一片街区。她们在同一家酒铺买过东西。偶尔地，她们甚至曾在同一座教堂做礼拜。"我们曾去过同一座教堂。派翠丝的妈妈就住在我外婆家的附近。"艾丽斯坐在我的办公室里，兴奋地对我说。对于这两位姑娘来说，通往大学的道路没有任何坦途。她俩的母亲都是生活在纽约的新移民，揣着追求更美好生活的愿望，但移民者的梦想却迅速蜕变为一场美国噩梦。受限于语言能力的障碍，再加上无法从孩子父亲那里获得生活上的支持，两位母亲都各打了两份工，直至因长时间劳作所引发的健康问题让她们不得不放弃。

派翠丝和艾丽斯能长大成人，离不开政府的救济，但被各处居所驱逐以及不间断的搬家却让不确定性成为生活的常态。不仅如此，她们每一次的迁徙也并非总能找到好点儿的街区。"我们能有钱买电，可不是因为什么计划，而是因为有政府补贴。那里每个人都是穷人。"在谈到她家现在的街区时，艾丽斯这样说道。当外来者用"贫民窟"或者"废弃地"来形容自家的社区时，她俩都会感到一阵难堪，但即便如此，她们也都明白，家再破落也是自己的港湾。从她们曾经历的挣扎中，这两位姑娘发现了生活的美，即便她俩都知道在街区的马路上溜达也不安全，哪怕是在光天化日。派翠丝显得尤其矛盾；在我看来，每当讨论家的问题时，她都会不停摆弄上衣袖口，焦虑之情溢于言表。"那里有很多拉丁风格的文化；我喜欢那种氛围。人们互相认识。风格有些随性而至。"但在上述一番开场后，派翠丝没有喘息，立刻指出，"我不喜欢暴力；那是非常严重的问题。那里总有很多的暴力。太多的枪击。就在这个夏天，我还目击过一次枪击事件"。艾丽斯也曾见过太多朋友不幸成为街头暴力的牺牲品，于是她会追问，为什么她实现了大学梦，但她在街区内的伙伴却没有这个运气。艾丽斯告诉我，"约翰，约翰曾经那么聪明；他以前功课很好，但现在却进出监狱如同家常便饭"。说到这里，她张开手，猛拍了一下大腿，接着就问道："到底发生了什么？为什么我逃出生天了？为什么我有这个运气，但伙伴们却没有呢？这真悲哀。"

从小学到初中，校园并没有为她们提供避难所，从未把街区的苦难拒之于校门之外。艾丽斯越说脸色越沉，她告诉我，有一个小男孩，就住在三个街道之外，曾带着一把枪去了学校，不小心射中了她弟弟小学里的一群孩子。艾丽斯解释道，那个学生带枪去学校的理由很简单：有了枪，他才能感到所需的安全。派翠丝则谈到，打架斗殴从不间断，结果就是学生流血受伤，老师担惊受怕，学校则始终处于高度戒备的状态，言及此，她神情黯然。

初中毕业后，派翠丝和艾丽斯的求学道路就有了分岔。俩姑娘都申请了"为预科做预备"（Prep for Prep）的项目，这是一项以纽约市为基地的项目，如申请得到通过，则低收入、少数族裔的年轻人就被送往寄宿、私立或预科高中。这个项目的意图非常明确：改造美国的未来领导阶层的人才储备。结果是，派翠丝被录取了，艾丽斯则落在候补名单上。

最终，艾丽斯没能拿到名额，于是只能读她家附近的公立高中，在初中时所遭遇的人和事如影随形。95%的同学是黑人和拉丁裔；穷学生的比例也大致如此。退学学生的比例高达约40%。艾丽斯所在高中，是一所经费短缺、资源匮乏、教师不足、表现糟糕的中学。学生对老师失礼，是这里的惯常操作。学生和老师之间所建立的是对抗关系，而极少见合作关系，也因此，艾丽斯对多数老师都敬而远之，只同一两位老师保持联系。虽然和老师们都是抬头不见低头见，但要建立充分的信任，把他们引为人生导师，没有数年的工夫是不大可能的。人身和财产遭遇威胁，也是司空见惯。"老师们不知道如何控制他们的课堂。这边正上着课，那边就打起来了，有人以点燃垃圾箱为乐，有人在校园里吸大麻，有人逃学旷课，"艾丽斯黯然地说，"年级越高，对上面这些事也就越习以为常。"艾丽斯承认，她也并不是无辜的学生，也曾同好朋友一起翘过课，也并非总是尊重老师。即便如此，艾丽斯是个学习的好苗子，天生就有强烈的求知欲，她有罕见的天赋，总是可以通过写作来自如地表达自己，故而虽然也曾逃学，但她还是能维持高分的成绩。

直到高二那年即将结束时，艾丽斯下定决心，要集中精力，一定要毕业并读大学。但学校缺少资源，甚至连基本的运转经费都无法保证，上进的学生在这种环境下障碍重重。艾丽斯还记得当时的困难，为了使用科学实验室，她不得不跑去别的学校,因为她的中学没有适用的实验设备。最初申请英杰大学,她基本就是一时心血来潮。当她收到自己的录取通知书时,各种情绪一时间激荡心头:高兴、惊讶、恐惧,五味杂陈。她的高中同学经常毕不了业,更别提读大学了;而即便读大学存在于某些学生的规划中,英杰大学这种学校也是他们想都不敢想的。[13]

而在另一边,派翠丝成为"为预科做预备"项目的一员。此后,她通过了要求严苛的学业新生营,这为期14个月的训练是一项先决条件,要让城区初中的孩子做好准备,要达到私立高中对学生学业的期待。最终,派翠丝离开了纽约市,告别了她此前的生活——那由10个街区构成的半径人生——去往三个州以外的一所寄宿中学。她的新学校坐落在连绵三百英亩的草坪和旷野之上,精致修剪的绿地上遍布着红砖建筑。"我妈妈从来不用为我付学费:我拿到了全额的奖学金,还包括购置教材和往返家校之间的费用。"派翠丝解释道。富人捐出了"一粒米",就搬去了派翠丝所背负的一座山,为她支付的50,000美元的学费以及其他费用,不仅包括了假期的滑雪旅行和欧洲交换项目,还有医疗保险和冬装购置的开销。她刚踏入的寄宿中学,以白人富家子弟为主,热衷于宣讲其总额在2亿美元的捐款。近四分之三的教员拥有学士以上的高级学位,师生比维持在"1∶6"。派翠丝说着,脸上洋溢着喜悦,"我高中的人数规模,甚至比现在我这里参加的某些讲座还要小"。"这里"指的是英杰,也因此,派翠丝可以"同那里的老师保持密切交流;不论你的教练是谁，你的俱乐部队友是谁，你的社团组织里有谁，你的班级同学和寝室舍友又是谁，我们都有太多的交集"。

事实上，关于寄宿中学的经历，派翠丝最甜美的一个记忆要数她曾获得经费支持，开展她个人的独立研究项目。头发对有色人种的女性来说有什么样的社会意涵，这是派翠丝所选择的研究题目。讲起来难免一丝苦笑，她告诉我，之所以对这个研究发生兴趣，可以追溯至一些白人同学无知甚或略带种族色彩的问题，"黑头发"如何保持清洁。然而，面对诸如此类的评论，派翠丝一笑而过，她还表达了对指导老师的感激，正是他们对她探索这个项目的鼓励，激起她对身份和文化研究的最初兴趣。当意想不到的困难袭来时，学校甚至伸出援手，解决了她家里的生活难题。"我们总是要挣扎着过日子；我们从学校那里获得了很多帮助，"派翠丝说道，"在我爷爷去世时，学院寄来一张支票，帮助支付了丧葬费。"

高三到来时，她的寄宿学校还为学生提供了另外两项优厚的待遇，派翠丝从中获益良多。其一，当时，她不仅有"为预科做预备"项目所委派的辅导老师，指引她如何申请大学，寄宿学校也配有专门的辅导员，派翠丝同这位老师合作愉快，整个申请流程也都得益于老师的指导——在这所中学，每位辅导老师所负责的还不到15个学生。（2014年，这种指引大学申请的辅导老师，在全国范围，平均每人要指导500个学生，而在艾丽斯所上的那种本地公立高中，人数还几乎要翻倍。）其二，派翠丝的寄宿中学常年为英杰大学以及其他精英院校输送学生,鉴于这种悠久的交流传统,英杰大学来到派翠丝的校园,面试这里的学生。换言之,是英杰大学过来招收了她,而不是她前去叩击英杰大学的大门。[14]

仿佛是命运的安排,在从前邻里的教堂中,艾丽斯和派翠丝从未谋面。她们相遇在大学。在艾丽斯口中,英杰大学是她此前故土生活的"另一极",她担心自己能否融入。"我拿不准,我是否能活出自我,同时又能一如既往地交到朋友。"在学期的最初几周,艾丽斯都在打退堂鼓,她畏惧大学的生活,缩在自己的小世界。有一天,她在宿舍房间里感到透不过气,于是她走出屋子,想在校园里逛一逛。几乎同一时间,自新生方庭另一边的另一间宿舍里,派翠丝也走出房间,在白人学生的海洋中顶着一张棕色的面孔。就这样,她们在路上不期而遇。于是,她们开始聊天。很快,她们发现了彼此与共的过往。最终,她们谈到了各自不同的求学轨迹。

打开心扉后,艾丽斯和派翠丝都意识到,虽然她们求学于同一所大学,但两人的感受却截然不同。艾丽斯情绪低落,找不准她在英杰大学的位置,同时她也留意到,派翠丝以及那些此前读过寄宿学校的同学们,"当下的大学生活于她们而言是大不一样的,因为她们曾经经历过,也走过来了,曾经想象过,也思考过,她们懂得如何用这套体制,或者使它为我所用"。她也曾祖露心迹:

> 我的有些朋友从前读的是预科学校——因为她们的

高中在规模上要小很多——她们就和白人成为朋友。对于她们来说,进入大学生活,就是以一种不同的方式再一次找到自我。但对于我来说,那是什么,我不清楚……从预科学校来到这里,较之于从我的高中来到这里,要容易很多……预科学校改变了派翠丝,事情往好的方向在变化,而且她真的改变了。

虽然艾丽斯也承认,"即便如此,对于我们每个人来说,融入大学都要经历一种挣扎",但她最清楚自己身处的劣势。每样东西都是新的,对于艾丽斯来说尤其要命,每样东西她都不熟悉。在艾丽斯眼中,穷学生若是有过预科学校的经历,英杰大学是如同高中的一段延长线。如她所见,这部分同学已经为英杰的生活做好了准备。但她却手足无措。

派翠丝也曾思考过,为何她和艾丽斯的感受会有如此大的反差。在我们许多次的交流中,她察觉到,自己早已懂得如何在两个不同的世界之间切换,特别是如何在一个有钱的、白人的地盘上争取承认。与此同时,她心头也感到阵阵的刺痛,在那个她曾经称之为家的地方,现在自己却成了一位访客:

> 每次回忆起我在布鲁克林的生活,我就会联想到痛苦和磨难。后来我升入寄宿中学,我真心感激那里的一切,因为那儿的人真的很好。我获得了我需要的一切,有些东西,我此前想都不敢想……与艾丽斯聊天,也包

括那些不曾读过寄宿中学的孩子，她们来自哈莱姆区、布朗克斯区，她们现在大学所经历的事，就是我在高中时的经历："该死！没人是我这样的头发。没有人是这样的。"我的高中就是白人的；我很早就明白这些。艾丽斯现在之所以走不过去，是她当年没机会离开自己的社区。

派翠丝已经完成了她的转变，远早于她进入大学这一刻。早在13岁那年，她就将自己置身于一个新世界，那地方无论是看起来还是感觉中，以及运转方式，都像是一所大学。她将这些生活经验打包带到英杰，同时也敏锐地洞察到，在那些与她相似出身的学生中间，她的经验远非普遍性的。

在一个属于有钱人的校园，做一名穷学生，这意味着什么？究竟是哪些学生，他们在学术生活的社交场合能游刃有余，从容应对他们的同学和教授，又是哪些同学感到举步维艰，格格不入？为了解答这一疑惑，我开始在学术文献中寻找上述问题的答案，但大多数情形却是空手而归。现有的研究既没有反映我十多年前在阿默斯特的经历，也无法理解艾丽斯、派翠丝以及我在英杰大学所结识的每位学生的生活。

在关注读大学的寒门子弟时，大多数社会科学家从不承认派翠丝这样的学生。在社会科学家的眼中,焦点在于家庭如何塑造学生的求学轨迹,故而,他们会根据本科生的"文化资本"(cultural capital)水平,评估这些学生。文化资本,作为一个概念,最初由法国社会学家皮埃尔·布迪厄提出,它指的是在某一特定情境下虽未必言明但却受到推崇的一整套生活方式。为什么父母是中产或上层阶级,他们的孩子就会被认为在进入大学后更有优势?原因在于,这些孩子在家里学到的规范,也正是那些主导校园生活的规范——比方说握手时要用力并直视对方的眼睛,认为找成年师长答疑解惑是学生的权利,积极主动地同权威人物建立关系,等等。相形之下,人们认为,孩子若出身于低收入家庭,那么在贫穷以及各种常见社会问题的折磨下,他们内心满是伤痕,对已经到来的大学生活缺乏社交和学业上的充分准备。根据这种叙事,穷孩子出现在大学校园里,但却不懂得大学的新规范和习惯,于是他们努力挣扎,调整自己,拼命适应新环境。在那些就读于精英院校的学生身上,这种挣扎表现得尤其尖锐。例如,社会学家伊丽莎白·阿姆斯特朗和劳拉·汉密尔顿就主张,"学生若来自同大学相似的阶级背景,也就具有经济、文化和社会资源,同时也有亲历的生活经验,这些因素相加,就能塑造这类学生对学校的适应,并规划出他们可以轻易追求的求学方向"。许多院校的管理者和行政人员就基于这一研究来进行决策,故而通常对低收入学生采用一刀切的政策,也因此,他们出于一片好意,但却不加区别地创设了一个"困难学生"群体,为他们定制方案。但问题是,如我在阿默斯特的第一天就觉察的,故事要远比上述叙事复杂得多。[15]

求学于精英院校,穷学生却过着不一样的生活,正是为了充分理解他们的生活所展示的复杂性,我在2013年开启了这个研究项目——近距离观察英杰大学的本科生生活,最终写成了这本书。构成这项研究之核心的,是同英杰学生的交流,内容既包括他们与同学、教授以及其他管理者交往的日常经历,还涉及管理大学生活的各项政策。在英杰大学,我正式采访了76名来自低收入家庭的穷学生,包括黑人、拉丁裔和白人。在这76名学生中,21人符合我界定的寒门幸运儿类型,而55人则属于双重贫困生的类型。为了更完整地比较,将寒门幸运儿和双重贫困生的经验与富家子弟进行对比,我还采访了英杰大学的27名黑人学生,他们来自中产和上层阶级的家庭。这些出身于高收入家庭的学生,虽然来自一个未被充分代表的种族群体,但按照现有的叙事,还是可以预期他们得益于自己的阶级背景,因而能成功地适应大学生活,无论是在社交意义上,还是学业意义上。

不仅是与学生进行正式、深入的访谈,我还花了两年时间,对英杰大学的校园生活进行参与式观察。我参与了一系列活动,从参加学生社团的会议,到在学生食堂就餐,再到就大学校园的社会阶级这个问题主持公开讨论,最终,我要找到一种感觉,要能体会到这些学生是如何看待学校的,并且如何理解自身在其中所处的位置。也不仅是正式访谈,在我做田野调查的整整两年间,我的聊天对象还包括背景各异的许多学生，同时还有英杰的院长、导师、教授和其他职员。（关于我是如何开展这项研究的，详细讨论可参见本书附录。）

我向来承认，在大学经历中，学生的种族和性别也扮演着关键角色；而且，只要我在英杰所访谈的学生提到这些因素，在陈述他们的案例时，我也会强调种族和性别因素。但是，阶级构成了这一研究的关注所在。现实情况经常是，在大学的各种社群内，他们热衷于就性别和种族议题进行激烈对话，但却对社会阶级关注不够，在此意义上，本书也是一次尝试，希望弥补这一缺憾。

在本书中，我的主要目标之一就是向读者介绍"寒门幸运儿"——一群长期以来基本上被忽视的学生，并且把他们和双重贫困生的经验进行比较。寒门幸运儿尝过贫困线之下的生活是什么滋味，但也见识过来自财富金字塔顶尖1%的同学如何学习，怎样生活。双重贫困生所经历过的，却只有前者。长期以来，我们都忽视了寒门幸运儿和双重贫困生的差异人生，这当然是一种错误，假如我们任由这种错误的盲区继续存在，我们就无法打开视野，难以充分理解贫穷和不平等是如何塑造当今本科生的大学生活的。在双重贫困生和寒门幸运儿两个类型之间做比较，我们就能得出新的发现，青春期晚期和家庭以外的经验至关重要，在很大程度上，这些经验可以决定学生在不同文化世界之间穿梭的能力。具体地说，在塑造学生的文化能力方面，高中经历是至关重要的因素，而文化能力的意义，不仅在于它们判断着学业的成功与否，还能塑造学生追求学业成功的策略。如果我们假设寒门的故事都是一样的，那么我们会反过来伤害寒门子弟这个群体。

进而，以这两类学生的视角来探讨校园生活，也为研究者提供了一个独特的有利位置，由此考察大学政策是如何加剧学生之间的阶级差异的，其运转方式又是如何经常同种族主义以及种族排斥的历史问题关联在一起。为什么有些学生进入大学后如鱼得水，但另一些却失落彷徨，检视当前关于这类问题的理论对话，通常围绕着哪些学生握有社会和文化资源的问题——这群学生手里的资源，也就是寒门幸运儿在进入精英高中时所能见识到的世界。但是我们都知道，象征性的资源纵然重要，一个学生在大学能否成功，却不是由这些文化资源一手决定的。我们还都知道，学生并非在真空中学习和生活。他们能有何种经历，还要受制于他们能否取得物质性的资源，说俗点，就是有钱还是没钱。虽然官方总在宣讲美好的理想，但要成为"大学共和国"内的完全公民，金钱仍是必要的条件。在此背景下，每一位学生带到大学的文化技能，同他们家里有多少钱这个残酷的现实，经常存在着严重的不一致，研究两种资源在一个学生身上的冲突方式，因此是至关重要的。一手关注文化资本，同时另一手考察金钱的因素，就能揭示穷学生大学生活的复杂。在寒门幸运儿和双重贫困生之间进行对比，就使得上述的探讨成为可能。

然而，仅仅被录取还是不够的，不足以让所有同学都融入，也难以形成社会流动。从我将要讲述的学生故事中，我们可以发现，大学政策正在以许多方式让寒门子弟陷入困境。对比寒门幸运儿和双重贫困生的经验，两类学生最鲜明的差异在于他们对精英空间的体制认知和熟悉程度，前者和后者可谓天差地别，而其间的差异，不仅影响着学生的生活，也形塑了他们探索校园的策略。双重贫困生步履维艰，面对着在精英院校内主导学生生活的规范——比如说如何联络教授以预约答疑时间，他们一时间感到压力重重，无法充分融入；而对于寒门幸运儿来说，这是他们在高中时就学会的技能。读本书第一章、第二章的故事可以发现，在与同学或教授相处时，寒门幸运儿掌握的文化资本让他们可以应对自如。然而，当钱的因素成为问题时，这两个群体之间的区别就消失了。正如我们在第三章中所能看到的，两个群体的学生都承受着经济资源匮乏的负累。某些学校政策，比如在春假期间关闭食堂，对寒门幸运儿和双重贫困生就会造成同样的伤害，此类政策加剧了阶级差异，让穷学生深深地感到挫败。当大学的官方政策把穷学生推向边缘时，就发生了我所说的结构性排斥（structural exclusion），到了这时，穷学生无论有多高的文化见识，也会撞上一堵更高的墙，任由掌握多少文化资本也无法让他们逾越。作为大学教授和管理者，有必要全面理解不平等是如何在高等教育中实现再生产的，同时要做好更充分的准备，欢迎并支持所有学生，在此意义上，我们必须承认并解释上述因素对本科生生活经验的影响。

说起当下的精英大学，总有一大堆令人费解的自相矛盾的做法：它们投放大量资源，向寒门子弟打开录取之门，让这些穷学生有机会步入学术的圣殿，但问题在于，当学生进入校园，校方所坚持的政策不仅是敲打这些穷学生，在他们身上贴上卑微出身的标签，有时甚至会"显耀"穷学生的身份。如要打破学生中间的阶级界线，雇佣穷学生，让他们为富家子弟清理宿舍的厕所，可不是什么好办法。

要理解寒门子弟在精英大学的生活，最好的办法就是去倾听，听他们用自己的话来诉说。当我在英杰大学做研究时，我认识的学生对我发出邀请，敞开了他们的心扉。他们向我分享了各自的故事，以此为基础，我开始处理关于公平和平等的大问题。有些人可能会说，"现在，这些学生已经进了英杰大学这样的名校；他们还非要抱怨些什么呢？"但必须指出，本书所讲故事的主角，可不是一些被宠坏的孩子，好像他们总在牢骚，吐槽自己没能获得所有想要的东西。恰恰相反：这些学生所得的少之又少，即便如此，他们还是凭借努力打开了英杰大学的大门，进入了全世界录取竞争最激烈的一所大学，只不过在他们通过个人奋斗实现美国梦的路上，眼下却遭遇更多的障碍。无论是寒门幸运儿，还是双重贫困生，穷学生的经历都在提醒着我们，录取并不代表融入。听到这些学生说出的话，我们有责任给出回应。我们应该鼓励大学创造出更有包容性的社群，敦促政府直面并处理那些根深蒂固的不平等，也即发生在小学和中学教育中的不平等。

本书所讲述的故事，基于英杰学生的现身说法，然而本书所代言的，还包括那些没机会讲出他们故事的学生，还有更不幸的、被别人把故事讲错的学生。我的研究修正了主流的叙事，在此基础上也反思了此前太过简化的观念——无论如何，我们必须理解，在一个属于有钱人的校园，做一个穷学生是什么滋味。对于美国的大学管理者和政策制定者来说，本书向他们发出挑战，他们要做到更好，才能真正服务下一代的学生；而对于那些克服重重障碍、走进大学校园的寒门子弟来说，本书则是他们奋斗的有力证明。

第一章
"来啊,跟我一起去意大利!"

无休止的冬天终于过去,天气正变得舒爽,春光明媚,风吹过校园,还略有一丝凉意。待会儿要参加校园内的一个会议,我不打算搭乘校车了,不妨步行前往。但令我抓狂的是,我竟然傻到把耳机忘在冬装大衣的口袋里,于是一路上,我不得不忍受汽车刺耳的鸣笛声,经过道路拐弯处,还能听到骑行者对转弯太急的司机狂飙脏话。当我快要走到新生庭院附近的一栋宿舍时,遇见了四名学生,都是年轻的白人女士。她们身上穿搭着我常说的"英杰校服"标配:挎着一个"珑骧"牌手袋,穿着"露露乐蒙"的黑色瑜伽裤,脚上是"猎人靴"或者"斯佩里"的帆船鞋,再披着一件"北面"牌的冲锋衣。我们走进宿舍,上了电梯。仿佛我并不存在,她们继续谈笑风生,片刻我就听到,她们要完成的作业多得惊人,但已经做好的却少得可怜,她们只有开夜车赶作业,一直都睡不饱,白天要想忍住不瞌睡,她们需要咖啡,一杯接一杯。那位叫"妮可"的女士,即便在会见朋友之前,也要来一杯提神饮品;她手里捧着的星巴克热饮很烫，啜饮之间还飘荡着热气。另一位叫"莫莉"的女士却承认，"她这辈子只喝过一次手磨咖啡"。看起来，她的朋友们都惊呆了。这时，那位叫"瑞贝卡"的女士把自己的金色长发拨到耳朵后面，搭话进来，"喔噢，你应该跟我一起去意大利！"话音刚落，最后一位叫"斯蒂芬妮"的女士就发出邀请，她房间里有原产自阿根廷的咖啡豆，据说咖啡因的含量要高于哥伦比亚的咖啡豆。就在这时，电梯铃响了，门打开后，我们分道扬镳。

朋友之间的一次对话——这是我在电梯里无意间听到的全部内容。这段对话听起来单调乏味，但其中却有一件小事打断了它的节奏：也是在这时，年轻的女士们发现在她们中间原来有一个"冒充者"。莫莉怎么可以不是一位手磨咖啡的发烧友呢？怎么可能呢？然而对于这四位朋友来说，不懂手磨咖啡的好是多么令人震惊，那么她们对这一意外的回应就是多么例行公事：对朋友发出海外旅行的邀请，或者给她们提供奢侈的好玩意儿，在这里是完全稀松平常的。

在英杰大学，无论是公共休息室，还是食堂或庭院，你根本无法逃避诸如此类的对话，就好像在隆冬时节，你不可能逃离美国东北部这里的严寒一样。这也不值得什么大惊小怪。英杰大学就是有钱。往远了说，在过去的一百多年里，它一直就这么有钱。即便在新世纪之初，英杰就制定了无贷款助学政策，还包括其他配套举措，致力于招收更加多样化的学生群体，但其大多数学生依旧是有钱人，非常有钱的那种！说起我在英杰大学做调查时，在本科生中间，大约三分之一的学生来自年收入超过 250,000 美元的家庭。许多送孩子来英杰的家庭挣的钱甚至远不止这个数。在这里，每 8 个学生中间，就会有一个来自在全美位居收入前 1% 的家庭，这就意味着他们家每年净收入至少 630,000 美元。这些数字，如同所有的金钱事务，并不只是人口统计数据那么简单：学生的财富，塑造着英杰大学的日常生活。[1]

被英杰录取，并不意味着你到英杰后就会感觉到属于那里，是学校的一分子。是啊，离开家去读大学的时候，所有学生都会遇到些麻烦，都要学会适应新生活。然而，现在的状况却是，在英杰这样的大学，当有钱人日常生活的社会暗涌袭来时，很多学生并不因之心烦意乱。事实上，在英杰有很多的学生——他们或者来自中产、上层中产阶级的家庭，或者可能就是很有钱，且不分白人、黑人、拉丁裔或亚裔——在他们长大成人的过程中，始终伴随着如我在宿舍电梯里无意间听到的那类对话，形形色色。故而，他们在英杰的大学时光能乘风破浪，相对而言，身边同学的财富以及各种炫耀举动，并不会对他们构成困扰。他们仍感到自己同英杰这个共同体息息相关。我能看到，他们放松地靠在宿舍休息室的躺椅上，仿佛自己就是校园公共空间的主人。

但在英杰还有很小一部分学生（虽然其人数正在增长中），他们主要来自贫寒家庭，对于他们来讲，炫富的社会风气是令人震惊、痛苦或发狂的——三种情绪经常是兼而有之。当宿舍里的同龄人交流生活的美妙时，这边说起了巴厘岛的奇幻旅行，那边又转到了爱马仕的奢侈品，这些穷学生当时就会感到格格不入，不仅在他们过去生活和当下品位之间存在着巨大的差异，还有在优渥生活和卑微生存之间的天差地别。这些新的经历——主要是财富和特权的展示——令他们感到不安，也加剧了缺乏归属感的情绪。诚如我们即将看到的，这些学生的通常反应就是，让自己远离那些同龄人，从校园社群里撤出来，把自己封闭起来，过着一种密不透风的大学生活。

感觉到自己是大学共同体的一部分，这种归属感是本科生活的重要一环。问题在于，这种归属感是虽根本但却无形的存在，故而，研究高等教育的学者往往会忽视大学经验的这一面向。当我们想要理解大学生活时，学者的努力更多集中在那些可量化结果的差异上，比如分数和毕业率，而很少关注学生日常生活的现实。而且，在这种生活现实里，还有一个特别的面向仍是有待学者开发的处女地：贫困生和他们有钱同学之间的关系。[2]

然而，这些日常互动却在很大程度上决定了一个学生在学校能否取得最终的成功。年轻学生如果在大学校园里感觉不到自在，甚至觉得格格不入，通常也就不会合理利用学校提供的许多机会和资源。较之于他们的同龄人，校园生活经常让这部分学生感到巨大压力，也束缚了他们的能力，无法将注意力集中在不同的任务上。他们往往表现欠佳，更容易轻言放弃。不仅如此，年轻学生若迟迟无法融入更大的学校共同体，那么他们就更难从同学和整个学校获得社会性的支持——而经验证明，无论是在大学，还是毕业后进入人力资源市场，这种支持都是成功的必由之路。[3]

在一所主要为有钱学生所占据的精英大学——通常抵达校园后遇到的第一类人就是这些富家子弟，学生身处其中能否感到舒心就设定了接下来的基调，他们到底是感到轻松自在，还是会自我迷失？设想一下，如果那天同四位女士一道搭乘电梯的，是一位同龄的学生，而不是我。听到四位的那番对话时，那一位学生可能会无动于衷，早已见怪不怪了。她甚至可以配合这四位女士，讲一段自己的旅行故事，旅途中飘散着咖啡的香味。但若是另一位不同的学生，他就可能把电梯里的对话看作又一次的提醒，原来，英杰的生活对自己而言是多么陌生，多么难以进入。他甚至会因此更决绝，要积极地避开"像那样的人"，要远离"那些人"一起玩乐的地方。

我们很容易想当然地推定，在英杰这样的地方，感到舒服的是哪些学生，感到不适的又是哪些。答案似乎相当明显：在英杰这种精英大学，你越有钱，就越有可能找到你的归属感。反过来似乎也同样成立：你越是穷，那么在英杰这样的有钱学校，你越会感觉到不自在，想要逃离。数十年来的研究都得出了同一个一般性的结论：学者们普遍指出，出身有钱人家的学生更容易适应大学生活的过渡期，相比之下，寒门子弟的适应要更困难。在有钱学生的眼中，通常而言，大学里的社交生活基本上没什么新鲜感。大学校园看起来就好像是在期盼他们的到来，各方面在设计时都把他们的经历和品位考虑在心。这些学生不难意识到，英杰大学就是为他们这样的人而准备的；在这里，感觉和在家里差不多。[4]

但是，当我们把关注转向来自贫穷家庭的学生时，情况就有了变化，我们的预设和此前的研究看起来都需要基于现实而加以校准。虽然他们住在同样的宿舍，吃在同样的食堂，也跟他们的有钱同学上同样的课，但并非全部穷学生都以相同的方式经历着这些场所。尽管招录的学生更为多元化，但英杰大学仍然是一所有钱人（且主要是白人）的大学。在此背景下，这种学生人口数据的现实会在多大程度上介入穷学生的归属感，乃一个经验问题，需要实证地揭示。谈到英杰大学这样的学校是否属于他们这些人时，双重贫困生和寒门幸运儿的看法可谓南辕北辙。双重贫困生，也即那些来自隔离社区和隔离学校的穷孩子，经历着强烈的文化冲击，正如社会学家金伯莉·托雷斯所描述的一种"陌生和不适"感。而在寒门幸运儿中，穷孩子则没有这种感受。[5]

对于寒门幸运儿来说，他们通向大学的道路是一种极端的相反相成：贫困和富足的两重天，自己家里的捉襟见肘同预科学校的充裕资源，形成了再鲜明不过的对比。寒门幸运儿经历了多年的学习、社会化，其中一些甚至曾在精英私立高中同以白人为主的富家子弟同吃同住，在此背景下，他们就不会因在大学里撞见的人和事而感到震撼。他们的高中就是一场预演，是正片开场前一段为期四年的预告片。这并不是说寒门幸运儿就因之打过了"预防针"，从此后就对逆境免疫了。家里的问题,特别是家人和朋友所遇到的麻烦——通常是居所驱逐、定罪判刑和暴力事件混杂——每每会打断他们在大学的生活,对于那些穷人家的黑人和拉丁裔本科生,他们来自隔离且衰败的社区,家里降临的麻烦更是司空见惯。如此说来,无论双重贫困生,还是寒门幸运儿,都仍生活在贫穷阴影的笼罩之下,未曾走出。然而,即便周围环境充斥着对阶级差异的提示(种族差异更是如此),学生若是在上大学之前就曾置身于精英学术环境,并且因此熟悉主导这些场所的社会规范,这部分学生在进入英杰后就会更轻松自在,不管他们的家庭收入到底有多少。[6]

在本章接下来,我们首先可以看到英杰大学的不同学生群体,听他们讲是如何从自己的高中过渡到如今这所名校,又能在多大程度上融入校园。在本章的第二部分,我们将探讨一个问题,他们是如何处理从入学第一天就围绕着他们的炫富行为的,像昂贵的服饰,奢侈的旅行。

有归属感,或没归属感

学生在校园里有没有归属感,他们又是如何遭遇文化冲击的,将会影响到他们大学生活的方方面面——通过本书,我们将会看到这些影响以不同的方式呈现。而在本节,我们关注它的一个特别表现:贫困学生是如何与他们的同学相处的?或者说,如何相处不来的?在启动这项研究之初,我特别想要了解,学生们是如何理解英杰大学的整体文化,并且同这种文化发生关联的——从他们发现会在校园里并肩而行的同学,到他们从新同学那里所闻或所见的生活经历。在与学生会面时,我会问他们,刚到英杰大学时,他们有没有经历过文化冲击,又是多严重的文化冲击。我有意识地让问题保持开放,面前的学生就可以不带任何先验预设,沉下心来去反思,大学生活的哪些方面让他们觉得轻松自在,又有哪些方面让他们感到格格不入。

将这些信息收集起来,不仅为我们打开了一扇窗,从中可以看到贫困学生在精英院校内的生活;还有助于我们探索改革之路,究竟大学要如何做,才能消除这些绕开某些学生但却专门阻挡另一些学生的障碍。随着研究的深入,我所发现的,并不是一个简单的故事——好像学生基于社会阶级的不同,在英杰大学就被分流到不同的轨道。真实的生活,远比故事更复杂。

文化冲击?什么文化冲击?

来自高收入家庭的学生(UI),在进入大学后必定也要面对挑战,但文化冲击并不属于其中之列。当我向有钱的黑人学生提问,说起在英杰大学的社交生活,到底有什么东西是他们全然陌生的,或者令他们感到不安,许多同学费了老大劲,才能搞明白这个问题的前提。在给出答案之前,通常要思索很久,一脸茫然。即便有时候,英杰大学给他们呈现什么新鲜事物,那种新奇也不会让他们觉得自己成为局外人。相反,在他们看来,这种"新"丰富了他们的大学经历，眼光放远也是在帮助他们成长。如此说来，这就是出身优越的好处——即便是新东西也能转化为一种有益的经验。

掸了掸连帽衫上的雪花，安托涅蒂（UI，B）走进我的办公室，轻声笑着提醒我，我们此前曾见过面。那时她正在两个专业之间摇摆不定，于是参加了一个"专业博览会"，在那里碰到了恰好经过的我。安托涅蒂告诉我，她已经选了政治学作为自己的专业。紧接着，我们开始聊起她进入英杰后的过渡期，于是我得知，安托涅蒂从前一直就读于私立学校，就是那种看起来完全为如她这样的富人家庭服务的教育。她回忆说，在小学和初中的时候，学校就在曼哈顿，每当上学和放学的时候，学校四周的曼哈顿街道上都排着黑色小轿车的长队——雇用专业司机的那种——前来接送学生。在我还没找到机会问她，是否她也是坐在这种雇用专职司机的轿车里的学童，她就主动告诉我，在父母决定他们可以自己去上学后，她和弟弟就选择了走着去学校。高中时代，安托涅蒂离开了家，就读于新英格兰地区一所久负盛名的寄宿学校，这学校正巧也是她妈妈当年读书的高中。在那所寄宿学校，她的同龄人不仅有钱，而且基本上以白人为主。很显然，她对自己的高中非常忠诚，在发觉我可能根据这个特征而对其母校有所误解时，她迫不及待地要为这所学校辩护，于是态度明确地告诉我，她在高中遇到了各种各样的同学。她听起来好像一位录取办公室的官员，说道："我们的学生来自全美47个州以及29个国家。那里虽然只有900个孩子，但我们的学生来自世界各地。"

在安托涅蒂的讲述中,她进入英杰可算是"无缝对接"。她莞尔一笑,还补充了一句,关于英杰校园的生活,"基本没什么"是新奇的,或者让她觉得陌生。她就是认为她适合这里,属于这里——否则不然呢?当我追问她原因,她的回答也很简单。"不就是因为,"一段长长的停顿过后,她找到了表达的方式,"不就是因为……我在这里还没有碰到多少地方,让我感到无法融入。"安托涅蒂还列举了某些经验,让她做好了来英杰读书的准备。比方说,离家生活就不是一个问题。她把高中时的寄宿学校称为"果酱瓶子",在她看来,高中就已经像是"一所迷你大学"了。到她中学毕业时,宿舍生活早已是旧闻了。无论是在课堂上读书,还是在宿舍里的生活,她也早就习惯了同有钱同学的相处,无论他们是什么族裔,来自哪个国家。在话题转到与大学同学的相处时,安托涅蒂告诉我,一切进展都"相当顺利",而且处好关系"挺简单的"。"我很热情;这也是为什么我喜欢大部分的人。一切都很美好。对我来说,在新生庭院走上一圈,主动打个招呼,认识满校园的朋友,并不需要花费太久的时间。"关于后一点,她也承认,她的高中每年都有十多位学生升入英杰,对她的融入也有帮助。在新的大学校园里,除了能见到老同学,她还会碰到从前曲棍球联赛中的对方队友,这些学生就读的中学也是英杰的重点生源地。所以说,即便在初到校园的日子里,安托涅蒂还是能在她的"新家"见到许多熟悉的面孔。

杰茜卡(UI, B)现在是英杰的大三学生,来自底特律的北部郊区,她在进入英杰大学时,就对政治抱有强烈的兴趣,当文化冲击的问题摆在面前时,她也是同样困惑。在连续好几次不知从何说起后,她告诉我,"嗯,我不晓得自己是否真的经历过那种冲击。我的意思,就是因为……我说不清楚"。又过了小半分钟静下来琢磨这个问题后,杰茜卡最终理顺了她的思绪:"我是一个很灵活的人。这就是一个人看待事物的一种方式吧,也包括如何理解生活。对我来说,我就是那种顺其自然的人。那就是我的处世之道。你知道,没有什么能真的冲击到我。"现实确如杰茜卡所言。她就像是交际上的花蝴蝶。从大学第一个学期到最后,即便她在社交联谊活动中很少做第一人,但我们总能在政治活动或集会上看到她的身影,看着她轻松自如地混在同学们的人堆里,也能落落大方地接待如参议员或州长那样的大人物嘉宾。

卡萝尔(UI,B)也是一名大三学生,声线温柔,但一开口仍能引起在场的关注,升入英杰之前,她就读于一个有钱人为主的私立中学,就坐落在她家所在的某上层中产阶级社区的边缘。回忆起她的高中,她很享受,因为管理者总是"非常大方,努力确保我们能获得充足的帮助,还有充足的支持"。她的笑声带着一丝紧张,向我解释道,当时中学精心规划的支持,其中一个例子就是学校建设了"三个不同的计算机实验室,还有一个能同时容纳250名学生的图书馆。我们有一个基于Mac系统的实验室,还有一个Windows界面的实验室"。不仅投入资源建设多个计算机实验室,让学生可以接触多样的操作系统,她的中学还为学生提供渠道,让年轻人接触不同的文化,既从多个亚洲和欧洲国家以及地区招收学生,又建立了本校学生出国交流学习的多个项目。虽然来自一个小城,当地居民非黑即白,但卡萝尔在高中阶段就同"来自中国台湾地区、俄罗斯还有德国"的朋友建立了深厚的友谊。据她所言,之所以在来到英杰之后感到如鱼得水,就在于高中和大学之间的这种连续性。对卡萝尔来说,即便是新问题也能让她想起旧经验。在谈到大学里的文化冲击问题,她说自己从来没有经历过什么冲击:"对啊,我就不认为那构成了什么冲击。"倚靠在我办公室里那条破旧的沙发上,她脸上若有所思,继续说道:

> 非要说新鲜事,同其他学生一起生活起居,算是一件吧。同她们无时无刻不待在一起,在上大学之前,除了外出露营,我还从没体验过这种生活。这算是一件新鲜事。同学们在我眼中总觉得有些似曾相识。我总是觉得,看到我在英杰大学遇见的新同学,就能同某位高中时代的旧友联系起来。那种联系让我感到很亲切。

追溯大一做新生那年,卡萝尔在英杰宿舍里的室友向她呈现了一个悖论:"陌生的熟悉感。"她给我透露了一个宿舍里的笑话:她的室友们都是在不同国家长大的,故而她们给自己宿舍起了个代称——"大一年级联合国"。然而,种族和地域的多样化并没有让卡萝尔感到不安。事实上,情况恰恰相反。在新生年级的宿舍里,卡萝尔的国际角让她找到了家的感觉。她和室友们都会讲多国语言。她们都曾用假期时间去满世界转悠，起初是跟着家人一道，后来就是自己旅行。卡萝尔也坦言，她们全都来自富有的家庭。

当然，即便对富家子弟来说，英杰的生活也并非总是尽在掌握中的。克雷默（UI，B）来自密歇根，性格带一些好胜斗勇，他在进入英杰后很快就发现，比起当年的高中时代，他在这里打交道的学生群体更是各种各样。在讲述什么能让他惊讶，又是什么会让他若无其事时，克雷默说道：

> 非要说文化冲击，比如碰到一位同学，那孩子在全国的科学竞赛中拿到了大奖，或者他的父母是某大型职业球队的股东。这样的同学不是极有钱，就是极有才，遇到这样的，我没法不吃惊。我在高中时也见识过各种各样的同学，但可不是这种类型的孩子，"我爸是那家球队的合伙人"。在高中时候，同学们是这样的，"我父母每年能挣 25 万美元"。但在这里，那些孩子是那种……你听说过"Instagram 上的富二代"吗?[7] 就是那些把自拍照发到照片墙上的孩子，照片里，他们开着自己的游艇，拿着唐·培里侬的香槟王，带着劳力士手表。我在这里就见过他们。这些孩子手里的东西都象征着财富。在我的高中，孩子们来自上层中产阶级家庭，但比起这里却不是一个量级。我从没接触过这种，在这里，有的孩子拿过全国大奖，或参加过日本的乒乓球国少队，或者拿到了国际象棋比赛的全国冠军。

归根到底，如同所有的私立精英院校，英杰大学要为学生提供机会，让他们接触极尽夸张的财富和才华——既包括来自社会财富金字塔之顶尖的学生，也有那些"极有才"、成就之大令人拜服的学生。在谈到那些精英同学时，无论其过人之处是在家业、学术，还是在课外活动，克雷默都报以相同的敬畏。在他眼中，无论同学是家里有球队，还是赢得了国际象棋的全国冠军，地位都是一样的。

我们第一次聊天时，碧昂丝（UI，B）特意穿着一件灰色的运动衫，上面绣着她高中的校名，当时她马上要前往新奥尔良，参加一个社区服务的流动项目。这一点也不奇怪。碧昂丝是位志愿者服务的热爱者，她把在英杰的大部分时间都投入不同社区的志愿者工作。提起英杰来，这是她最喜欢的一件事——学校为她提供了机会，让她能回馈社会。在碧昂丝口中，她的大学过渡期进行得"相当顺利"，回想自己的经历，"压根没有文化冲击。我都准备好了"。当话题聊到她和新同学的关系时，碧昂丝说道，同有钱的白人同学待在一起没什么新鲜的。对于碧昂丝来说，新奇的经验是她在黑人群体内部遭遇了族群多样性。于是，她回忆起大三那年与新生的一次聊天：

> 大一新生总爱问："生活在这么多白人中间，你是怎么应对的？"我心想："我在高中时不也是这样嘛。"没啥好大惊小怪的。国际学生，算是一个轻微的文化冲

击吧。我此前所在的高中没有国际交流项目,所以我真的不认识什么住在肯尼亚的人。我对非洲人可以说是一无所知。在家乡时,我也见不到什么非洲人。我知道些海地文化、牙买加文化。但我不了解非洲文化。那很不一样。

不同于忧心忡忡、前来寻求支招的大一新生,碧昂丝心态放松,她开起了玩笑——"有钱"和"白种"是用以描述中学时代同学的两个恰当标签。但来到英杰大学,却让碧昂丝认识到有色种族学生内部还很多元。最终,她和三位非洲来的女生成为朋友,其中每位都来自一个不同的国家。在她们天南海北的聊天中,碧昂丝总能发现一些新话题。她们经常聊到夜深,交流彼此对自身共同历史的不同理解,也讨论过黑人女生到底是应该让头发自然生长,还是编起辫子?这些沟通丰富了碧昂丝的人生经验,不再局限于高中时代家庭和学校所限定的视野。[8]

还有一些富家子弟确实发现了社会规范有所变异,这出乎他们的意料,甚至令其感到某种不安。但问题是,他们理解文化冲击的方式就不一样,在描述困惑或不适时,他们并没有把这种感觉同社会阶级相联系。有些学生告诉我,在初到英杰的前几个学期,他们确曾遭遇地区或文化的差异。说具体点,那些来自加利福尼亚或南方的同学,经常要经过一番折磨,才能适应东北地区的生活。布里塔妮(UI, B)是一位以家乡得克萨斯为傲的学生,有着加勒比的血统,她就吐槽说:"对我而言,这更多的是一种北方的文化冲击。这儿生活的人们没那么友善。还有,天气烂透了!"乔(UI,B)懒散地靠在他的座椅上,在谈到文化冲击时,他脱口而出,在他的经验中"根本没这事"。但很快,他又纠正了自己的说法,"不对;还是有过的"。他接着说道:

> 要是你没有来过英杰大学,那么你会想着这里满是自命不凡的白人孩子。我并没有期待英杰会是个悠闲和踏实的地方。但当我来到这里时,我遇见的都是冷漠的学生。或许他们只是在装装样子。大多数情况下,这里的学生还是很友善的。但还是有一些奇葩学生。你们明明聊过天,如果你隔天或隔周再碰到他,他们会若无其事,径直从你身边走过。这太奇怪了。某些人会跟你聊天,再往后就装作不认识你,那种情形太令人尴尬了。我不知道有没有其他人提到这种状况。或许原因在我,我来自南方。如果我碰到某个人,即便跟他们谈不上熟,我也会主动打个招呼的。

在乔那里,他所经历的文化冲击是同自己来自南方相联系的。诸如此类的日常礼仪差异,有些出乎意料,且有时候也令人生厌,但说到底,它们充其量是奇怪,还谈不上让学生感觉到被排斥。对乔来说,英杰的生活仍然感觉像家一样自在。

在面对来自高收入家庭的黑人学生时,当我问及文化冲击以及他们对英杰生活的适应情况时，一般而言，他们并不会提到自己的族裔背景，也不会介入人口统计层面的学生整体构成，简言之，这些都不是什么问题，甚至无须关切。为什么会这样，一个原因可能如他们许多人所承认的，在这群学生中，超过四分之三成长于以白人为主的上层或中产社区；超过一半此前就读于私立学校，那里的同学也是以白人为主的富家子弟。而在另外不到一半学生所就读的公立学校中，来自同样高收入背景的白人学生也占据了大多数。然而，这可不是说，在这部分黑人学生的生活中，种族问题是隐而不彰的。就好像碧昂丝一样，许多学生希望能有更多的机会，接触更多的有色种族学生。但是，当谈及英杰的主流文化以及他们每天所遇见的学生时，在这些有钱黑人学生的描述中，英杰大学更接近他们此前对精英机构所期待的那般模样。构成他们谈话之关键的，是他们作为个体学生如何具有同英杰相匹配的那种气质。有些时候，他们也会将自己在英杰的舒适感与自身幸运的社会地位相联系，但即便在此时，他们还是要落脚到自己身上，展示那些适宜英杰的个人品质。无论是英杰学生群体的整体构成，还是弥漫于校园的精英文化，都没有破坏他们在英杰的归属感。

冲突的世界

这边是有钱人家的孩子，在回答我的问题时，他们表示自己在英杰的生活没有文化冲击这回事；而那边则是双重贫困生，我看到他们眼中闪烁着泪光。在英杰大学，他们感觉自己就像是局外人，无论是面对他们的新同学，还是更大的学校社群，他们都表现得格格不入。这种疏离和差异感，通常早在学生初至校园之前便已有之。甚至可以说，在他们放下行李箱，安顿好宿舍，找到去往不同建筑的近道，结识并熟悉他们的同学之后，这种感觉也不一定会消失，甚至都不会有所减弱。对于很多学生而言，疏离感甚至是有增无减。在我和他们的交谈中，双重贫困生会强调自己与同学之间的差异——既有文化和种族的，也有社会经济的。英杰大学或许提供了一张通往经济地位流动的入场券，但在双重贫困生的情形中，这张入场券是有代价的。而对其中许多学生而言，这代价甚至是不可承受之高。

有时候，甚至在踏足校园之前，双重贫困生就要经历那种痛苦的格格不入。乔舒亚（DD，B）给我讲了他的亲身体验，当时他和家人一起挤进自家不靠谱的那辆车里，前去参加为录取新生举办的一场招待会，地点距离他家的住所不过数英里而已。仿佛是接下来一切的征兆，车上那台破旧的导航仪把一家人带到了不熟悉的街区，尽管这家人已经在这一区域生活了十五年。乔舒亚马上意识到，"招待会是在城市宜居的那边，我从来没去过的地方"。在他和家人跨过东道主家里华美大门的那一刻，乔舒亚当即发觉，英杰大学"方方面面都会是文化冲击"。招待会上的那些事放大了他的恐惧。他向我这样描述了那个场景：

> 太滑稽了；那是我第一次体验文化冲击。我就那样

闯进去了。每个人都身着高档的 Polo 衫，盛装出席。我穿着牛仔裤、匡威鞋、松垮的美国鹰牌衬衫，还反戴了一顶帽子，刚一进门，我就赶紧把帽子从头上一把抓下来。那场景我想我一定会毕生难忘。它传达了太多的意义。能一下子见到许多事业有成的人物，这感觉很棒，但同时，这也是我第一次见识到什么叫体制。他们中间没人就读过我的中学。他们上的是私立中学、优秀的公立中学、特许中学……都是那些传说中美好的学校。在那里，我也没有见到来自我们县的其他学生。就只有我一人。

在乔舒亚的眼前，他的两个世界正在发生碰撞，一个是他来自的世界，另一个是他将要进入的世界。招待会开始前的一个小时，他还在"家里"穿衣打扮——在因无力支付抵押贷款而被驱逐出自家住所后，这处临时居所也就成了他们口里的"家"。而现在，他站在一座富丽堂皇的豪宅里，面积之大，足以容纳 50 位谈笑风生的客人。这种反差，一方面彰显了他的新同学是何其富有，另一方面也在提醒自己有多么卑微。仿佛场地的宣示还不够，还不足以提醒英杰大学是一个如何不同的地方，有些一道被录取的新同学还表达了他们的惊讶：他"英语讲得真不错啊"。其中一位解释了惊讶的原因，原来，乔舒亚所在的社区，一直因那里人们"懒散的英语"而广为人知。

诸如此类的欢迎招待会，也包括录取前的面试，之所以在富豪校友家里或者大学俱乐部内举行,初心是为了表达对所有学生的欢迎,但结果却可能事与愿违。为了参加英杰的招生面试,曼纽尔(DD,L)闯入了一处陌生的地方。他在高速公路上开了45分钟,才从他家奔到了"这个又白、又富、又安全的社区"。"我当时心想:'天哪,我从来不知道还能有这样的地方!'这里就好像我在电视里看到的那样。"那种发自内心的不适感,并不局限在承办此类活动的地点。一旦走进去,许多穷学生,也包括他们的父母,就会立马感觉到,在里面能同他们扯上关系的只有举着食物托盘进进出出的服务员,要么就是在宾客将要离开时才现身的清洁人员。对于黑人和拉丁裔的学生来说,这种冲击来得最强烈,因为在整间屋子里,除了他们以及家人之外,剩下的有色族裔也就只有端着餐前冷盘的侍者了。在与我交流时,双重贫困生会告诉我,接受侍者的服务,让他们感到非常不舒服。不仅因为在有钱白人充斥的房间里,他们要接受来自相同肤色之侍者的服务,还因为他们搞不清楚自己是否懂得恰当的礼仪。一位学生告诉我,当时她全家兴冲冲地开车穿城而过,赶到两位校友的家里去参加欢迎招待会,但当他们看到那家的宅院,看着款步进入的宾客,她的父母说什么都不愿意下车了。父亲告诉她,快要离开时给他打电话,这样他就开车回来,把她接走。由此类活动导致的差异感,往往很长时间都徘徊不去。乔舒亚对此也感同身受。

乔斯(DD,L)已经是大四学生了,他有些不修边幅,像快要退役的足球运动员,聊起天来就没完没了。他的家乡在洛杉矶，成长在一个主要由拉丁裔人口构成的穷人社区，生活在那里，成为受害者的危险无时不在，可能是走在街头被飞来的流弹击中，也可能是路上遭遇黑帮团伙的入会仪式。即便是到附近的摊贩那里买点香蕉或墨西哥玉米饼——他不禁感叹道——一路上，"你都会看到拉皮条的、帮会活动和穷鬼。你看到的那些人，他们别无选择，也没有其他机会。你会看到受苦的人在挣扎过活"。有时候，哪怕只是完成妈妈交办的跑腿差事，他也难免要碰上麻烦。"我还没有遇到过正面的单挑，一对一的状况；不过我被偷袭了太多回了。"即便如此，那里依然是家，是他所熟悉的家。他在那里感到轻松自在。与此同时，乔斯也因被英杰大学录取而喜不自胜，期待踏上新的冒险之旅。

然而，当反思在英杰大学的生活时，乔斯却陷入了低落，原来在家的经历压根没有帮他做好准备，让他顺利融入校园生活。"我在大学的过渡期过得尤其艰难。"乔斯告诉我。还记得卡萝尔（UI，B）吧，进入英杰后，那女孩欣喜地发现在这里遇见的人其实就是她在家里熟悉的那类人，但乔斯的感觉却迥异于她，他在这里找寻不到"像我这样的人"，那种冲击让他真正体会到孤独，一种刻骨铭心的格格不入：

> 英杰大学是一个巨大的文化冲击。我开始意识到，种族和阶级并不总是交叠在一起。我原本以为，英杰的少数族裔学生会同我相关，但当他们开口讨论钱的时

候,我马上就感受到了距离……搬进宿舍那天,我们那一层的房间门口都贴着我们的故乡。我看到了墨西哥城。我心想:"还有一个墨西哥人吗?我们是老乡耶!"我当时特别激动。但他是从墨西哥来的权贵子弟。他对我说:"达拉斯牛仔,他们是我最喜欢的球队了。每次主场比赛,我老爸都会带我飞过去看。"有没有搞错!机票、球票,还有宾馆!你是在开玩笑吗?那真是一棒子打下来的冲击,我第一次领略到英杰大学里存在的巨大差异。还是那一位同学,在大一那年快结束时,手里拿着一件漂亮的拉夫·劳伦牌的天鹅绒浴袍。他就像在说,"我不想把这件行李打包了"。他正准备把它扔了,但我接了过来。"这是拉夫·劳伦的啊。"我不知道拉夫·劳伦有多好,但我知道它很贵。它摸起来真的很舒服。

在英杰,乔斯学到了一条古老的真理:"天下黑人不是一家亲。"有些同学只不过是看起来肤色一样,但彼此的世界却遥不可及,乔斯于是苦苦挣扎,想要同这种差异和解。来英杰读大学,颠覆了他的世界。

乔斯还分享了另一个他经过摔打后学到的经验:"面对微侵犯"——面对那些"微小"的轻蔑却造成深深的伤口,一定要"学得没皮没脸"。然而当他分享经验时,我听到他的声音都变了,这有点吓人了。骄傲变成了愤怒,而愤怒又很快转为羞耻:

我们必须一路过关斩将才来到这里。我们是战士。我们是战无不胜的。这大概就是我们的想法。手无半点资源,但却暴露在这个恶劣的环境中,彻底改变了我们。当我刚到这里时,我是所向披靡的战士。可随着时间一点点地过去,我的心态开始崩了。如果我当时去上另一所大学,一所能让我感到自在的学校,我很可能会成为那里的学生头儿。但自从来到英杰后,我变得沉默寡言,更加敏感,尤其在课堂上更是如此。在一个社交场所,我会跟你聊天。但在班级里,我就会闭嘴。要是班级里能有更多的有色种族同学,更多与我有关的学生,我会感觉到轻松自在。然而,在英杰,问题就在于,待在一个有色种族学生的班级里是不可能发生的。

托尼:为什么你说英杰大学是一个恶劣的环境?

乔斯:讲个故事吧。我在这里有一位朋友,他不得不休学。他嘴上说"给自己放个假",我不知道那意味着什么,也不懂为什么这要被打上耻辱的印记。我的反应是,"你为啥非要休学一段时间呢?"我永远也不会忘记他的回答。他说道:"我在这里喘不过气来。这地方非要完全把我毁掉不可。"我心想:"哦,我的天啊!"等到这种经历发生在我自己身上,我就开始理解他了。当我们刚到英杰时,意气风发,对未来充满期待。但现在,这个地方把人搞得很郁闷。他当时好像说过,他再待下去就要死在这里了。我不认为我们俩有相同的反应,或者连程度都一模一样,但我们确实有类似的反应。因此,回应你刚才提出的恶劣环境问题,答案是"孤立"。你感觉到无法融入。你感觉到你就是孤单一个人,好像你和任何同学都说不上话。

"微侵犯"这个词,是乔斯在大学学到的。他用这个词来形容英杰生活中的某些时刻。有些时候,同学非要拉着他一起下馆子,认为他有钱支付当地餐馆的账单,或者他们会质疑,为什么要把奖学金投资给"不那么优异的学生",而他们的父母却必须支付全部费用。时间越久,这种令人丧气的遭遇就越多,也就打击了那种不屈不挠的感觉,想当初,正是这种感觉激励乔斯克服家里的困境,成功地来到英杰。虽然英杰大学在增进多样性上确实下了大功夫,但乔斯所在的大部分课堂里仍充斥着富家子弟,而他们恰恰是最经常做出上述评论的同学。[9]

对于双重贫困生来说,进入大学更多的不是拥抱新的机遇,反而是发现新的禁锢。这并不是说,这些学生要等到上大学后才发现自己是穷人。他们一早就知道自己与金钱无缘。然而,在抵达大学时,尤其是置身于一个有钱人的校园环境,却凸显了一种鲜明的反差:一边是富家子同学的各种特权,另一边则是他们在经济和社会条件上的困窘。这种状况不仅规定着他们能做什么,又不能做什么,还包括他们能否做得轻松自如。以埃莉斯(DD,W)为例,这个女孩的家庭被驱逐过不下六次。因为多次辗转于肯塔基州和弗吉尼亚州，要在不同的白人贫民窟搬来搬去，她的生活中就没有过安定这个词。眼神带着疲惫，埃莉斯挑选了一个平日没怎么吃过的玛芬蛋糕，小心翼翼地放在膝盖上，开始讲述她在英杰大学的局促现实。她对贫困的自觉意识，只能再次确认她的局外人身份。埃莉斯解释说：

> 当你来到英杰这样的地方，同时你还是个穷人，你就会发现，能在这里并不是一种权利，而是一种幸运。能在英杰这样的地方上学，这种运气也能被轻易拿走。你在这里能做的每一件事，都来自他人的施舍。你之所以能在这里，要仰赖他人的允许，你能在这里上课，也是因为得到他人的许可，而不是你有钱，能承担起这一切。这就是他们的特权。如果他们来不了英杰，他们还能去别的什么大学。而对于低收入的穷学生来说，根本就无所谓其他选择。就是这种感觉。你要靠人施舍，而正好又有个人可怜你没有钱。我认识一位同学，她家里四代都读过英杰；这简直太疯狂了。对他们来说，这不过是生活的一个部分。这就是一个决定性的时刻……我能来到这里，是破天荒的大事。而对于一些同学来说，这不过是合理的期待。真是让人抓狂。

托尼：现在差不多四个学期过去了，你还有那种感觉吗？

埃莉斯：是啊。我总是觉得能来这里实属幸运。我总是觉得自己并不属于这里。也许我应该反转一下思路。我应该觉得我就属于这里，因为我被录取了，没有借助任何关系，没有任何家庭的帮助，没有任何祖上校友的捐赠。或许我应该觉得，英杰大学更像是我的，而不是他们的。我是凭借着自己的成绩挤进来的。但问题就是，我很难像其他同学那样，觉得这些都是我应得的，我选择做什么，只能在他人恩典的范围内。我选择做什么，只能在我被允许选择的范围之内。而他们却不需要背负这些限制条件。

说起身边的同学们，他们的各种举动也丝毫未能减轻埃莉斯的怀疑，反而让她更为确信，金钱能带来自由（以及保护伞）。还在大一的新生入学培训期间，苏珊娜，一位有钱的国际学生，住在埃莉斯的隔壁，就开始在宿舍房间里喝酒。凌晨两点的时候，她走不动路了，开始呕吐。宿舍里的两名同学恐怕她会窒息，打电话叫来救护车。按学校的规定，大一学生不得在宿舍内饮酒，但埃莉斯还是谅解了苏珊娜公然罔顾校规的放肆——由于自己不喝酒，埃莉斯其实打心里支持学校的禁酒政策。然而，到了第二天，苏珊娜返回宿舍，却若无其事地开着玩笑，调侃美国的急诊救护收费要比自己国家高出太多了，埃莉斯就没法保持冷静了。可苏珊娜还在夸夸其谈，无所谓标价多少，她爸妈都能轻松买单。更令埃莉斯感到愤怒的是，接下来一周，苏珊娜故技重演，又一次被救护车送进了医院，一路上，警报声长鸣，救护车灯闪烁。

"这些人的生活都太不真实了!"埃莉斯大声说道,同时在空气中挥舞着她的双手。同学们的特权以及对生活的无知,让埃莉斯感到"很沮丧,因为他们就是没有钱的概念……他们就是不明白,为了交上这学期的注册费,还有92美元的杂费,我必须干完手上所有的工作。那是很大的一笔钱啊!他们就是无法理解,为什么这么一丁点的事会影响这么大,为什么20美元对他们来说只是零头,但在另一位同学看来却是好大一笔钱。'咱们别在食堂吃饭了,不如出去吃晚餐吧。'唉!最严重也最令人崩溃的是,这一切从来就没有过一丝改变"。

威廉(DD,W)来自国家产粮地区的一个农业小镇,在与我的谈话中,他也表达了埃莉斯的那种失望。他没有拐弯抹角。"这儿的人很有钱。但我没钱。"威廉从没有无视他家里的贫穷。"我从来没有感到过穷,但我们确实一直都很穷。"很久以前,他就意识到家里的经济状况多么岌岌可危,当时,他的父母都要开始打第二份工甚至第三份工,才能勉强维持家里开销。但是,贫穷从来没有让他觉得自己是个局外人,直到他进入英杰大学,情况发生了变化。威廉告诉我,自从他入校以来:

> 我从不去外面吃饭,也不出门买东西。但(对另一些同学来说)那似乎是一种每周一次的活动,甚至天天都有。他们总在说:"我讨厌在食堂吃午餐。我去城里点了一只龙虾,你猜怎么着,才花了30美元,真不敢

相信。在我家那里，要吃上龙虾怎么也得80美元。这儿可真便宜。"我没办法去别处吃饭，因为我在食堂的套餐计划已经付过钱了，而且吃得很不错。对我来说，有近似免费的东西却不吃，听起来就太荒诞了。你只需要走到食堂去。为什么我还要花钱买吃的呢？

如何应对这些令人沮丧的时刻，威廉的方法是"一笑而过"，因为在他看来，"感到被冒犯，是一种最没用的情绪"。然而，他也并非每次都能从容待之。坐在我面前时，威廉在努力克制他的情绪。但是，在回忆起同学们把30美元的龙虾餐归为"便宜"，且愚蠢地邀请他也一起加入时，愤怒还是从威廉的脸上闪过。威廉相信，同"这些人"混在一起，会扭曲同学们的道德和伦理观，因为这种生活会鼓励学生去追逐自私自利的目标，尤其是那些来自低收入家庭的学生，更容易受到影响。他告诉我，在英杰读书，"最大的挑战"要数"成为他们中一员的压力"。威廉指出：

> 当你来到这里的时候，你就变成了精英中的一分子。有人会说："太厉害了，英杰教育！你将来毕业后肯定能赚很多钱。"他们的期待就是，所有这一切的目标就是赚钱，就是成为上流阶层的一员。人们忘记了他们的根。只要在英杰生活四个月，他们就不愿意回家，忘记了家的意义。然后呢，四年过去了，他们就不再回家。他们都去了纽约。他们其实是被消费了！毕业之

后，40%的毕业生都进入了咨询行业。但这40%的学生在刚到英杰时，脑子里可没有想着"咨询"。人们在这里被改造了。人们只是想当然地认为，一个社会阶级天生就优于另一个阶级，也更令人心向往之。

威廉是对的。精英院校的毕业生确实会涌到地位高、收入高的行业，比如投资银行。在毕业后，贝恩资本、美国银行或高盛投资这样的公司，将会是威廉的同学们的首选。至于到底有多少同学走上大公司的精英之路，威廉的估算有些偏高，但也只是高出一点点：无论是在英杰大学，还是这一档的其他院校，大四学生在毕业后进入金融和管理咨询行业的，其比例在三分之一上下，大大超过了流入其他行业的毕业生。无论是富家子弟在英杰大学纸醉金迷的生活，还是同学们在毕业后一门心思要钻进去的赚钱行业，威廉都是敬而远之。[10]

瓦莱里娅（DD，L）的经历展示了，在融入大学时，双重贫困生有时要走过一段复杂的心路历程。一方面，读书以来头一次，她感受到学业上的挑战，也能自由探索表达自我的新课题和新方式。但另一方面，她也发觉英杰大学存在着社会束缚，缺乏多样性，具体而言，就是太多的同学来自有钱的家庭。瓦莱里娅承认，她曾经期待自己会爱上英杰大学。虽然平时看起来元气满满，但当她谈起高中和大学的差异时，她还是显得有些丧气。

瓦莱里娅：英杰大学的学术要求要更严格。在这里，即便是选课，也是很不一样的。我学会了如何思考。读高中时，全部任务就是做习题。但在这里，我的教授读完我的文章后会说："你只是在概括大意而已，你得提出自己的观点。"到了大一快结束时，我才明白教授这句话的意思。要做到很难，但也真的很有收获。在英杰，社会意义上的多样性却要少很多。40%的学生压根不需要任何经济资助。这太疯狂了！学校总是会说："60%的学生拿到了经济资助，让我们为之庆祝吧！"这听起来就太错乱了！我从来就没有见到过那么多的财富。即便我不去想，我也是被一群有钱人包围着。

托尼：与你的高中相比，英杰大学的多样性是多还是少？

瓦莱里娅：要更少，但这么说也不尽然。英杰有着我不曾想过的多样性。英杰大学是多样的，只不过意义并不相同。我也搞不清楚了，但我知道我在高中时感觉更自在。在我看来，多样性就是生活得舒适自在。

托尼：为什么你认为，同英杰大学相比，你在高中时感到更自在呢？

瓦莱里娅：因为更多的同学能够感受到我所感受的。我并不需要去解释自己。有些事情是大家心知肚明的。如果我说："我的天哪，这太贵了！"每个人都会同意。事实上，从来也不会有人提议要去什么贵的地方，因为我们兜里的钱都差不多。如果要去跳舞,就绝不能超过7美元。同学们会说:"没有人会花10块钱的。那太贵了。"但到了英杰,我必须对自己说:"为跳舞花这么多钱太贵了。"然而其他同学却认为,"不,这价格很合理啊"。太令人震惊了。我们实际上是很不一样的,不过我来英杰之前不用管这个问题。我不清楚这是不是人之天性,不必时时刻刻解释自己,让我感到很自在。但在英杰,懂我的人太少了。

在瓦莱里娅的叙述中,她的求学之路虽然艰辛,但却值得,对此她心怀感恩。然而,事实证明,她在英杰的社交生活却更加险恶。如同前述的乔斯,瓦莱里娅也把多样性等同于舒适感甚至安全感,根据她的定义,多样性就是能同相似阶级背景的人们待在一起,但在英杰,她却发现这种感觉是可遇不可求的。

有人可能会争辩说,学生在大学所学的,不只是课堂上的知识,接触到不同的人、不同的风俗、不同的生活方式,也是同样重要的——大学的目的就是要扩展你们的世界观。但问题是,后一种学习过程往往徒有其表,变成了穷学生必须为他们的决定进行辩解——为什么他们决定参加某些活动,或者拒绝参加某些活动。不是每个学生都要站出来,为他们的决定做解释;穷学生总是要回答,为什么他们不和大家出去吃饭,或者去夜店玩;但是从来没有人向富家子弟提出要求,解释一下你们为何能花30美元吃龙虾。正是这种一边倒的不均衡，让双重贫困生心神不安。新同学司空见惯的，在瓦莱里娅那里却是极大的震撼。当同学们问瓦莱里娅，她认为自己可接受的消费在哪个区间，这看起来就好像是同学在拷问她的生活方式。于是，关于她的出身，瓦莱里娅不仅要进行辩护，还开始自我封闭，处处设防。因为随时要解释自己，她已经变得不胜其烦。

当然，也不是所有的双重贫困生都会退出校园生活。有些学生也在努力地融入共同体。瑞安（DD，W）是一位语言和历史学的爱好者，从阿帕拉契亚农村的塌陷地带来到英杰大学读书。在上大学之前，他生活的世界只有乡下的煤矿区。他与寡居的母亲以及两个妹妹住在一起，在瑞安的生活中，所有的男人都因为尘肺病而早早过世，因为长期接触煤炭粉尘，这是当地男工的常见病。他妈妈要做两份工，有时甚至是三份，才能维持瑞安和他两个妹妹的基本生活。当瑞安来到英杰校园时，他期盼着崭新的人生旅途。很快我们就看到，瑞安申请加入某个组织最为严密的校园兄弟会。然而，他的入会经历也显示了入伙的社会成本，尤其对那些不懂得精英场所之规矩和礼仪的学生来说，代价也属实过高了：

> 我们被带到了一家盛大的餐饮俱乐部。一个餐饮俱乐部——我压根不知道还有这种组织的存在——一个就是吃吃喝喝的俱乐部。我心想："这啥玩意？"那里的人——你一眼就能看出——都是那种贵族范儿。他们是

真正的上流阶层,从头到脚都精致。我们坐下来吃晚餐,那是一顿丰盛的大餐。在家里时,晚餐如果多做了几道菜,都会放回冰箱,接下来的一天就吃剩饭剩菜。他们安排了各种不同的食物,最后一道菜,是甜品。这时,他们端上来这种碗,里面盛着温水。我搞不清楚,水里可能有草药或什么其他的。我实在搞不明白那是个什么东西。我心想,这一定是甜品了,某种我此前从未见过的高级甜品,某一种你应当喝下去的糖水儿。这时,我端起来正要喝。我的一位好兄弟赶紧说:"别!别喝下去!"万幸我没有喝。是啊,来到英杰后,我能说出生活中有很多大事与从前不同了。但就是在这些小玩意上,身边的人却视为当然。一个装水的碗,是让你用来洗手的。搞不懂这玩意。完全没概念,就这样。

瑞安和我一同大笑起来。当我们绞尽脑汁,想找个合适的词来称呼那个"水碗",它带来的幽默感也愈发强烈。最终,谷歌提供了答案:洗手盅(finger bowl)。我也从来没见过那玩意;说实话,我敢说大多数人都没见过吧。对瑞安来说,谈论那次晚宴并不轻松,更不必说拿它来自嘲了。当时,他既感到难堪,又觉得受辱。在这家餐饮俱乐部,不懂社交生活的规则,似乎成了他的又一个标志,连同他的口音,还有他心情郁闷时就想用烟斗抽烟,都彰显着他的差异。毕竟,如瑞安在打趣时所言,在他的同学中间,没有多少可以将血统寻根溯源至哈特菲尔德家族或者是麦考伊家族，但他却可以。这些"小玩意"，在这里是甜点之前用的洗手盅，确实让他当众出了丑。自此后，瑞安就再也没去过那家俱乐部。诸如此类的时刻越多，瑞安这样的学生就越会躲开校园里的此类社团，其中许多也变成了有钱学生的俱乐部，无法代表全体学生。[11]

对于双重贫困生来说，英杰大学为他们打开了一个全新的世界。乔舒亚显得有些懊恼，因为他怎么都想不出一种方法来描述这种经验，于是只能告诉我，在他的故乡和英杰之间，"我觉得我连一个相似之处都说不上来"。他接着又说："真的，我不知道自己能不能说明白。这就是文化冲击吧！"来英杰读大学，一方面锐化了贫穷生活的旧现实，另一方面也凸显了新的社会禁锢，后者只会进一步剥夺穷学生的归属感。在英杰与同学们日常处在一起，只会提醒寒门子弟这地方尚且不能称之为家，让他们感到自己如异乡之客。在许多双重贫困生眼中，这些校园生活中的遭遇，都构成对其生活方式的冒犯，让他们体会到社交隔离、情感疲惫，有时甚至是愤怒。穷学生的社交和情绪状态也因此压力重重。那些在有钱同学那里不言自明的一整套社会规范，对他们而言却是闻所未闻，于是他们也在挣扎中去努力破译。但生活的真相却让他们厌恶，在他们破解了这套社会规范的密码后，即便他们曾经想过要遵从它们，但最终结果还是一再被生活提醒，他们怎么都不配。生活中所有这些关于差异的日常提醒，日积月累就形成了严重的疏离。

这里就好像是高中

"第五年","下一步","老样子而已",在英杰,当寒门幸运儿描述他们从高中到大学的过渡时,我时常听到这样的说法。完全不同于双重贫困生,寒门幸运儿既没有受到校园文化的折磨,又未因有钱同学的举动而感到困扰。支撑起寒门幸运儿的,是此前数年在预科学校内的社会化经验,也因此,这类学生通常会发现,他们在高中时的经历——尤其是他们与有钱同学的日常相处——让他们为大学生活做好了准备。他们融入英杰大学的身姿,看起来就像是来自有钱人家的同学们。当然,这并不意味着在英杰的大学生活是轻松的。因为成长在危机四伏的贫民社区,他们所遇到的生活难题也经常会打乱校园生活,而在他们的有钱同学那里,大学生活完全没有这类烦恼。家里的电话总是让他们感到恐惧——不论是为了支付账单而张口要钱,还是收到通知,家中某人已经成为当地帮派火并的受害者——寒门幸运儿仍时刻感到如履薄冰。

对于寒门幸运儿而言,问题并不在于他们是否经历了文化冲击,而在于文化冲击发生在何时。文化冲击于他们而言,发生在他们步入私立中学那一刻,通常是作为高中一年级的新生,而不是他们升入英杰,成为大学一年级的本科新生时。当年,他们离开自己穷困且往往是隔离的公立初中,去往白人那漂亮的私立高中,孤立和差异的感受就曾将他们包围。在我访谈的过程中,许多学生都描述了自己如何经历并体验了这种"被同化的忧郁"——在那些原应帮人走出贫穷的地方,穷人身处其中却感到一种格格不入。[12] 米歇尔(PP, L)是一位活力四射、元气充沛的英杰女生,此前曾参加了纽约市的"为预科做预备"项目,在八年级前的那个夏天,她进入了一所私立女校。"太恐怖了,非常糟糕",她大声说道。"读预科学校,是我人生中所曾经历的最大的文化冲击。"她告诉我,一直到八年级,"我都有很多朋友,全都是少数族裔"。但到了高中,事情起了变化:

> 从前,我的朋友大多是男孩子,都是来自同样家庭背景的少数族裔,但现在,我突然之间就被放到一个新世界,完全不懂那里的文化。那里更讲规矩,也更精致。你得变成那种完美的小女人,那种崭露头角的女性。你必须——我形容不上来——静如处子。现在想来,我为什么过去曾把自己封闭起来,内心拒绝任何人走入,这应该就是部分原因。

一开始,米歇尔并不习惯于保持贞静,至少是私立学校要求她所能做到的那种贞静。社交圈里只有同龄女孩,是新奇的体验。和有钱人、白人在一起上课,是新奇的体验。看着划艇队训练,看他们在沿着校园墙内沿的河流上操练备赛,也是新奇的体验。过渡期令米歇尔感到不安。事实上,她讨厌那种感觉。她觉得孤单,与新同学相处也有困难。每个人都已有了朋友,而她就是新来的小孩,来自人生道路的另一边。"我那个样子,没有人会接受我。"米歇尔说道,因此她的应对就是"拒绝所有人"。她下定决心,"我不跟任何人说话"。九年级到来时,学校要换校区,对米歇尔来说,这是一次机会难得的重新开始。学生的宿舍打乱重组,又有新同学加入进来。终于,米歇尔找到了朋友——起先是其他拿奖学金的学生,接着就是运动队的队友,再后来就是其他的同学。米歇尔开始适应这种高雅环境中的生活;按照她的奖学金项目要求,米歇尔必须参加运动训练,这样在三年的时间里,她必须日复一日地同队友们待在一起,这对她的适应也很有帮助。就这样慢慢地,她让自己融入了这个中学的社群。"显而易见,到了高中结束时,我更加适应了这里的生活。这里留下了我人生中的五年时光。"对于米歇尔来说,高中和大学最大的区别在于,英杰校园里有了男孩子。

根据米歇尔的故事,我们还能看到,读过预科的学生与没有读过的还有一种差异。先看双重贫困生,他们经历向新环境的过渡,要等到刚刚成年时;而寒门幸运儿早在青少年阶段就经历了自己的过渡,在这一时期,学生能更轻松地适应变化,也更愿意尝试新鲜事物。[13]

像米歇尔一样,派珀(PP,A)也曾体验过进入私立中学时的那种不安。派珀的父母是来自亚洲的难民,一路漂泊来到华盛顿州,派珀长大也靠着好心人的捐助。八年级时,她的哥哥发现了奖学金的信息,供贫穷家庭的学生申请,得到资助后可以就读于寄宿学校,于是背着他们的家长,哥哥说服派珀去申请试试。在九年级的时候去适应私立学校的新环境是一段痛苦的经历，但无论如何，四年之后，这段经历最终让派珀在英杰的过渡变得轻松许多。派珀曾告诉我，她有过两段过渡期，"它们在许多方面都有区别"。派珀继续说道：

> 我还记得，高中三年级有70个同学，其中只有包括我在内的六七个来自下层家庭。多样性并不是那么大。对我而言，寄宿学校是一个巨大的文化冲击，因为我从来没有接触过那种类型的文化。我在寄宿学校的同学并没有炫耀他们的财富或特权，但显而易见，出身于穷人家，成长在贫困街区，人们就是能分辨出来，你懂的。有些时候会很难过，或许只是有些尴尬，因为身边的同学总是会说，"嘿，咱们出去吧，去这里吃个饭"。那个地方可能贵得要死，而你确实没那么多钱。这样的对话真的很让人尴尬。我的有些同学是白人，而我总是觉得跟他们交流时有一道壁垒，说到底，他们是真的无法理解，作为一位来自贫困街区的亚裔孩子，我在生活中要面对一些什么问题或挑战……到寄宿学校读书，让我第一次感到自己是少数族裔。还有一个问题就是钱了。我就是感觉到很不妥，在寄宿学校，我感觉到自己是真穷。很多时候，只是看到我的同学买了什么，能买什么，甚至哪怕是能轻松地买得起什么，都会让我自觉意识到自己的阶级背景。而在英杰这里，我在适应期就

不那么在意我的阶级和族裔了,而更为关注整个社群的问题。

派珀上述的一番话,听起来像是一位双重贫困生。新同学的财富以及由财富所滋生的特权,都让派珀感到不安。也因此,她变得敏感,极度自觉于自己的出身背景。然而,如同米歇尔以及更多的寒门幸运儿一样,派珀在当时承受住了这种文化的冲击,这发生在她上大学的数年之前。对于她那所昂贵的寄宿学校来说,接近10%的学生拿到了全额的奖学金,这是一件值得骄傲的事。但站在派珀的角度,她却是从统计数据的另一面来看问题。在这所学校,她是为数不多的少数族裔之一,这让她人生第一次自觉并认真地思考种族问题。然而,虽然在高中时代,种族和阶级决定了她的自我认知,但到了英杰后,她却开始淡化这两种身份,不任凭种族和阶级因素影响她在大学的归属感。准确地说,派珀发现,较之于她在寄宿学校的那个小社群,英杰是一个更大的共同体,她现在只关注到自己中学和大学在规模上的差别。

寒门幸运儿所上的私立中学,比起他们对口的本地社区学校,当然要有钱得多。上大学后,他们总是喜欢说,他们的预科学校像极了英杰,尤其是他们的同学,更像是一个模子刻出来的。"看看我在英杰大学遇见的同学,再回想一下我在高中时的同学,他们的家庭背景简直是一模一样。"尼克(PP,L)告诉我。艾玛(PP,B)则是个例外,她就读于马里兰的一所私立中学,同学以黑人为主,但即便是那所中学，近年来白人也越来越多了。而在哈维尔（PP，L）的口中，英杰大学"只不过是放大后的巨型预科中学，仅此而已"。

因为这种连续性，他们在英杰的过渡才如此从容。斯蒂芬妮（PP，B）穿着她那招牌式的白色有领衬衫和浅色裤装，在她看来，英杰大学"就是似曾相识的感觉"。在接受我访谈的所有学生中，她是最早转入私立学校的，当时还在上六年级。在此之前，斯蒂芬妮住在政府修建的一处贫民住宅区，因其中几座公寓成为毒贩子散货的聚集地，警察临检如家常便饭，在搬出那个是非之地后，在父母的建议下，她申请并取得了一笔到寄宿学校读书的奖学金。在读了这么久寄宿学校后，她觉得自己为升入英杰做足了准备。从某些方面来讲，甚至是准备得过头了些。当她的同学们还在为英杰大学的新奇之处而赞叹时，她就认为大学生活是"老一套"了。在与我的聊天中，斯蒂芬妮解释了原因：

> 从十岁那年，我就开始寄宿，直到现在。比起我的大部分同学，我处在这种环境的时间要长多了，远离家人，靠着一个手提箱过日子，与同学们生活在一起。所有的人都很兴奋。但我真的并不在意。大一新生刚进来时，总是少见多怪，"哦，我的天！盥洗室里咋还有男生呢"。有些事情，总能让刚上大学的孩子们感到兴奋，类似于"我已经体验到这个了"，但对我来说，已经毫无新意了，根本没什么好得意的。是的，这就是英杰的

感觉，用鼻子闻起来都好像是我的高中。我也希望自己能兴奋起来。这种经验有些无趣，但没办法嘛，我早已习惯了。

斯蒂芬妮在讲述时，既若有所思，又显得老气横秋，从她的口中，我们可以听到，在新英格兰地区最负盛名的一所私立学校的八年寄宿生活，是如何让她在某些方面感到厌倦无聊。不仅是"做好了准备，与周围的白人同学打成一片"，斯蒂芬妮甚至对大学生活某些少有人提及的方面也已司空见惯，比如说在学校的盥洗室遇到男生。

当然，在踏入大学之门后，并非所有人都对他们的见闻无动于衷。玛丽娜（PP，L）就发现英杰大学里的生活令人激动。在她的社交日程表里，排满了讲座、市政厅的讨论会以及观影会，反映了她广泛且多样的兴趣。在生活中，她和女伴的关系也进展顺利。玛丽娜很喜欢上课，也享受着探索校园周边社区的时光。对她而言，英杰大学在许多方面都像是"量身订制"的。我追问她，在她与英杰大学之间，契合度到底有多少，她回答说："绝对是百分之百啊！"紧接着，她详细说了为什么会给出满分：

> 我来自一所小规模的学校，而这里足够大。在这里，你可以找到你的小生活。你可以找到你的小群体。我就找到了。我很快乐，也很幸运。你能和那些人一起交往。你会遇见像你这样的人。你还能扩展你的朋友

圈。这里的人都非常好。我还真没见过那种"离我远点"的人。所以啊,我实在找不到任何一个方面,能说我感到自己在这里不合适。

在这里,我们可以同前面的乔斯(DD,L)做个对比,他总是找不到与自己相仿的同学,玛丽娜则完全不同,她不仅找到像她这样的人,还没有局限在她最初的朋友圈,而是不断扩展自己的社交网络。她并没有感到孤立,或者觉得自己不属于这里。

在寒门幸运儿看来,比起他们的高中,英杰的学生群体在种族和社会经济背景上的构成要更为多元化。"我不知道该如何同有色种族的同学相处;我不知道该怎么做,这感觉很刺激。"派翠丝(PP,L)很诚恳地告诉我。"校园里有了有色种族的学生,这是新的经验。"虽然派翠丝出身的社区是城市里隔离最严重的,但她上一次在班级上见到黑人或拉丁裔的同学,还要追溯至初中阶段。同样,奥贡(PP,L)是一位对社会正义和历史着迷的女生,她还记得,当初她走过新生庭院时,忍不住脱口而出:"哇,这里有这么多黑人学生啊!"奥贡继续说道,"有些时候,只要不是身处课堂,我都感觉自己好像读了一所'黑人大学'(HBCU,历史上创建的黑人学院和大学)。我的社交背景是黑人大学的场景。我去参加黑人的活动。我们开派对时放的音乐是"嘻哈"和"雷鬼"。当然,我们也去参加拉丁裔的聚会"。[14]

我们越聊越深,奥贡告诉我,她从前的私立寄宿中学虽然见不到多样化的种族构成,但与英杰大学还是有很多相似之处,支撑起她在英杰的归属感。从课堂到宿舍生活,她认为大学是"一个样子的,一模一样":

> 校园建筑的名字都是一样的。格伦堂(在英杰是一处讲座报告厅),是我在高中时上历史课的地方。韦德,是高中时图书馆的名字,当初我参加英杰的面试就在那里。而在这里,我们有幢宿舍就叫韦德楼。评议会,我在高中时也见识过。连节假日都是一样的。我在高中时的导师,也很像我在英杰的导师。那些不成文的规矩也是相同的。某些事可以去做,但有些事就不行。比方说,在课堂上,你可以去质疑权威,但这还是取决于你是如何质疑的……英杰的生活,就好像高中的第五年。我不能说是完全一样的,但感觉上确实也没啥区别。我现在住在英杰,也许这就是不同。我感觉很安全;我的高中帮我做好了准备。我认识这里的人。许多从我那所中学毕业的校友告诉我,英杰大学的生活会很轻松。我不认为英杰的生活很轻松,但若是我在校外的人生没有影响到我,我也不认为英杰的生活会有多难,说难就太令人费解了。我的整个生活都耗在医保问题上,诸如此类的麻烦。只要外界的力量没有影响到我,运用我在高中时获得的那套技能,应付英杰完全不在话下。

校园内的机构、习俗如出一辙,就连建筑物听起来都似曾相识,英杰大学压根没有震撼到奥贡。不仅如此,奥贡还能在校园里见到很多熟悉的面孔,因为她那所寄宿学校每年都会为英杰送来很多学生。她还暗示说,即便不成文的规则也都是一样的。[15]

尽管如此,尽管奥贡熟悉精英空间,且对其规矩了然于心,但这也未能构成坚不可摧的保护,并不能完全抵御从家里传来的坏消息。正如她所言,她能够安排好——甚至是享受——英杰的生活,但需要"我在校外的人生没有影响到我"。远方家里遭遇的难题,比如因帮派火并而失去亲友,这种事情主要发生在黑人、拉丁裔或穷学生的身上,一旦出现这种情况,英杰本科生身处的保护罩就往往被刺穿了。奥贡亲身经历过这种事。在某次聊到家里的一般情况时,她就指出,"很多人遭到枪击。炎炎夏日的某一天,你总能听说某人被枪击中,也可能是被砍伤。因为暴力四伏,我失去了很多亲友"。在奥贡的回忆中,一次因毒品而引发的血案最令她伤心。"我永远失去了一位朋友,他被人捅死了……他的兄弟杀死了他。想起他的死,我到现在还不能完全接受。他从前住的地方,就是制毒的房子。他住在一楼,二楼就是他们制毒并兜售的地方。"一位好朋友就这样走了,奥贡想起这事就很难受。她还总是担心家里的妈妈——就住在距离朋友被杀处不远的地方,尤其是如何帮妈妈拿到她所需的医保。社区改造会导致房租的上涨,一想到此,奥贡晚上就睡不着觉。她很担心,用不了多久,家里就再也付不起公寓的房租了。面对州政府的各种福利机构,奥贡还必须充当妈妈的中介人和解释者。这些家里的琐事,再加上她那二十页的历史论文,还有物理学的期中考试,都压在她的肩上,限制了她人生的宽度,也搅乱了她的校园生活,而这些烦恼,通常来说并不会打扰奥贡的有钱同学。[16]

诚然,寒门幸运儿已经习惯了同有钱的白人同学待在一起,但仅仅因为这一点,并不意味着他们就从未经历过难堪的意外。在进入英杰后,从他们与新同学的某些交流,就能映衬那些富家子弟所不懂的事情。还有一些更是暴露这些有钱同学的愚昧无知。像瑞安(DD,W)一样,杰茜(PP,B)也在摸索着,加入了许多不同的社团。她懂得,这些社团"是大有用处的,可以帮助人们成为社会人,扩展朋友圈",而这些社会关系网在他们毕业后就能派上大用场。高中时,杰茜就在华尔街做实习生,当时她的老板们告诉她,在大学里成为社团或组织的成员,对她的将来会大有好处。杰茜打心眼里接受了他们的建议,加入了大学校园里最高贵的一家姐妹会,出入私人场所,享受着同大部分是白人的有钱姐妹的亲密接触。然而,不同于瑞安,对于杰茜来说,这没什么可新鲜的。她高中时就读的寄宿中学有着光辉夺目的悠久历史,长期以来,整个新英格兰地区(就此而言,甚至可以说是全世界)的富人家都把子女送到那里接受教育。但即便如此,姐妹会中的一件事还是伤害到她,戳痛了她心头最脆弱的地方。为了吸引新会员,作为"欺生"仪式的一部分,姐妹会的头头们发出对新入会者的命令:很多无家可归者占据着校园周围的长椅或门廊,现在,新人们去找到这些流浪汉，同他们自拍合照。看到身边同学们把这些照片保存下来，杰茜感到很愤怒。虽然她从一开始就拒绝参与，但这个插曲仍然是挥之不去的创痛回忆。对于杰茜而言，进入英杰之前的生活充满了动荡和危险。"我就是再也不想听到警笛的响声了，再也不想"，她告诉我。"我曾亲眼看着老爸被警察抓走。在我的人生中，已经遭遇过太多和警察打交道的事情了。我已经受够了同他们打交道。"太多次的搬家，太多次的惯常生活被打断，从亚利桑那州一位朋友的家里搬到了新墨西哥州的过渡房，"我真的记不清我们搬了多少次。咱们开始数一数，小学五年，我一直在搬家。初中，我又搬过两回"。杰茜有生以来头一次在一个地方待满两年，就要等到她上寄宿学校了。从一开始，她的家庭就在为头顶上的那片瓦而挣扎过日子，想到自己的家人，杰茜就厌恶社团姐妹们的麻木。她们的财富并没有构成对杰茜的困扰；但她们对他人的无情，为富不仁，却让杰茜感到愤怒。

有些时候，沿着不同的求学道路升入大学，穷学生的内部也会因此而形成紧张。关于在英杰大学如何做一名穷学生，围绕这一主题的对话可能很难展开，往往会揭示寒门幸运儿所经历的混杂现实。派翠丝（PP，L）放松地靠在我办公室的沙发上，聊起了她所经历的二重性。她声称，除了刚开始时略有紧张不安（但也很快过去），融入英杰大学的社交不是什么难事儿：

不管有多少人说这里的文化属于上层阶级的白人男

性,我都不信这一套。那些这么说的人,可能是这里最笨拙的家伙吧。我已经完全融入了这里。刚开始时,我也有过紧张不安,但那不是因为我是拉丁裔的女孩,也不是因为我很穷,而是因为我觉得我赶不上身边人那么聪明。但那种想法(现在看来)就很傻了。我现在已经完全融入了这里。我喜欢校园里属于我自己的地方。我有自己的学习空间;向窗外望去,风景好极了。我喜欢到处看看。我也喜欢认识这个校园,因为我心里已经把这里当作了家。当人们觉得校园里无处可去时,我会很乐意告诉他们哪儿有什么。我会把偶然获得的信息同他们分享,比方说,"你知道那里有间商店卖这种东西,或者这里有座博物馆,拿着学生证件就可以免费参观?"

在派翠丝的心中,英杰大学就是家。她并不否认人们对英杰的事实概括——这是一所富人和白人的学校。但是,即便符合这种身份描述,白又富的学生就在校园居于社会主宰地位吗?对此,派翠丝总在质疑。说起她的家庭背景,压根不符合英杰大学传统的学生模式,但她的学业"血统"却是匹配的:她毕业于全美历史最悠久的一所寄宿学校,她的高中母校常年为英杰大学输送学生。不带一丝犹豫,派翠丝就把她的种族和阶级背景排除,认为这些不足以构成融入大学生活的障碍。进入英杰后,派翠丝如鱼得水,她甚至担当起非官方的校园大使,当访客或新同学在闲逛校园迷路时,为他们热心地提供指引。

第一章 "来啊,跟我一起去意大利!"

有时候，朋友们会提到英杰大学对她们来说是何等新奇，融入这里是何等艰难，每当这时，派翠丝总会表明她对学校的爱，她的观点是这里"与高中一模一样"。派翠丝的回答并不总是受到朋友们的待见。但朋友们的回应却让她更受伤。在某次深夜聊天时，就在她们宿舍的公共休息室，艾丽斯（DD，L）斥责了派翠丝，认为她的立场毫无批判可言："你是精英，可闭嘴吧。你根本没有搞清楚。你是拉丁裔的女生，但你是精英？你觉得你是从精英圈子里出来，其实你根本不是……瞧瞧你的衣着、谈吐吧。"派翠丝给我解释，同伴们脱口而出、不加考虑的批判，让她"觉得自己不是拉丁裔的女生"：

> 她们对我说，我从来就没有经历过那种痛苦和挣扎，但她们有过——就是没有老师来上课，但整个班级上下，唯一真正关心这事的却只有你，又或者当你必须完成一份实验报告时，你的学校里却根本连个实验室也没有。"在你申请大学时，从头到尾都有人帮手。你的文章当然是精心打磨过的，你可有二十个人帮你读过啊。在公立学校，我们可啥也没有。你的学校还带你去旅游，为你支付旅途开销……"这些话很伤人。对我而言，能来到英杰同样要走过漫漫长路。我曾跟你讲过我的故事，关于我的家庭，我们如何拼命在逃离中继续找寻的故事。我当然明白；我获得了许多帮助。但那就是我要去读寄宿学校的原因。我需要帮助。我也感激这些

帮助。这也是为什么我真心敬佩那些同学,她们找不到帮助却仍来到英杰,但我并不认为,这就意味着我进入英杰所付出的艰辛就要少一些。

派翠丝从未同别人讲过,艾丽斯的那些话有多么伤她。她这时坐在沙发上,一动不动僵着,低着头,眼里闪烁着泪光。来自知音的讥讽最伤人,因为她们低估了派翠丝为读大学所承受的牺牲。

派翠丝不是特例。安妮(PP,W)是一位圆脸的大四学生,她非常热爱创意写作,在她穿的卫衣上,用彩色马克笔涂写了各种引语。在来到英杰之前,她曾过着一种四处流动的生活。经济大衰退耗尽了家里原本仅有的收入来源,迫使安妮和妈妈辗转于全国各地,寄宿在不同朋友的家里——从奥克兰到圣何塞再到图森,这种居无定所,直到妈妈最终在中西部地区的一家高端零售商店找到工作才结束。在她们终于安定下来后,安妮获得了当地一所私立学校的奖学金。进入私立中学后,她曾出国交换学习,也拜访过新朋友家里的度假屋。班上同学大多是白人,但她也和许多亚洲来的国际学生成了朋友。在回忆当初在英杰的新生活时,"因为我的高中朋友都很有钱",安妮上来就说,所以与有钱同学待在一起"对我来说没什么冲击"。但她也知道,并不是所有人都会这么说,尤其是她大一那年来自低收入家庭的宿舍室友们,更不会这么看问题。"比起我的朋友们,那些来自低收入家庭的或者是家里第一代大学生的同学,我就是没有这么强烈的感觉。"关于阶级议题,尤其是围绕着财富和特权,这种视角上的差异时常在她们的宿舍里制造麻烦。她们总是因此陷入争吵。安妮觉得室友们已经合起伙来针对她。大一结束后,她就搬离了那间宿舍。据安妮所说,英杰大学真正"不可思议"的地方在于,"周围同学在学业上的准备到了细致入微的程度,这是我比不上的。对我而言,这是一种冲击"。听她这么说,我也想起了前面克雷默(UI,B)的话。

寒门幸运儿在经历录取竞争进入精英院校后,可能会遇到一些出类拔萃的同龄人,但校园的整体文化对他们来说是熟悉的。有别于双重贫困生,寒门幸运儿有过在精英空间历练的经验,在他们的求学轨迹中,高中和大学之间的相似性也支撑着他们升入大学后的归属感。但问题在于,当贫困的重负压在身上时,他们往往无从逃避。他们从中学到大学的过渡本应很平稳,但家里的麻烦事、邻里街坊的灾难甚或有些同学对他们特殊经历的反应,都可能让原本简单的事情变得复杂起来。这些冲突的经验也表明,虽然对精英空间的早期接触和认识能够减缓文化冲击的力量,并促进寒门子弟在大学里的归属感,但更大范围的社会不平等也决定了这种努力只能是戴着镣铐跳舞。

"炫富"

学生若来自经济上更富足的家庭,他们就有机会接触某些物件和体验,这往往是寒门子弟可望而不可即的。这方面的差异能通过很多方式呈现，从学生由家里带到大学的个人衣物，到在上课途中讨论的校外活动。在英杰大学，学生们总是会讨论衣服。而在我与英杰学生的聊天中，他们并不关注服饰风格的选择，比方说是新潮风还是都市风，颓废派或者正统派。事实上，他们热衷讨论的，是服装的品牌，以及牌子如何传递着装者身家背景的信号。旅行的话题也是一样。看看身边同学穿什么牌子，或者与他们聊聊假期的旅行计划，经常就能看清楚将学生彼此分开的道道鸿沟。

（家长的）购买力

人到英杰后，着装很快就变成了阶级的一种象征。根据服饰评估财富，这种方法当然不甚完美；太多学生喜欢穿运动衫或者连帽衫，让人觉得大学就是一场四年制的睡衣派对，不过是偶尔点缀些许的课程。但是，如果一位学生穿着博柏利的风衣来上课，标价895美元，而另一位则套着H&M的上衣，69.99美元包邮；或者说，一位同学穿着价值75美元的小鲸鱼牌运动短裤，长度刚到膝盖上方的款式，而另一位同学则穿着29.99美元系列的李维斯工装短裤，款式盖过了膝盖，你就能很好地判断，眼前这位同学花在服装上的开销有多少了。

同样，现在有一位大一新生走进他的宿舍房间，环顾四周，没有看上房间的装修，于是他打电话叫来一位室内设计师，对房间来了一次彻底的大改造，在这时，私家的财富就变成了众所周知的信息。接下来，在校园另一侧，有一处内有两个起居室的三人宿舍,一位女生给其中另一位室友转去500美元,这样她就可以拿到那个单人间,她不想与人共享私人空间,这么做时,她就是在"炫富",宣告她的特权。上述的前一个场景,并不是来自有线电视系列剧《房产兄弟》的情节。而后一个场景,也并非取材于《绯闻女孩》。这些都是英杰校园的真人真事。在寒门子弟这一边,他们安顿在拥挤的四人间宿舍,满足于廉价的装修;但在另一边,还有些学生则追求更奢华的周边环境,他们在同学中间对此也从不避讳。

换言之,标榜上流阶层的身份可不是件便宜的事。但关于价格,有些学生根本不需三思而后行。在英杰大学,当我同那里的富家子弟进行对话时,他们对自己所享有的特殊待遇并不遮掩,讲得很坦荡。"我酷爱搞装修。比起我的室友们,我在布置宿舍这件事上更努力……时尚是我所考虑的关键问题。"玛丽(UI,B)一开场就告诉我。她看起来很兴奋,接着说:

> 我带了很多衣服过来。我妈非常在意我穿什么;她不想我穿得像是被宠坏的小孩,或者显出家境太优越。我的很多衣服,都符合英杰学生的典型着装。这是一种个人要服从环境的压力。我觉得这太老套了;有些虚伪了,因为明明你有很多选择,但偏偏只能买"北面"的衣服……我实在不想买"北面"的冲锋衣,但我最终还是买了。根本没有这个必要,但标签有它们的意义。想

想我成长的环境,也具有类似的标签压力。我也无法挣脱。

从我这里看过去,就在她那件黑色的"北面"冲锋衣旁边,玛丽随意地放下她的玉绿色饺子包,珑骧牌的,这是在英杰大学最受欢迎的另一个牌子。既然玛丽已经开门见山,抛出服饰牌子的话题,也谈到了要购置某些品牌所面临的压力,我就继续追问,想知道她对手提袋的选择。玛丽咧嘴笑了笑,对我说,"手提袋,也是珑骧牌的"。她继续说道:

> 我挑中了它。在高中时,这个牌子很流行。我在九年级时就买过一个。人人都有珑骧牌。我买这个手提袋,是在法国交换留学时。现在想来,在我购置这些"标签商品"那会儿,我当时所处的人生阶段要比现在更看重物质的东西。我想要遵从一种人设。在经济状况优越的黑人社群,这些标签就是一个黑人获得成功的标志。[17]我的猎人靴,可不是什么时尚的展示;它所说明的,不过是在这个不断同化的文化中,我不仅知道我进去了,而且我很有竞争力。我是这样想的。我就是这么理解这种文化的,而且看到它在我朋友身上也展示出来,但它却会制造那种千人一面的景观,这一切都太陈腐了。你可以到校园里四处看看,数一数多少学生穿着一模一样的靴子,拿着一模一样的包,戴着一模一样的雷朋墨镜?这全都是精心计算出来的。

67　　前文不断出现的珑骧牌，其生产的手提袋价格从150美元到数千美元不等，而玛丽同这个牌子发生关联，远早于她进入英杰。巧合的是，她是在法国买到的这款手提袋，而珑骧品牌也是从那里起家的。玛丽还聊到了她的海外旅行经历，远不止那次法国交换留学——既有自己孤身一人，也有与家人做伴。说起她的国外游历，玛丽的方式与她谈论服饰时如出一辙：都是作为一种地位提升的象征，说具体点就是她自己的家庭，更抽象一些，就是美国的黑人家庭。她十分愿意分享，经常同生活中遇到的朋友讲述她精彩的旅途。作为两位黑人医生的女儿，玛丽向来感到非常骄傲，因此，她并不希望这一家庭背景被旁人忽视，尤其是白人同学的忽视。当然，她也知道，怎么做才能确保永远不被看轻。玛丽懂得其中的规则。诚如她所言，"这全都是精心计算出来的"。这些精致的计算导致了一种表演式的风格。在玛丽的衣橱里，服装的牌子与其他有钱同学总是一模一样，无论她们是白人、黑人或者其他肤色。即便玛丽总在吐槽，说她的珑骧牌手提袋没有其他品牌的功能多，但每当她走在校园里时，只要手里有珑骧牌，就足以显示她家庭的实力，她所看重的，也正是这个。

　　玛丽说得对，在英杰大学，猎人靴确实是购买雨靴时的首选品牌。只要天空飘起毛毛雨，学生们就会穿上他们的猎人靴，一番"跋涉"去教室。学生对这个品牌靴子的追捧，当地商人当然不可能视而不见。一天晚上，大约正是本书田野调研刚刚过半的时候，我在去吃晚饭的路上经过了大学商店。某种黑色、闪亮的东西一下子抓住了我的眼球。就在靠门里侧的圆桌上，之前占据"C位"的都是常销的T恤和运动衫，印着英杰大学的名字和徽标，现在却摆满了猎人靴，挺立着如同站岗的卫兵。在展台上，即便是最便宜的一双猎人靴也要169美元。商店还出售猎人牌的袜子，每双要50美元。这种"C位"摆放足以告知顾客们，无论是大学的访客、学生或家长，在英杰的本科生生活中，猎人牌占据了多么中心的位置。

超出了我的支付力，超出了我的舒适区

并非每个人都有同等的购买力；对于家境贫寒的学生来说，那些在校园风靡的服装品牌，那些在公共休息室被高谈阔论的远足旅行，都是他们可望而不可即的。双重贫困生会让自己远离那些过着高端生活的同学，遇见那些在衣食住行上花费不菲的同学，他们往往敬而远之。一方面，他们的有钱同学可以自由自在，花天酒地；而另一方面，他们却总在为生活中起码的必要需求而焦虑，两相之间形成了鲜明的对比。对于双重贫困生来说，那些花起钱来大手大脚、不知收敛的同学，既不懂得辛劳工作的价值，也不明白老实赚钱的道理。

米兰达（DD，L）骄傲地告诉我，为了支撑起整个家庭，她的父母工作到"忘我之努力"。父母两人都是清洁工，但要做到勉强维持家里开销，他们经常要额外再打一份工。

"我爸爸要上夜班以及一整天的白班；他还要清扫两三栋大楼。我妈妈也打工，打扫大楼。"米兰达承认，当她得知大一年级室友的家世背景——父母都是外科医生，同时还都是英杰的校友，她感到非常紧张。同她们见面过后，她的情绪也没有缓解。米兰达第一次来到英杰校园时，父母只能陪她待一个早晨，因为他们请不到再长一点的假。父母带着她，驱车一整夜，在一大早把米兰达还有她的行李放下，只吃了一顿丰盛的早餐，依依不舍的告别之后，他们就要匆匆往回赶。米兰达没费多少工夫就将行李拆箱，收拾妥当。她从家里带过来的主要就是衣服和一些家庭照片。当她的室友到达宿舍时，阵仗就完全不一样了，室友的父母、妹妹、阿姨，还有祖父母都来了，带着六个行李箱、好几个打包盒、家具——这个时候，米兰达早已把她那点东西摆放到位了。在打招呼问候之后，就到了回答问题的环节。大部分对话都让米兰达不那么舒服，她要不停地闪避关于她家的问题。"他们想也不想，就认为我的兄弟姐妹也在上学。'他们在哪里读大学啊？他们是不是也在英杰读书？'我告诉他们，'没有；他们没有上大学。他们在上班。'问题于是又跟上了，'那他们在哪儿工作啊？'我努力要遮掩姐姐在蹲监狱的事实。"在室友家人也离开后，米兰达开始觉察到，她与室友之间的差异破坏了她们进一步的关系。她给我解释说：

> 看着自己的那些衣服，我开始感到不安。我心想，"哦，厉害了"，因为在我室友的衣橱里，每一件都是设

计师的作品。她有很多衣服,每一件都是名牌。我甚至都叫不上来名字,因为那些东西距离我太远了。举个例子,说起我们的冬装,我有一件"杂牌"的滑雪衫,好像是西尔斯百货自有的品牌。她那里有一堆"北面"的冬装。我心想,"哇,这些衣服看起来可真漂亮"。后来,我拿到了一笔冬装奖学金,于是决定到北面专卖店看有什么可买。我当时的感觉是什么,"啊?买不起啊!"那种感觉也让我一下子意识到,"哦,等一下,她有一堆这样的衣服,好像是不花钱一样"。如果我有好看的衣服,那它不是打折处理的,就是收到的礼物,或者诚实地说,是我从二手店买来的。

米兰达的眼光比起她的预算要更高。当她走进北面专卖店时,她可没有想到那里的羽绒服要比"杂牌"贵出那么多,毕竟,她身上的那件只有48美元。即便有奖学金的资助,在"好东西"上花费那么多钱,也超出了米兰达的舒适区。

在我于英杰做访谈期间,"北面"是统治冬装冲锋衣世界的品牌之王。但几乎在一夜之间,"加拿大鹅",一件基本款黑色羽绒服都标价在745美元的品牌,就成了英杰校园有钱学生的首选——只要你的预算能承担起这个价格。于是,双重贫困生对"北面"一族的评价,现在就转移到他们对"加拿大鹅"的讨论上。然而,他们的批评现在更加尖锐,大概也对应着两个品牌之间的价格差距。

然而，即便是"加拿大鹅"牌的兴起（或其统治地位），现在看起来也很难长久。在我即将结束在英杰的田野调研工作时，走在校园里，我已经觉察到，开始有个别同学穿起了"盟可睐"牌的羽绒服、马甲和派克大衣，这个牌子的价格区间，从一件995美元的无袖马甲，到标价5710美元的狐狸毛锁边派克大衣，高低不等。[18]

甚至连书包都成为一个发布时尚宣言的平台。一度，校园里每一位学生都背着"和行牌"的背包。到了那一年的岁末，一个新品牌出现了，成为有力的竞争者。很快，"北极狐"牌子的方形背包——上面印着一个狐狸标志——就已经随处可见。这种"非它不可"的品牌始终在变，当校园内的有钱同学追捧新样式时，双重贫困生也都看在眼里，记在心中。

在双重贫困生的口中，服饰和时尚并不是唯一的差异标志。当他们的同学聊起自己的假期，或者把度假的照片发在社交媒体上，双重贫困生也会感觉到不安。在"色拉布"（Snapchat）上讲故事——放上那种"阅后即焚"的照片和视频集——经常会闪现私人飞机上的奢华座椅，或者记录下某位同学在不同国家的奇遇。甚至在聊起度假胜地时，那些高大上的密语也会让穷学生感到自己就是局外人。汉普顿斯、图卢姆、左岸、马尔代夫——有钱同学总在不经意间提到在这些观光胜地的旅途，他们就是想当然地认为，班上同学也去过那儿，至少知道它们在哪儿。

并不是所有学生都知道这些地方是什么或在哪里，也不是所有学生都想要掺和这样的对话。甚至只要听到身边又有人高谈阔论这些名胜，有些学生就会本能地躲开。梅拉妮（DD，L）微微一笑，酒窝在脸上出现又很快消失，她娓娓道来，谈起了自己与特权以及英杰大学的这种对抗关系。她讲述了近期被某位同学的旅行经历打了个措手不及的经过：

> 实话实说，英杰大学无处不是我所期待的。只不过是我以为自己做好了准备，但事实却证明远非如此。就是太多的事情一下子压在身上。读高中时，我就曾见识过大学的模样。我当时来参加学校的周末开放日活动。我心想，"哦，这看起来真棒"。然后，我就来到了英杰。哦，不！不行！我不知道，面对来自另一个不同世界的同学，我能不能轻松地聊那些该死的话题。我不知道自己能不能做到。在大一那年，我遇到过另一名新生，为了参加朋友的婚礼，她竟然搭乘飞机，直接飞往印度，当时正是学期的中段！我心想说，"我们没法聊天了！"我还能说些什么呢？"印度怎么样啊？你是在飞机上完成那篇论文的吗？"这太魔幻了。我没法跟她聊天。那太惊人了，这就是我没法熟悉的那种全新文化。

梅拉妮在高中时代曾"见识过大学的模样"，那体验就好像是从饮水机处接水喝。而进入英杰，作为一名全日制的学生，那滋味就如同从消防龙头那里喝水。在梅拉妮的感觉

第一章 "来啊，跟我一起去意大利！" 89

中，她同身边任何一位同学都没什么关联，面对那些来自另一个完全不同世界的学生——这些学生在学期中间就可以飞越大半个地球，只是为了参加一场婚礼，她认为彼此根本没法成为朋友。

相同的物质，不同的学校

从加拿大鹅到盟可睐，这些奢侈品名牌不断侵扰双重贫困生的心情，而寒门幸运儿对这些却早已熟视无睹。不仅如此，同学们的胜地观光或购买奢侈品，也很难破坏他们的心情。早在高中时代，他们就已经见识过这些炫富举动了。他们知道，这些物品或者经历远非他们的购买力所能承受。据他们所说，即便如此，他们也不会感到什么苦恼。弗吉尼娅（PP，B）逃离了一所问题丛生的初中，高中时代就读于一家私立的精英女校。在接受访谈时，弗吉尼娅浑身上下都是九十年代嘻哈风的着装，头发梳着拳击辫，披在肩头，她告诉我，"英杰大学就是高中的延续，只不过是人更多些罢了"。当我问到，在英杰大学跟有钱同学相处是何种感受，她的回答非常直率，"在高中时，我可别无选择，只能在一起生活"。回到她的高中阶段，同学们会把她们的东西摆得到处都是，各种东西，从手机、钱包，到价值数万美元的小提琴。高中时的学校图书馆藏书量惊人，还配备有40台苹果的MacBook Pro笔记本电脑，供学生随时使用。弗吉尼娅一早就意识到，比起身边的一些朋友，她为在英杰的生活做了更充分的准备。"要感谢私立学校，"她解释道，"我都已经准备好了，懂得如何同这里的白人与富人打交道。那样的事情并没有吓到我，也没有让我感到某种套路。"

寒门幸运儿之所以知晓有钱同学的奢华生活，不仅是经过校园停车场时，看到那里停满了梅赛德斯-奔驰的轿车，或者偶然听到同学们讨论暑假到底去哪儿，是玛莎文雅岛，还是汉普顿斯？有些时候，她们也会经历"被参与"，因此进入这些经验之中。例如，听说我要去参加一个年度盛典，地点就安排在奇普里亚尼酒店，一处位于华尔街的顶级餐厅和活动场所，弗吉尼娅打了个响指，笑着对我说："你很有'范儿'哦！"我也乐了，急问原因。"谷歌一下，托尼。"她微笑着催促。打开网页后，我也惊呆了，那建筑美轮美奂，里面有着气势恢宏的大宴会厅，穹顶好似高不可及，装饰着璀璨的星空。我这才得知，全世界的显赫家族都在那里举行订婚派对和婚礼。看着我一脸震惊的样子，弗吉尼娅笑着跟我说，她第一次去奇普里亚尼是在高中二年级，当时是去参加一位朋友十六岁的生日派对。回想起来，她不禁又笑，爸爸开着家里破旧的道奇面包车送她过去，但同学们的座驾不是梅赛德斯-迈巴赫，就是路虎揽胜。在她的中学里，同学们租用这种级别的场地显然不是什么大事。还有一位同学过生日时，家里租了纽约市华尔道夫酒店的场地举行派对，作为答谢礼，给所有客人都送了"美国女孩"牌的玩偶。

在这个问题上，弗吉尼娅的表现有别于派翠丝（PP, L），后者时常要面对同为穷学生的朋友的质疑，为何她在白

人富豪的地盘上仍能如鱼得水,但弗吉尼娅告诉我,在同那些由破败中学升入英杰的寒门朋友相处时,她们"从来不会发生冲突":

> 不管怎么说,她们都对我知根知底。在心底深处,她们肯定在想,"是啊,你读了一所有钱的私立学校,但我们知道你是从哪儿来的"。举个例子,有一次,她们正聊到我们朋友的一个室友。她们好像在说,"她想花200美元买一条围巾!是不是疯了!"我当时就在心里说,"既然如此,那我们又能怎么办呢?我还见过更过分的呢"。如果她想买,就由着她。如果那就是她的生活方式,就让她那样生活呗。我的朋友们若是从未经历过这些事,她们就会想,"我不理解。你就是不能这么做。为什么你非要这么做?"或许是因为我在更小的时候就有过类似经历。回到我的中学时代,当时我会说,"她花了1000美元买了那块腕表!她怎么能这么做呢?"时间久了,我的反应也变了,"那就是她们生活的方式嘛"。

弗吉尼娅所经历的文化冲击已经逐渐消散了。她笑着对我指出,"我在英杰大学的朋友们正在经历的,正是我数年前曾经历过的"。现在,她的寒门同学正经历着同有钱人的第一次亲密接触,有些东西在她们眼中可能显得奢侈或浮华,但对于弗吉尼娅来说,却不过是老调重弹了。"她们现在正在经历的思考过程,我数年前上私立中学时也曾经历过,"弗吉尼娅说,"这就是差异之所在;我只是领先了一步。"

数月之后,我在校园里又见到弗吉尼娅,她正在学生餐厅用电脑。我凑上前去,问能不能一起坐会儿。"当然可以,我其实正在看奈飞(Netflix)呢。"我刚一坐下,她就问我研究工作进展如何,我给她讲了一个刚发生不久的故事。前段时间,我和珍妮(DD,W)就坐在这外面的长凳上,边喝咖啡边聊天,无意之间,我们听到了她的一位同学在讲电话,听起来,那位同学正在为毕业派对预约一家饭店,要能容纳她全部家人还有35位朋友。在我看来,珍妮和弗吉尼娅截然不同的反应很能说明问题。珍妮不屑地叹了口气,揉了揉眼睛,甩了甩手,又摇了摇头。而弗吉尼娅只是抬起头来,问了问是哪家饭店。

对于寒门幸运儿来说,在他们进入大学时,早已对身边朋友一掷千金的举动见怪不怪了,不仅如此,他们还有机会接触到"诗与远方",一般说来,这是为富家子弟保留的特权。在他们就读的预科学校,有很多就提供出国交换留学的机会,这些机会面向所有的学生,也包括靠奖学金读书的穷孩子,故而他们得以离开母国,到外面的世界去学习、生活,当然还有开派对。在聊天时,他们也会谈起参观博物馆,或者外出远足,足迹踏遍了非洲、亚洲、欧洲和南美。当大学的同学谈天说地,追忆起他们去马赛或圣保罗的旅行时,寒门幸运儿经常也能加入进来,说一说他们的国际旅途。妮可（PP，B）是一位大三学生，笑起来有一种独特的感染力，她对我说，"我准备好了，懂得怎么同白人富人们打交道"。很快，她就说起了自己是如何在有关旅行的话题中谈笑风生的：

> 有钱人爱旅游。当很多女人聚在一起，尤其是富有的她们聚会聊天时，总是会聊到欧洲、南美，或者"哦，我两周前正在法国呢。我和家人们背包游，漫无目的随处走"。早在高中时，我就同一些朋友经历过这些事。人们会聊到她们的游艇，或者她们在哪里购置了房产……我那时就学会了如何应对这种对话，而现在大学里流行的也是这种。特别是在我也去过法国之后，我就更从容了。装腔作势一点也不难。有时候，你会想要隐藏起你的社会经济地位。我已经学会了如何隐藏家世背景，我做得很好。但随着我渐渐长大，那就成了我之所以为我的一部分，对我来说，也就没有必要再去做出来了。有时候，在英杰校园，你必须爬梯——在社会阶梯上往上爬，只有这样你才能融入这些对话，才能轻松自如地说："哦，当我去年夏天在法国时……"或者聊聊设计师什么的。

当听到同学聊起，为了参加一场婚礼她们竟飞去印度，梅拉妮（DD，L）感到很愤怒。但不同于梅拉妮，妮可在进入英杰大学时已经做好了准备，在私立中学的四年时光，面对着那些在她口中"富得吓人"的同学们,她早已见识并习惯了友人们是如何不经意间提起旅行或奢侈品。但这并不是妮可所学到的全部。因为她自己也曾到国外学习过,妮可就有了第一手的知识——她品尝过欧洲的活色生香。不仅如此,妮可还学会了转换话题频道,通过自由地选择在何时敞开自己的人生,分享多少背景信息,她掌控着身边朋友对她的印象。她收放自如,很高明地选择在什么时候细数家庭的经济困难,又在什么时候展示她了如指掌的法国小众之美。[19]

身处熟悉的环境,人就会感到轻松。长期以来,社会学家和教育研究者都持有一个假设:在进入大学后,中产阶级和上层中产阶级的年轻人享受着顺畅的过渡期,而出身于下层阶级的同龄人则要承受着艰难的转变。但如前所述,文化冲击到底有多大,不仅在于阶级上的差异,而且更多地取决于学生是否接触过并掌握精英学术社群的规范。为了走进大学,双重贫困生和寒门幸运儿作为寒门子弟内的两类走过了不同的求学路,也因此导致了他们截然不同的文化冲击体验。对于我们而言,这种状况也提供了新的机会,从而改进我们的理解——到底是什么在影响着大学本科生的归属感。在这两类学生之间,不同的经历所反映的并不是个体性的差异,而是结构性的差异。若是学生曾经在精英学术空间摸爬滚打过，游走于精英大学的社交生活就会感到更轻松自在，相比之下，那些首次涉足此类场合的学生就难免手足无措。

生活在一所精英大学，什么形成了文化冲击，又有什么不构成冲击，当学生们开始辨析这个问题时，我们就获得了一幅更完整的理解图景，也能更好地把握他们的世界到底是如何运转的。还远不只是一幅图像，哪些学生能融入或不能融入，我们开始由表及里，发现为什么有些学生找到了或没有找到归属感——不仅分析原因何在，还要追溯机制为何。在我的访谈中，双重贫困生告诉我，从进入英杰大学的第一天开始，他们就要努力挣脱经济和社会条件的禁锢。大到英杰的学校文化，小到如外出聚餐、服饰和假期旅游这些细枝末节，身边同学由钱而生的特权以及种种符号，不仅反衬甚至是照亮了他们自身的困窘。在双重贫困生的眼中，不仅是某些具体的品牌或活动，也包括有钱同学一掷千金的购买行为，或者他们不假思索地期待其余同学也能效仿，凡此种种都划出了一条无形但却不可逾越的鸿沟，将他们与有钱同学以及整个学校分割开来。面对着那些不吃食堂而选择外面"便宜的"30美元龙虾餐的同学，或者在"加拿大鹅"上一掷千金却不知道西尔斯滑雪衫为何物的同学，他们自觉地划出了彼此之间的分界线，也是这道边界使得跨越阶级建立友谊变得更难、更慢，甚至更不可能。许多穷学生也因此选择退出了大学的社群。他们开始反感英杰大学这样的环境，再加上与身边同学相处所造成的负面经验，这些甚至可能会进一步地影响他们的人生决定，包括在大学毕业之后是否要进入类似的精英职场。

相比之下，寒门幸运儿愿意承认他们在经济上的劣势，但同时也更关注此前中学和英杰大学之间的相似——从与富家子弟在校内日常相处的经验，到校园建筑的名字此类细微之处，凡此种种，都让寒门幸运儿在穷学生中间略占上风。对他们而言，英杰大学更多地意味着似曾相识的熟悉，而不是迥异于从前的陌生。不仅如此，寒门幸运儿还在大学里找到新的机会，同其他有色种族或家境贫困的学生交朋友，因为回到从前的高中，周围不是白人，就是有钱人。简言之，寒门幸运儿更愿意让自己投身于大学的社群，也因此，他们有机会获得各种各样的社会和体制资源。[20]

较之于双重贫困生，寒门幸运儿懂得如何在精英环境通行无阻，这是他们的优势所在，但即便如此，这也并不意味着英杰大学的社会生活就是一罐蜜糖。社会阶级的出身仍然挥之不去，影响着他们的大学生活。因为成长在贫困家庭和破败社区，这些出身所决定的问题仍然跟随着他们。当这部分学生收到大学录取通知时，并不意味着他们就此告别了贫穷，或者同他们的从前做一刀两断的了结。也就是说，就大学的校园经验而言，寒门幸运儿确实承受着较小的压力，但说起来自家庭那方面的压力时，他们与其他穷学生却没什么差别。[21]

如要尽量缩小横亘于低收入和高收入学生之间的鸿沟，大学管理者和教育者应当做些什么呢？即便听起来很迂腐，但还是要说——我们必须齐心协力,教育学生去认识彼此。理解身边的同学,有助于减少误会和排斥。但必须指出,这种世界观的扩展一定应是双向的。说起这件事,也绝不只是穷学生在挣扎中调整自己,以适应一个有钱人的世界;来自高收入家庭的学生也必须学会,如何更自觉地接受其他学生的生活方式。但是,教导有钱的白人学生去理解与他们不一样的生活,这可不是少数且弱势群体学生的工作。所谓促进关于多样性的对话,也就意味着每一个人都要因此而更加了解他们的校园以及更广泛的社群。阿默斯特学院有一个计划,即品达晚餐会系列活动,其初心说起来也很简单——呈现多样性,但同时又不凸显差异。校长办公室会随机选择,然后邀请一组学生及当地社群的一名成员共进晚餐,在聚会时,他们可以谈论自己在校园内外参加的各种活动。这些学生经常也是第一次碰面。举办这种类型的活动,让有关校园多样性的对话并不仅限于新生入学周,而是融入整个学年的节奏中,坚持做下去,就可以在校内不同成员和校外更大的社群之间建立联系。

不仅上述种种计划,大学管理者还要做得更多,才能真正理解学生来自何处。在此意义上,不加分辨地把所有贫穷本科生混为一谈,就会形成一种扭曲的视角,无法充分理解穷学生的经验。一方面,为了适应英杰大学这样的精英环境,双重贫困生所经历的调整之苦,一定不能做轻描淡写的处理。另一方面,虽然寒门幸运儿也面临着某些同样的困境,但他们所掌握的关于精英学术环境的知识还是可以帮助自己过关,这也是我们必须记住的。关注上述不同的经验以及影响它们的结构性力量,比如贫穷和隔离,大学管理者和教育者才能脚踏实地设计出政策,提升所有学生的归属感。

第二章
"您能为我在书上签个名吗？"

我跳出了一辆优步出租车，与朋友赶紧冲向当地某家独立影院的门口。我们已经晚了，私人放映会已开场15分钟。不过一看到许多教授还在售票亭前面排着长龙，他们大多任教于英杰大学，还有一些则来自邻近学校，我俩都长出了一口气。原来，不是只有我们俩落在后面。排在队尾后，我们就同前面的一对夫妇聊了起来。他们解释了延迟的原因：影院在等待其中一名导演，他要负责介绍这部影片。终于，票拿在手，我们朝着影院方向走去。差不多半程时，我看到一张熟悉的面孔，出现在周遭这么多教授甚至大学校长之间显得很扎眼：我认出来了，是玛丽，一个来自上层中产家庭的大二黑人学生，总是穿着商务休闲装，像极了年长她一倍的精英人士。我挥手打了个招呼，她也挥手致意。环顾四周，我发现玛丽是在场的唯一本科生。我心里一阵嘀咕："我这里还是某位朋友仅有的一张余下的票。她是怎么搞到票的呢？"在我们都等着进入影院时，玛丽特别留意到某位教授，也吸引了对方的注意，这时，只见她以外科手术般的精准在人群中划开一条道路,走到教授的面前。她们互致问候,亲切拥抱。紧接着,她们就在附近的一处楼梯台阶上坐下,继续聊天。片刻过后,玛丽拉开她的珑骧包,从里面拿出一本精装书,看上去仿佛刚把亚马逊的包裹拆封那样崭新,向教授问道:"您能为我在您的书上签个名吗?"只见那位教授报以暖心的一笑,在书上签了名。她们继续聊天,一直到人流消散。她们是最后进入影院的。

校园里总是不断重复着同一句话——无论是在英杰,还是全国各地的高等院校,教授们总在发出交流的邀请——"我办公室的大门永远是敞开的"。在英杰大学,许多本科生勇敢地接受了教授的邀请。有些学生,就像玛丽这样,甚至不等教授们发出邀请,就先行一步去接触教授了。玛丽是谁?两位内科医生的女儿,一所精英寄宿学校的毕业生,家族历来有就读英杰大学的传统,从她进入校园的那一刻,就懂得与教授拉近关系的价值。从她身上,我们可以揭示一种方法——如何在课堂的内与外建立学生和老师之间的关系,玛丽表现得既坦诚,又敏锐。早在我们那次影院大厅碰面之前,我们就有过一次长谈,她告诉我:"能遇见现在的这些教授,真是我人生的幸事。我与一位教授私交甚好,其实说起来算有两位。我们会一起出去吃晚餐。只要碰到答疑时间,我总是会造访教授的办公室。无论是教授,还是助教,我们都相处得非常融洽。"一路走来,让玛丽受教的首先是她的父母,玛丽目睹了他们如何努力工作,最终晋升为所在医院的部门主任，在此过程中就离不开与上级保持融洽的关系。还有她的中学，在那里，师生之间持续的个人交往是学业生活不可缺少的一部分。对于玛丽来说，与其窝在宿舍公共休息室与朋友一道，彻夜刷"奈飞"的电视剧，还不如去教授、院长和校长都会前往的影院，对于这样一种社交场景，她并不感到陌生，也不会觉得不舒服。

但必须指出，与权威人物相处却能保持轻松自在，或者说具体点，在联系教授时还能谈笑风生，这并不是所有本科生都有的某种品性。很多学生并不熟悉也无法适应这种亲近的交往风格，对于这部分本科生来说，大学校方持续不断地发出邀约，鼓励学生联系老师，就显得非常奇怪，反而成了一种侵扰，有时甚至令人感到恐惧。对有些学生来说，所谓上大学，应该就是上课听讲，下课做作业，学习然后考试。为什么要建立个人关系？何时需要？如何维系？这些问题学生想破脑袋也搞不清楚门道所在，反而会进一步拉大将他们与教授分隔开来的那道鸿沟。结果就是冲垮了他们的归属感。有些学生最终放弃了。他们会完全避开教授，躲得远远的。

出身有钱人家的学生通常会更像玛丽，在与教授相处时，他们感到轻松自在，也很容易与教授展开互动。这些学生之所以懂得如何在社交场合与教授谈笑自如，得益于他们自小的成长环境，各方面的经验让他们学会了怎么说，又怎么做。从他们进入大学那一刻起，他们就把成年人视作今后学术和职业通道上的伙伴，直至大学毕业，甚至延伸到进入社会之后。他们认为自己有资格取用这些成年人的时间和资源。但必须指出,他们并不是唯一一群这么想的学生。[1]

学者们长期以来都认为,穷学生缺乏文化资本——因为他们并非成长于中产阶级家庭,也没见识过中产阶级的生活规范——导致他们在接触教授时往往压力巨大,而且"往往无法理解大学教师对学生的期待,不知道如何做才能符合良好表现的基本要求"。[2] 但正是在这个问题上,基于学生在英杰大学的经验,我的发现却与故事的标准版本相去甚远。研究者此前只关注家庭,考察家庭如何把优势或劣势传递给下一代,与此同时也就忽略了高中的社会化力量,未能自觉意识到穷学生也分不同的群体,且群体之间又显示出迥异的经验。先说寒门幸运儿,他们虽然并非出生在大富大贵之家,父母和高等教育也不沾边,但他们有机会就读于私立的高中,在那里,促进师生交流是学校任务的中心环节之一,故而他们懂得了为什么要和成年人多交流,也学会了如何做才能建立关系。等到进入大学的时候,他们已经将成年人视为引导者,助推他们实现学业、社会和职业上的目标——原本家庭和邻里社区无法承担的角色,现在由学校的师长填补。结果就是,寒门幸运儿与同龄的富家子弟表现类似:无论是联系教授,构建人脉关系网,还是寻求帮助,都表现得轻松自如,而且积极主动。与寒门幸运儿形成鲜明对比的,是双重贫困生。在后者眼中,教授和行政人员仍然是权威人物,在打交道时,应当尽可能去尊重,切不可因自己的问题和需求加重师长的负担。这一课,首先是他们在家里学到的，继而又在他们就读的破败学校被反复强化。

当面结识教授和行政老师，这件事非常重要。在我于英杰大学做调研期间，一而再、再而三地，我总能看到，建立师生之间的关系，其好处可不只是学生能在课业或成绩上获得帮助。在诸如此类的具体事项上有所收益，不过只是冰山之一角而已。关系，就是打开一扇门，走进去后，你未来的努力就能获得支持并取得成功。与关键位置的教授和行政老师培养密切关系，这条路所通向的并不仅仅是课业或成绩的帮助，还关系着推荐信、校内工作、校外的实习机会。甚至不仅这些，这样的关系还意味着更多：若是某位教授或院长对你有所了解，这就意味着在某些势均力敌的竞争中你能拿到打破僵局的支持票；或者是在分宿舍时获得某个窗外景致怡人的单间；或者是被引荐给前来招聘的公司管理人员并且帮忙拿到工作机会；又或者像玛丽一样，收到私人放映会的邀请，在那里，你可以见到奥斯卡获奖影片的导演。并且，学生越早开始培养这些关系，也就越有机会拿到这种旁人梦寐以求的好处。[3]

然而，这就是问题所在：大学生应积极地建立与教授的人脉关系，这种期待却很少被挂在嘴边，它仍是一种不成文的文化，也因此，在那些懂得要主动出击的学生和完全不懂这些的学生之间，原本就存在的不平等现在进一步加剧。毕竟，在精英院校的新生报到期间，学校也不会分发指南手册，里面载明"什么必须做，什么不能做"或者"何时与如何做"。例如，从开学第一天起，无论教授还是院系职员都会脱口而出一个词儿——"办公室时间"（office hours）。他们想当然地认为，学生最起码会懂得，所谓办公室时间，就是教授们为学生预留、专门空出来的整块时间。进而，教授们想当然地认为，学生都知道如何利用这种日程安排，也都乐于到时前来拜访。正因此，大多数教授都是照章办事，"如果本科生有所需要，那他们自然会前来"。然而，到底什么是"办公室时间"，却极少有教授愿意进一步说明，因此很多学生压根不知道，这种交流的意义绝非寥寥数语就能概括。通常只是在第一次上课时，教授们才会提到"办公室时间"——而且只是告诉学生，办公室时间设在何时。至于办公室时间到底是什么，教授们却几乎从来不说。[4]

2016年秋季，我曾与迪恩学院的文理学院院长唐·普瓦里耶讨论过"办公室时间"的问题。迪恩学院位于马萨诸塞州，是一所小型的蓝领文理学院，它"热诚欢迎有困难的学习者"来攻读专科和本科学位。关于如何鼓励学生的学业参与，她想听取我专业性的建议。我当时建议，迪恩学院的老师应当在课堂上解释"办公室时间"到底是什么。这一建议引起她的共鸣，一时间脑海中浮现她从自己学生那里听到的反馈。"两年前，我就已经发现，"唐告诉我，"班上的很多穷学生把'我的办公室时间'理解错了，他们将这个时间当成了——让我独自待在办公室，不受任何打扰的时间……退一步讲，有人这么理解倒也是说得通的。"对于那些不熟悉"办公室时间"这个概念的学生来说，这也是一个从字面上合理的解释。毕竟，这个词原本就不是我们在日常对话中能经常听到的表达。但不幸的是，穷学生在这里所得出的结论，虽然合乎逻辑也不悖文义，但却恰恰同教授和行政老师的原意背道而驰。这所反映的，并不仅仅是一次单纯的理解偏差。它还揭示了横亘在教授和学生之间的认知鸿沟，关于如何做才能在大学取得成功，师生之间的期待有着巨大的差距，不仅如此，它还会造成极严重的结果——它是一道路障，阻拦了学生的融入和归属感，也阻隔了某些场所，那里原本是建立关系、促进交流、共享信息的地方。[5]

我发现，全国各地的教授和行政老师在分配奖赏时，都会根据学生与他们打交道的状况来做决定。这一点在英杰大学尤其真切。纳塔莉是一位学业导师，过去五年一直住在本科生宿舍，在我们的交流中，她揭开了"真相"，在申请各种奖项、荣誉和奖金（有些金额相当丰厚）时，学生到底是因何得到提名的。虽然所有学生都有资格申请这些荣誉，纳塔莉讲出了里面的门道，她和同事们倾向于"提名他们认识的、喜欢的，或者印象深刻的学生"。纳塔莉瞥了一眼手机，眼神有些傲慢却又闪烁着些许不安，她继续说道：

> 我为什么这么排序，因为脑子首先想到的就是那些最熟悉的学生。学生赢得这些奖项，靠的可不是写在他们简历中的东西……除非你确实了解那个学生，否则你看简历其实啥也看不出来。那些学院老师根本不认识的学生，事实上就不会出现在考虑之列了。学生若是得不到提名，不是老师不认识，就是老师不喜欢。如果我们

要画一幅交集图的话，那么最大的圈里装的就是老师不认识的那部分学生。

处在学业导师的"雷达"范围，就会增加你获得提名的可能。但问题是，所谓"让老师认识你"，并不只是让老师记住你的脸，叫得出你的名字。这种知道还要下沉到诸多细节，关于你的家庭、大学之前的生活、兴趣、在校园内外所参与的各种活动，以及你的暑期甚至毕业后的计划。德斯蒂妮也是一位住在学生宿舍的学业导师，从前是英杰的本科生，她说得就简单直接："不幸的是，提名的程序是取决于关系的。正因此，那些懂得拉关系的学生就在此过程中捷足先登。"她看上去显然有些气馁，忍不住吐槽："太多时候，最好的候选人都不是推选出来的；有些学生一次又一次申请，一次又一次获得提名，实在拿到太多奖项了。其实很难分得清楚，到底哪些是任人唯贤，还有哪些是关系、偏袒、任人唯亲，或者任何你能想到的恰当说法。"既然事实证明，与教授和行政老师建立关系几乎是得到支持的必要条件，也就颠覆了此前的普遍信念，学生不再相信苦学是成功之母。成功所需要的，不仅是你知道什么或你认识谁，关键在于谁了解你，他们又在多大程度上熟悉你。[6]

虽然纳塔莉和德斯蒂妮的评论集中于学生荣誉的评审，但"让老师认识你"，同样的原则也适用于推荐实习职位、助研机会和找工作。在我的访谈中，很多行政人员曾在校内多个职能部门轮值任职，他们早就对这一现实看在眼里。莫莉总是穿着一身定制的套装，戴着金丝框的眼镜，她是英杰大学职业发展办公室的主任。在她的主持下，办公室一年到头要举办许多活动，但其主要职责在于监管就业市场、校园招聘，同时管理交流和语言学习项目的奖学金、招募无薪实习，以及其他的暑期工作机会。莫莉打了一个比方——"播下种子"，她告诉我，学生要是能早早地同教授和行政老师建立联系，那他们就能占据最佳的位置，可以收割制度资源带来的全部红利。二十年来，莫莉一直从事大学生就业咨询和学生服务的工作，经年累月的工作让她明白，当教授写推荐信时，最有力的推荐都写给了他们最熟悉的学生——在某次我也受邀参加的暑期培训课程上，当她讲出上面的真相时，同事们都惊呆了。莫莉强调说，她的办公室最能帮到的学生，也是他们最熟悉的学生，此处包括了解学生的职业兴趣以及他们的个人动力。莫莉相信，只有绘制这么一幅完整的学生肖像，她手下的行政人员才能"动员全部的人脉资源"来帮助学生——从为学生争取海外学习项目的奖学金，到协助他们谈妥毕业后的第一份就业合同。然而，在我们最初几次的会面中，依我所见，莫莉似乎并未觉察，某些学生太紧张了，压根不会去她的办公室，或者认为那种办公室不是为他们这样的学生所设的。

英杰大学的学术生活，如同每一所大学，归根到底是社会性的。然而，这种社会性是如何呈现于日常点滴的，社会阶级又是如何塑造学业生活的，我们现在的理解存在许多盲区。刚开始这项研究时，我的目标就是回答如下问题：是谁，在英杰这样的氛围中找到了家的感觉？又是谁，在这种环境感受到惊吓？是谁，一入英杰就如鱼得水？又是谁，在磕磕绊绊中挣扎着？学生若是不熟悉英杰的不成文规则，他们也就缺乏自觉的意识，不清楚作为学生，他们被期待要去做到什么——他们也没有意识到，大学生活的关键，远远不只是读懂他们在课堂上所拿到的材料。本章就将揭示，有些学生惊慌失措地发现，作为英杰大学的本科生，他们还有责任去破解一套隐藏的课程，这考验的不仅是他们的智商，还有他们的能力，能否在精英学术机构的社交世界自在探索。在这样的地方，在这套隐形课程中自我修炼，所取得的收益通常要更丰厚，也更持久，远远超出了在考试中得胜后的奖励。[7]

在第一章中，我们探讨了同学之间的相遇和相处。而在本章，我们将探讨学生如何与教授和行政老师进行互动，以及他们在多大程度上能够利用大学所提供的资源。本章又分为三个部分，在第一部分，我将探讨不同的学生群体如何建立同教授和行政老师的个人联系，尤其关注他们的心里感触。第二部分，我将处理一个问题，即学生是如何利用制度资源，并且与教授和行政人员建立关系网络的。最后一部分则考察学生对心理健康资源的利用状况。上述议题正变得越来越重要，因为大学生出身于各种各样不同的背景，在进入校园后就带来了各种不同的视角和问题，目前看来许多大学只能疲于应对。为了帮助学生更快地适应并融入大学的环境，我们首先必须搞清楚，他们到底需要什么样的帮助。为了这个目标，我们迈出的第一步应该是让学生敲开我们办公室的门，进来聊一聊。学生分为三类，分别是来自高收入家庭的学生、双重贫困生、寒门幸运儿，比较他们不同的经历，我们能有新的研究发现。我们能看到，贫穷和富足如何塑造不同学生群体的不同策略，包括他们如何与教授和大学社群内的其他成员发展关系，并从他们那里取得支持；同时我们还能扩展出新思路，思考如何才能最好地助他们一臂之力。

面对教授，轻松还是紧张

在某一位教授的办公室时间前去请教，如此一个看似简单的举动，可能会决定一位学生的大学生涯。英杰大学的许多教授都是知名度很高的学者，与他们建立起私人联系——有幸让某位教授成为人生导师——可以改变一位学生的人生。早在入学之前，有些学生可能就在报纸上读过关于英杰教授的报道。有些明星教授可谓是家喻户晓的人物，时常在新闻报道中作为专家或评论员登场，甚至有教授在通俗影视剧中客串过角色。还有一些教授则因他们的尖端科研或出色演讲而名声在外。有些学生因有机会同这些明星教授一对一会面而欢欣雀跃，并且他们交流起来也得心应手；还有些学生则恰恰相反，仅仅是想到要同教授聊天，他们就已经心神不宁，于是他们总在想方设法减少与教授共处的时间，甚至是完全避开教授。

为我所用

在我的访谈中，当来自高收入家庭的本科生（UI）谈起他们与英杰新师长的交流时，往往表现得镇定自若。主动出击，寻求帮助，正是他们所做的。在他们眼中，学校就是自己的，也是为他们所设的。在我访谈的27位富家子弟中，共有22位讲述了他们在英杰与师长群体的积极互动，无论是面对这里的行政老师、处长，还是教授。他们将这些师长视为导师，在需要支持的时候会主动接触他们。在进入英杰大学时，他们就做好了准备，随时寻求所需要的帮助，在遇到那些可以助其一臂之力的师长时，他们心态轻松，也已经练就了与师长谈笑自如的技巧。

安托涅蒂（UI，B）是一位有些狡黠的新生，她的父母都曾就读于英杰大学，她说自己打从一开始就与教授们相处得很愉快。父母也给她讲过不少当年在英杰读书时的故事，其中很多就涉及他们与教授的交往；他们甚至将女儿引荐给当年教过自己的两位教授。从寄宿中学来到英杰大学，据安托涅蒂所说，是一个"顺利的"转变。在师生相处的问题上，英杰大学与她的寄宿中学有着相似的期待和规则，这一事实也让她在英杰校园好似闲庭信步。虽然在英杰这里必须多付出一些个人的努力，但过程基本上是一样的。

> 安托涅蒂：在我此前的寄宿学校，这些都是安排好的。你班上的老师，同时也是在宿舍里照顾你的"家

长",建立亲密无间的关系就要更容易,因为他们也住宿舍,就是同吃同住那种。但在这里,情况就有不同。你必须主动,要积极搭建那种关系,关系不会自己找上门来。

托尼:你觉得那样做还可以吗?

安托涅蒂:是啊。因为我读过寄宿学校,我知道这是有可能的。因为在高中时与师长保持着很密切的关系,我从中获益良多。来到英杰后,如果我发现哪位教授特别了不起,我就去找他。我这学期正在上一门英文课,那位教授显然就很厉害。我很有自信在她的办公室时间去见她,一对一交流。

无论是安托涅蒂此前就读的寄宿学校,还是目前在读的英杰大学,都致力于培养"学生的独立性","你要学会该如何与老师们交谈。你要学会独立完成你自己的事情,并且为你所有必须做的事情负责任……他们让学生有大量时间与教师相处,会让你更成熟,更像个大人"。高中的教育放大了她在家里所获取的信息,推着学生向前走,成长为对自己发展负责的行为主体;与此同时,学校也提供了丰富的机会,让这些中学生可以接触到老师,从老师那里接受指导。而在英杰大学,这种师生关系不再是自动形成的,因为她在这里无法经常见到教授,这里不是规模相对小很多的高中,与任课老师可以抬头不见低头见。然而,安托涅蒂还是同样的感觉,同样地轻松自在。即便现在还是一名大一新生,她已经形成了习惯,参加教授的办公室答疑,预约一对一的交流机会。她能够娴熟地搭建起各种关系,也成为英杰大学平等协会的一名核心成员,她在那里发起了许多倡议和活动,旨在让学生和行政老师走到一起来,携手推进校园内关于种族、性别和性取向议题的对话。

乔(UI, B)的父母都是供职于医疗保健行业的专业人士,他此前就读于自家附近的公立中学,这所中学对口服务于周围的中产阶级社区。如同前面的安托涅蒂,乔也给我讲述了许多故事,内容就是他和师长们的积极关系。在高中时,他在"小班课上表现优异",总是抓住一切可能的机会,向老师和校长展示自己的个性和才华,在他看来,这样的主动行为对他在英杰大学的求学也颇有助益。提及他在这里与某位教授很投契,乔说得兴高采烈,"我在教授的办公室时间去找他。我好像成了他的得力助手,我们非常投缘"。这种关系从来都需要小心翼翼地经营。乔总会主动接近教授,坐等邀请或者举荐,完全不是他的风格。

我后来还曾碰到一位助教,负责过乔修读的一门课,据她所说,乔不但能与权威人物相处融洽,还特别善于主张自己的权益。乔也回忆起有一次,当他拿到一门课的成绩时,认为分数低于他的预期:

> 我对老师总有很多的期待:要有同情心,要乐于助人,要确保你能听懂,同时也了解你的个人背景,要能够给些人生的经验。但是啊,老兄,我曾遇到过一个特

别古怪的助教;说起来就令人火冒三丈。我某次考试的成绩不如预期,所以我去找她,希望能重新打分。我把这个想法告诉了她。结果她却说:"这恐怕行不通。"我接着说:"我已经解释过我的理由了。"她又说:"是啊,但你必须说理由,而我不是必须认可啊。"她看上去就是一点不关心,这实在让我恼火。

面前的乔,自认为是某著名教授的"得力助手",他动辄争辩,要求重新打分,他期待着助教能跟着他的思路去看待问题。乔还告诉我,因为将来要学医,他对分数很敏感,想把现在的 B+ 换成 A-。他绝不能忍气吞声就接受 B+ 的分数,必须抗争。虽然乔的努力在那一次未获成功,但他勇于主张自己的权益,长远看来一定会大有斩获,不仅是在课堂以内,也包括课堂之外。

即便是同权威人物讨论社会和个人事务,那些出身优越的学生也表现得轻松自在。米莎(UI, B)的理想是做一名表演诗人,他给我讲述了自己的辉煌成绩——成功游说了大学管理者,在全校的所有宿舍为变性学生设置性别中立的卫生间和房间。在我们的聊天中,他还提到,这里的师长对自己变性经历的支持,也让他在英杰大学感受到承认和接纳。在米莎看来,他在英杰的师生互动是"积极"的,他对此有如下解释:

> 我不认为这里的经验很糟糕。我必须见协调学生宿

舍的行政老师，她真是棒极了。我不知道去找住宿书院的导师是否管用，但那位"酷儿"导师是我见过最好的人了。我所在宿舍的辅导老师也非常好，尽管有些高冷，但还是非常好了。

当收到院长发出的一次行政会议邀请，届时学校的高层管理人员将讨论变性学生所面临的问题，米莎感到自己有权代表其他的学生来发言，他必须告诉与会的师长，校园若要变得更有包容性，还必须做出什么样的改变。他很珍惜这次机会，能获得会议桌上的一席之地，从此直至毕业，他都努力保持着自己的位置。

出身有钱人家的学生对我说，从一开始进入英杰大学，他们就不惧怕同行政老师和教授们的联系，理由则是各式各样。他们很满足。他们很自信。就像布里塔妮（UI，B）所说，"需要帮忙时找助教，我没有理由不这么做。我从来不知道害怕。我是一个非常自信的人"。再者，对他们来说，伸手向师长求助，也是促进学业的一部分，丝毫不亚于教授们在课堂上所布置的论文和习题。他们不会坐视太多机会从自己身边溜走。

令人不安的相遇

再看看双重贫困生，他们在与教授交往时总是面临着重重困难。科琳娜（DD，B）的脸上写满了真诚，她向我承认，英杰大学的每一件事都构成了文化冲击。如她所说，除了"我还在这个国家这一事实",其他所有的都不一样了。对于双重贫困生而言,所谓在大学取得成功,所关乎的不外乎他们的课程——也就是"功课",这在他们眼中是最重要的。据他们所言,在尝试着融入这种新鲜、更讲求个性的交往模式时,他们感觉到格外焦虑。也因此,与周围同学相比,他们更少与教授打交道。我面前的这位姑娘马西娅(DD, L)低着头,声音也变得低沉,她向我解释,在她的眼中,自己和周围同学有什么差异:"有些人把这叫作特权,但它实际上就是一种从容。在英杰,许多孩子就是知道在不同的场景该如何表现,因为他们无须多加考虑,也用不着反复权衡。但我就做不到。"当其他人都已经行动起来了,她却还在怀疑,到底她能不能或者应不应该也那样做。[8]

根据双重贫困生的讲述,即便是他们曾参与过的师生互动,最让他们难忘的也是紧张、不安,且时常引发焦虑。通常来说,他们缺乏主动接触教授的意愿,也担心只要迈出这一步就会栽跟头。即便他们已经意识到(也经常亲眼看到),周围同学正在因经营师生关系而获得利益和荣誉,这些穷孩子依然不情愿。当然,他们中间确实有人设法克服了内心恐惧。提起来,琳赛(DD, B)就是一个例证。虽然她也觉得与教授会面"很尴尬",而且通常也避免与教授一对一的交流,但她还是提到了一位教授:"他很优秀,也很风趣。我没有跟他聊过天,但他那门课上的助教简直太好了。当我因什么问题需要帮助时,或者我拿不定主意时,我都会给她写电邮。她真的特别会回应,总是说:'好的,那我知道了;

这里是一些建议。'"然而,在与我交流过的双重贫困生中,仅有三分之一提过他们积极地建立起师生关系,而有时候即便拥有这样的关系也是非常勉强的。

许多双重贫困生会刻意拉开他们与教授的距离。莎妮可(DD, B)是一位圆脸的大四女生,举手投足都有点无精打采,在接受我的访谈时,她向我讲述了自己的人生故事。在上大学之前,她和家人都穷得厉害,在他们看来,任何贫困线以上的东西都显得高不可攀。对这家人来说,连续数月居无定所是常有的事。他们辗转过三个不同的州,住在地方上提供的临时庇护所,那里到处都是瘾君子,不断尝试引诱莎妮可吸食海洛因。生活的种种历练让莎妮可锻炼出坚定的意志,她不惧困境,虽然高中时代转过四所不同的学校,但她都能在学业上脱颖而出。说起那四所学校,无一不是破败的,无一不是族群隔离的,即便是在校园内,墨西哥人和黑人帮派之间真刀真枪的斗殴也总在扰乱秩序,几乎每天都不得安宁。然而,正是这股生于逆境的韧劲,在从前保护着莎妮可,让她对抗着动荡生活从不间断的干扰,但现在却把她禁锢起来。在她看来,进入大学后,她不懂得如何为自己发声。

> 莎妮可:在你兜里没钱又无家可归时,你就会习惯逆来顺受。你不懂得抱怨。有人给了你一件衬衫,即便看起来很丑,你也得穿。当然,你还会心存感激。久而久之,像我这样的人就不懂得如何为自己发声。我身体

里总有个声音在说:"太多了,我被给予的已经很多了。"是啊,当你无家可归,还要寄人篱下时,挑剔可不是什么好事。我要让自己变得讨人喜欢,安然与生活讲和。我现在的生活越来越好,然而对我来说,为自己发声,争取利益,仍然很难。即便是申请作业延期这样的事,我也用了很久才学会,总是觉得有负罪感。

托尼:你花了多久才感到适应?

莎妮可:我不知道,很难分辨哪些时候感觉到压力,又有哪些时候感觉很自在。大三那年整体都不错。但现在,作为大四学生,我知道我一点也不好,因为我差一点就有一门课不及格。我一直没有主动联系教授,直到他给我发来一封电邮。即便他说得很清楚:如果你不交论文,你就会挂科。但直到我收到那封电邮,我都没意识到我必须先联系教授。就这样,接连几周的时间,我就是坐在那里,什么也没做。

对比前文提到的乔,刚上大一就理直气壮地与助教辩论,争取一个更高的分数;但这里根据莎妮可的讲述,她一直到大三还对成绩无欲无求,给多少就是多少。她的策略是尽量回避教授,这让她的成绩看起来惨不忍睹,因此形成的压力也让她不知所措。后来,我在校园里又遇到了莎妮可,在一处自动贩售机旁边,当时正是她大四那年的春季学期,莎妮可告诉我,她正在苦苦挣扎着,应付她的毕业论文。起初,我并未搞清楚她话里的意思;毕竟,在大学校园,许多本科生提到他们的毕业论文就怨气冲天，听起来好像不到一个月就得提交了。这时，莎妮可继续诉苦。她承认，自己大概不应该选择写毕业论文，因为她再加班加点，好像也赶不上交稿的期限。现在已经是大四的第二个学期，莎妮可眼前的问题比我起初料想的要紧迫许多。又闲聊了几分钟以后，她终于说出了真相——她现在连一页纸还没写出来。她非但没有给论文导师汇报进度，反而一直把导师蒙在鼓里。最终，莎妮可退选了毕业论文的写作，院系对她进行了警告，竟然拖到这么晚才退选。万幸的是，莎妮可还能够如期毕业。

根据双重贫困生的描述，通常说来，与教授打交道的过程会造成情绪上的负担。罗比（DD，W）是一名大二学生，来自中西部地区的小乡镇，身上不修边幅地穿着一件红黑格子衬衫，与精心打理的发型构成鲜明的对比，在我们的聊天中，他就表达了这种普遍的感受。"我就是会尽可能地自己去做，只有在山穷水尽之后，我才会寻求帮助，因为我觉得伸手求助的感觉不怎么好，"罗比告诉我，"言辞很难表达这种感觉，但我确实会感到很内疚。"在罗比的认知中，他的问题就仅仅是"他的"。对他来说，教授是不应该被打扰的。同样，罗莎琳德（DD，W）是一位大二学生，看上去面色红润，在访谈中她坦陈了自己的心态，说起与教授打交道这件事，"我在这方面表现得实在糟糕。我在今年还没有去过老师的办公室，甚至去年也没有"。在大一那年的秋季学期，罗莎琳德受撞击导致脑震荡，她的大学过渡期也因此被搞得

"一团糟",但即便在这次不幸之后,她还是躲着任课教授、住宿书院的导师,甚至是周围的同学,因为她在英杰大学"并不是很轻松"。她解释说:

> 去年受撞击导致脑震荡时,我是过了很久才与旁人说起此事。我当时还有期末考试,几乎崩溃了。我去找到住宿书院的导师;我哭得很惨,一直在说,"我没法考试了"。我最后不得不承认,我是在苦苦挣扎。此前一个多月,我的记忆都出了问题,看东西重影,注意力不集中,失眠,情绪失控。我真是挣扎了一个多月,没有向任何人伸手求助,因为我认为自己就能处理好。但最终还是必须承认,我需要帮助。我确实也得到了一些帮助,但我后来再也没有联络过那些人。我不喜欢向别人求助。

脑部受伤后,罗莎琳德仍在学习并参与英杰的校园生活,但在拼命挣扎的时候,她还是想独立一人扛下所有,直到遭遇某次情绪崩溃时,才下决心去求助老师。寻求帮助,尤其是因为医疗问题而求助,让她浑身不舒服,早已麻烦缠身的状况更是雪上加霜。一想到不得不依靠其他人,罗莎琳德就会感觉到不适,也因此导致她耽搁了整整一个月的诊疗时间。她告诉我,在开始诊疗后,身体和心理健康有了一些恢复,但尽管如此,她还是很快就停止了治疗。

回忆起与教授的交往,经常会激起强烈的情绪。梅拉妮

(DD，L) 从小在特拉华州长大，梳着一头过肩的卷发，进入英杰后的第五周，她就挂掉了大学阶段的第一次考试。根据英杰大学的校方政策，任课教授通知了她的学业导师，紧接着是导师打电话要约见梅拉妮。她很不习惯这种方式。回忆起高中时，老师们的精力都集中在某些更紧迫的问题上，比如说帮助怀孕的学生毕业。想到要与自己的导师一对一会面，梅拉妮就变得愈发焦虑。

梅拉妮解释道：从初中到高中，我只要做自己就行了，不存在什么压力，非要让我变成其他人。但在来到英杰之后，我就感受到了压力——你必须以某种特定的方式来行事。这种感觉不好受；它非常粗暴。我大概应该早下决心，早做决定，不过经历了糟糕的两年半，事实上可以说是非常差劲，我下定决心，是时候喘口气了，需要暂时离开一下。所以，我休学了一个学期。

托尼：在你说的这些困难时期，你通常时隔多久会去寻求帮助？

梅拉妮：从来不会。这就是问题所在啊！与教授交谈，这太难了。根据教授的安排，学生要见到他们，尤其是在大一、大二学年，这也并非轻而易举。在他们的办公室时间，总有太多学生要挤进去，见缝插针地与教授交流。我于是心想，"算了吧，我也可以发电邮"。

在一年级的那次期中考试之后，学业导师对梅拉妮的关注适得其反,甚至让她越来越逃避来自师长的援手——假若不是如此,这些帮助本可以让她不必休学的。如她所言,"我就是不习惯这档子事"。梅拉妮不愿意伸手求助,这也不是某一阶段的一时兴起。当我又一次探询细节,追问她为何不求人时,梅拉妮的回答很决绝,还带着些许的愤怒:"我真的就是从来不向任何人伸手求助。"即便在她休学结束,重返校园完成大四学业后,她还是像从前一样——除非不得不说,否则她都不愿意与教授交流。

有些双重贫困生也确实做出调整,最终适应了英杰大学的学业生活。然而这通常需要一段不短的时间。乔舒亚(DD,B)是一位来自南方的大三学生,他性情温和,很有幽默细胞,打从进入英杰起,他的学习状态就大起大落,但当他终于搞明白那些富家子弟似乎天生就知道的门道之后,学业就尽在掌握了。原来,提出问题,并不是一种软弱的表现,而是一种积极争取的方法。"我现在要轻松得多了,"乔舒亚说,"在我刚到这儿的时候,每个人都吓到了我。现在,我才搞懂,最聪明的学生总会问一大堆的问题。这就是为什么我也越来越喜欢问问题,无论在课堂上,还是在老师的办公室。"乔舒亚还补充了一点,他所联系的"不仅是助教,还有教授"。夏洛特(DD,B)是一个来自新泽西州的大四学生,浑身散发着魅力,她也有过类似的回忆,"我在英杰的前两年过得很乏味。我偶尔才会去一次教授的办公室,那时候确实是因为我不懂某个问题,或者真的要求助。虽然教授们总是建议我们没事去坐坐,但我去联系教授,极少是就为了聊聊天。我从来没这么做过，现在想想也是遗憾"。这么看来，夏洛特听到了教授的邀请，但她就是无法从容不迫地做出回应，直到大三那年，情况才有所改观。

在双重贫困生看来，学院派的师生互动风格构成了一种打扰，令他们心神不安。他们从前在生活中经历的交往完全不是这样子。对于许多双重贫困生来说，英杰大学就像是另一个极端，让他们如临深渊。也因此，很多学生宁可干脆回避这种令人尴尬的时刻。没有沟通，也不去了解师长对他们的期待是什么，许多学生感到迷惘，有些甚至变得很愤怒。对于双重贫困生来说，要完全消化大学所带来的文化冲击，需要一段时间，这也制约着他们充分利用学校提供的各种资源。

走出去，争取你应得的

行文至此，前述的故事听起来似曾相识，与我们经常在科研论文和报纸文章中读到的情节大同小异，集中于大学校园的阶级差异：学生能与教授交往到何种地步，取决于他们的阶级背景。富家子弟来到由财富筑起的大学校园后，如鱼得水，而穷学生则被甩进了一个新的空间，寸步难行。然而，本书所要讨论的寒门幸运儿，却无法嵌入这个故事的两分法。

在英杰大学，不同于双重贫困生，寒门幸运儿在访谈中承认，他们在与教授和处长们互动时感到很轻松，并且也非常熟悉大学环境所规定的学术交流方式。他们承认，这种能力并非与生俱来,根据他们的解释,正是在私立学校的求学时光,让他们有机会去锻炼沟通和交往的技巧。而且,如同那些来自有钱人家的同学,寒门幸运儿并不会呆呆地空等,被动地期盼教授先发现他们。寒门幸运儿深知英杰为学生提供了各种机会、经验和信息——对于穷人家的孩子来说,这些都是家庭所无力提供的资源,所以在进入大学那一刻,他们就把教授和行政老师看作实现学术或职业梦想路上的贵人,并且积极主动地接触他们。在这个群体的学生看来,他们之所以能够顺利完成从中学到大学的过渡,并且在大学校园与教授谈笑风生,要归功于他们此前就读于私立高中的经历,到升入大学时,他们已经懂得了精英学术环境的规矩以及其中潜伏的不成文规则。

寒门幸运儿认为他们有权利去取用教授的时间和资源。奥贡(PP, L)是一位慎思明辨的大一新生,在来英杰之前,她生活在一处高度隔离的社区,家里的房租还要靠政府的低收入家庭补贴计划。初中结束时,奥贡申请到一笔奖学金,资助她到新英格兰地区一所著名的寄宿学校读高中。她的家人并不知道这个机会,但奥贡的初中老师推荐她去申请,因为这位老师希望奥贡能去一所好学校,在那里充分发掘自己的潜质。到了寄宿高中,那里有午餐会和每月举办的座谈会(特别为靠奖学金读书的学生而举办),通过这些制度化的活动,奥贡很快就与老师和行政人员打成一片。奥贡还告诉我,她的高中还鼓励每一位学生不仅要在学业上不懈努力,还要培养一种权利的意识——这也是她强烈认同的一种态度。

奥贡也知道，在英杰大学，并非所有的穷学生都有这份自信。她的朋友艾丽斯（DD，L）是一个机敏的拉丁裔女孩，艾丽斯就曾说过，"我几乎从来不去找学校的师长们，我对他们无所求"；而且想起来就会觉得焦虑，"你面对着那么多教授，但不是他们主动过来发现你，而是你必须走上前去找他们"。在认识英杰的生活真相时，艾丽斯总有一双发现困难的眼睛。艾丽斯指出，"这太难了；要找到你需要的帮助，太难了。你被吓怕了，或者从一开始就不敢走出去，找师长们聊聊天"。而奥贡的想法却正相反，她觉得"与教授交流是自己的权利，不妨就直说，'我想要与您碰面，与您聊聊'"。当我问到她为什么会这么想时，奥贡笑了笑说："我的高中给我灌输的就是，我可以这么做，这么做实际上是我的权利。"据奥贡所说，她在英杰的第一年感觉上就像是高中的第五年，类似这种说法，我在双重贫困生那里是闻所未闻。奥贡继续说道：

> 我在高中时学到的技巧，在这里也都能用。我还有一模一样的学习日志，只不过这一次写着英杰大学。我在这里的第一个月，我的反应是，"哇，我喜欢这里"。我所学会的另一件事，就是与老师建立关系。他们会说，"嘿，你能周二这个时间来见一面吗？"在高中时，我就有过小班课的经验，课后就可以向老师说，"我们能不能见面讨论一下这篇文章？"在这里的第一个学期，

我也经常约见老师。有门课上有一位助教，要做期末论文时，他当时正在纽约。我问，"我们能聊聊吗？"他回复说，"当然可以，给我打电话吧"。我于是给他打电话交流，轻松自在，没有任何不妥。我的朋友知道后却惊呆了，"你疯了吧；给助教，直接打电话？"听着，我必须走出去，争取那属于我的。当我说这里是第五年时，我就学会了走出去，争取那属于我的，因为这里有我在其他任何地方都无法触及的关系网。我的高中提供了这种关系网的基础。我现在只是抱着相同的心态。

环境的连续性催生了心态的轻松。只要有人比她更了解她所要探索的世界，从前是寄宿学校，现在则是大学——她此前期待在毕业后来到的地方，奥贡就愿意向他们求助。她养成了一种心态，也就是她称之为"走出去，争取你应得的"的态度，重中之重就是营造一个支持性的关系网，把那些能为大学生活提供具体建议的师长都纳入。从初次踏入英杰大学，她就把这种心态以及相匹配的技巧带到学校。在奥贡眼中，教授们都是她追求学业路上的推手。他们所担当的角色，恰恰是她的家庭所无力担负的。

玛丽娜（PP，L）穿着红黑格子的衬衫，像奥贡一样，她也讲起了刚到英杰时是如何与教授联系的。玛丽娜放松地靠在我办公室的沙发上，对我说："在学业方面，一定要数我大一那年的学业导师，我每件事都会去找她。我问了她好多的问题。她对我帮助特别大。"

莎拉（PP，L）也非常热情，进入英杰之后，她就积极地同教授们建立联系。这位姑娘来自得克萨斯州的艾尔帕索，住在当地一个拉丁裔的小社区，那里的人们如果有工作的话，每个人都是园林工人。读中学时，她拿到了一笔奖学金，可以到小镇另一边的一所私立走读学校读书。她的适应过程并不顺利，有些时刻甚至感到难以为继。她所要习惯的，不仅包括每天一个半小时的上下学通勤，还有那所私立学校的校园，作为一位贫穷的拉丁裔女孩，这种身份在学校里屈指可数。但时间一久，她也慢慢适应了。在适应新环境的过程中，有一件事对莎拉帮助很大，就是学校会鼓励师生之间的交流，甚至把这种沟通规定在学生和老师的日程安排中：

> 我的高中懂得如何育人。学校在我们的课程表里安排了自习课。所谓自习课，就是80分钟的时间，你可以自习，也可以自由活动。他们的想法就是，"用这个时间去见见你的老师。他们就在学校。他们也正好有空"。

莎拉和我一起回顾了一下，在她从高中到大学的过渡期，英杰校内的什么资源是最重要的。安静了片刻，她开始说，"我找到宿舍驻院的导师，与她的交流才让我意识到，成年师长能有多大的安抚力量，这是我在周围同学那里不可能获得的"。在她的故事里，住宿书院的导师就是一种可靠的依托。回想起那段时光,在她重新讲述这个故事时,脸上都是喜悦之情,莎拉对我说:"哪怕只是与我的住宿书院的导师聊聊天;那感觉都棒极了!"莎拉从成年师长那里不断得到安慰,而双重贫困生在遇见同样的教授和行政老师时,却感到焦虑和疏远,其间的对比实在是再鲜明不过了。

艾玛(PP,B)想起她在英杰大学上过的一门课,仍是得意扬扬,那门课上只有六名学生,他们就和教授围坐在一张桌子旁,艾玛认为,"我很幸运,能够有机会认识许多教授。每一位我所认识的教授,他们都真的人很好,也很开明,而且非常用功"。如果说双重贫困生总是抗拒与教授的沟通,那么艾玛却"乐于上小班课,因为在这样的课程里,我对于教授而言就不只是一个名字而已,那是真正的师生互动机会,并且还能真正认识班上的同学"。在升入英杰大学之前,普林斯(PP,B)凭借着篮球奖学金就读于一所天主教的男子高中,在我访谈过的寒门幸运儿中,他在英杰与教授的联系是最少的。但这不是因为他见到教授后会感到紧张;主要还是他通常只在某些情况下才联系教授,说具体点,就是当他读不懂课上的阅读材料,或者想要更多的课业指导时。"在写论文的前后,我会去教授的办公室,"他说,"如果有一个问题我就是怎么都搞不明白,如果我在课程上真的遇到困难,我会去教授的办公室。我还记得,有一门课,自然科学的课程,我实在是吃力。我记得后来去了教授的办公室,我们就认识了。就是这样,教授也想办法帮了我。"

在进入英杰大学时，寒门幸运儿已经做好了准备，他们乐意与教授打交道。当他们寻求支持时，无论是学业上，还是在生活中，寒门幸运儿都表现得从容自若。如同他们周围的有钱同学，寒门幸运儿也声称，在与教授、处长和行政老师打交道时，他们没有压力。若是说区别，那么就在于：寒门幸运儿的"轻松"是在高中学到的，而非来自家庭的传承。学校尤其看重师生关系的培养，为了加强交流，还在校方工作日程中规定了专门的答疑时间，得益于高中时的这些经历，他们在进入大学那一刻，就不仅乐于同教授和老师进行互动，而且还拥有多年的经验，懂得在精英学术的环境如何经营与成年师长的关系。

经营关系网，还是独自单干

说起学生在精英院校的状态和归属感，另一个重要的面向还关系到他们的行为策略，具体地说，在面对可以从大学校园获取的许多资源时，他们会采取什么样的取用策略。这一问题所关系的，不只是拿到更高的分数，它还涉及获取那些无形的资源，对学生在本科毕业后的人生规划大有裨益。无论是出身有钱人家的学生，还是那些寒门幸运儿，他们在大学都一步接着一步，不仅与教授和行政老师互动交流，还能取得他们的支持，直接或者间接地，把他们纳入自己的关系网络。而在双重贫困生看来，周围同学的这种策略不过就是溜须拍马，在道德上是一种堕落。对于双重贫困生来说，目的并不能证明手段的正当。

组建我的团队

根据我的访谈所见，关于经营关系，来自高收入家庭的学生既懂得策略，也做得很坦然。他们主动接触权威人物，构建自己的支持关系网，将关键资源据为己有——各种各样的资源，从推荐信，到研究助手的职位，还包括接触教授的学术和私人关系网。换言之，他们不只是在心里想，还能随时转换为行动。克雷默（UI，B）是一名大三学生，身材瘦削但很结实，在进入英杰之前，他就读于一家私立高中，他在那里与老师结下很密切的关系，甚至会在暑假约老师出来喝咖啡。于是，他把这种经营关系的才能带到了大学，据他所述，类似背景的学生在来到英杰之后，会与这里的教授和其他师长建立那种多重面向的关系。

> 回忆他在大学的过渡期，克雷默说：说起学生能否轻松地与师长相处，包括助教、教授，以及行政老师，我的高中绝对帮了我大忙，让我可以很快适应大学生活。我知道，我当然可以去拜访一位助教，与他聊聊某次课或其他事……不只是学业上的事情，也包括寻求生活中的建议。
>
> 托尼：你多久联系一次助教呢？
>
> 克雷默：现在，现在不像过去那么频繁了。大一、大二时，我会经常见助教。我很多课上的助教都非常友

好。我们私下里也是朋友，不只是在课堂上。我与行政老师也是一样的。我时常与助教一起吃午餐。大一那年，我还和一位助教成为网球场上的球友。我和许多助教在课程以外也是朋友。在生活中，他们都是良师益友……至于教授，要少一些，但还是有一些教授，我把他们当作可以答疑解惑的导师。

从进入英杰开始，克雷默就懂得经营关系，至今仍在继续扩展他的关系网。无论是在学业上，还是课程之外，人际上的交往都丰富了他的大学经历。

克雷默当然不是孤例。在我对面，约翰（UI，B）越说越兴奋，他回忆起大一刚入校时，在一次开放参观日的招待会之后，他是如何"与新生院长建立相当密切的关系"。当时，院长对他们说，学生可以随时去拜访他，在办公室里聊一聊，约翰就做出了回应，接受了这个邀请：

> 我去了他的办公室，就只是跟他聊聊，你知道，没有任何具体的理由。我当时心里想，"这样的关系必须好好经营一下"。我就过去了，就是找他聊天。就好像我们现在这样聊；感觉好极了。每一次我遇见他，他都能叫得出我的名字；我非常喜欢这种感觉。当我觉得需要帮助时，我就会去参加办公室时间以及类似的安排。我和住宿书院的导师关系也非常好。

在约翰进入院长办公室时，他有很明确的目的，就是要去经营关系。一份公开的、面对刚入校的全体新生的邀约，就是约翰所需的邀请函了。在院长叫出他的名字后，他那发自内心的喜悦也说明他乐于经营关系网。

这些学生不仅主动接触教授和院长，与他们建立联系，还懂得在校园里找寻能为自己所用的资源和项目。罗丝（UI，B）是一位很有魅力的大一新生，来自新罕布什尔州的一个小镇，她已全副身心地投入大学的生活，在教授、部处以及校内不同院系所举办的开放活动日中，我经常看到她的身影。据她所说，她与很多师长都保持着"非常坦诚的关系"，并且"每当遇到难题时，都非常乐意去找他们帮忙。结果就是我很惊喜地发现，师长们总是热心帮助"。当我问起，在英杰大学有什么资源对她来说是至关重要的，罗丝勾勒了一个多重的人际关系网，既有身边的同龄人，也包括校园内的师长：

> 罗丝：我参加了新生预报到营，那里面的高年级学长学姐就是一笔巨大的资源。即便只是在派对上遇见他们，他们还是能留意到你。后来，我还和他们中的一些人约过午餐，只是随便聊聊，交流一下最近的生活。对我来说，他们既是榜样，又是我可以寻求支持和建议的前辈。我去参加过朋辈心理咨询。我去过专为"酷儿"学生所设的"彩虹屋"。我还去过"秘密倾诉中心"。当你需要吐吐心中苦水时，他们真的很擅长倾听。

托尼：当你遇事需要帮助时，你会去找谁？

罗丝：除了上面提到的那些人，我还会找我的学业导师，他真的很了不起。我很幸运，能被安排到这么一位导师，他很清楚自己的工作，而且也非常在意所指导学生的心理状态。他真的很关心人，这太棒了。

在这里，罗丝大方地谈起自己的朋友圈，里面既有善解人意的耳朵，随时倾听她内心的想法，也有坚强的臂膀，可以让她在痛哭时找个依靠。总之，她经营起了一个人际关系的网络，范围遍及整个校园，她不仅在需要时可以依靠，还与其中的师友保持着日常的联络。

贾斯汀（UI，B）是一位酷爱硬科学的"哲学家"，与前面的英杰学子差不多，在描述自己的策略时，他只用了两个不能再简单的字："主动；我要主动接触每一个人。"他总是在不停地扩展自己的交往圈子，希望能把他的学业和求职目标结合，事实上，这也是英杰大学对所有学生的期待，即便这种期待从来没有付诸明文：

> 英杰大学完全是我期待的样子：这个地方积累了用不完的资源，还有丰厚的财富。所以，一定要尝试，要从中分得一杯羹。过去这一年，实际上也不止过去一年了，我自己做过最有意义的事情就要数我主动联系，认识了很多教授，认识了很多商界人士，认识了很多医生。我对医学很感兴趣。我还结识了公共卫生的学者；

> 我对公共卫生也很有兴趣。英杰这个地方正在变成我理想中的样子,在这个地方,我有机会,也很幸运,可以理解世界是如何运转的,并且学会我如何才能带来改变。

在贾斯汀的规划中,钻研书本绝不是他充分利用大学时光的唯一方式。他想要发掘英杰大学所提供的全部资源。他也经营着自己的朋友圈,尽可能地把英杰的学者和研究者包括进来,希望这些人脉有助于他在校内的学业,并且推动他在毕业后的人生规划。他甚至也给我讲述了人生经验,认为我也应该效法。贾斯汀在校园的工作显示了他的决心:某一学期,他组织并主持了一系列的校园对话互动,邀请知名学者和社会活动家共聚一堂,讨论种族和不平等问题,吸引了数百名学生参与。

上述这组学生出身于有钱人的家庭,在他们看来,上大学后的一个当务之急就是要去结识教授和学校的其他管理者,在他们实现学业或其他人生目标的道路上,这些人都可以助一臂之力。根据他们的描述,这些师生互动的交往总是很积极的——或许同样重要的是,当这些学生谈起师生交流时,看起来他们从未曾想过还有其他的可能,只可能是积极的,不然呢?根据他们的期待,教授和行政老师都是能找到的,也都愿意提供帮助,而事实证明,他们通常是正确的。作为经营师生关系的回报,他们获得了各种各样的好处,从找到网球球友,到争取到工作机会。而且在搭建关系网络时，他们也没有仅仅局限在学业圈的资源。在这组学生中，几乎所有人都像贾斯汀一样，在他们眼中，在走向成熟的人生旅途中——无论是在英杰时的个人成长，还是毕业后的事业发展，大学教授和行政老师都是关键时可合作的伙伴。

工作的尊严

但双重贫困生这组学生在进入英杰后却普遍表现出困惑不解。学生应当学会更个性化、同时亲力亲为的交往方式，这是学校的期待，双重贫困生却难以适应。在与这组学生的沟通中，我逐渐发现，他们的不参与并不只是简单的回避。他们的策略是不去接通关系网。在他们心中，与教授的交流应该仅限于讨论学业上的问题，任何超出狭义的学业领域的互动，在他们眼中都是拍马屁。比方说，瓦莱里娅（DD，L）是一位人类学专业的大三学生，表现一贯出类拔萃，在她的讲述中，"与教授们建立关系"是她在英杰大学所遭遇的最痛苦的挣扎。从她的嘴里讲出了一种紧张，她在家里形成的价值观和英杰大学对学生的期许存在着撕裂：

> 在办公室时间去找教授，我会感到很不舒服：那是社交圈会做的事。我不喜欢和教授一对一聊天。这是要扣分的，因为英杰大学就是希望你能主动些。在课上举起你的手。发言。大一那年，我一句话都没说过。在我的小班课上有很多同学，当我在路上遇到他们时，我认得出他们。但他们却认不出我来，因为我不发言。我爸

经常教导我,"你不希望靠拍马屁来争取你的位置,对吧?你要通过自己的刻苦学习来收获。这么做一定更费时费力,但价值更大。你也会觉得更骄傲"。但在英杰的环境,这种价值观可不妙,因为这里就是要教你去逢迎他们。

在英杰大学,对学生的期待是他们应该去吸引教授的关注,并且赢得教授的偏爱,但这些与瓦莱里娅在成长中学到的人生经验却是背道而驰的。在进入英杰大学时,她的想法很简单,她所要的进步"应该围绕着学习"。这是她爸爸看世界的方式,也是这位父亲教育子女如何理解世界的方式。然而,在英杰大学度过三年时光后,瓦莱里娅终于发现了这里的一条不成文规则。她沮丧地摇了摇头,大声说:"呀!在这里,最重要的是拉关系。"接触教授,与教授建立联系,尤其是那种更为个人化的关系,也正好与她在高中阶段的学习策略相抵触,但也正是当时的策略让她得以成功地升入英杰。在高中时,她说,"我只是去上课,听讲;课堂之外,我从来不跟老师们说话。我找不到理由去打扰老师,我想除了我必须申请大学,这或许能算一个"。但问题是,那些指导老师早已"筋疲力尽了,他们要对付那些存在纪律问题的学生……或者有严重心理问题的学生",瓦莱里娅对我说,如果这时还就申请学校的问题去寻求帮助,她就感觉自己是在打扰老师的时间安排。有一点令我印象深刻,就是瓦莱里娅更在意的是保护她的中学老师和大学教授的时间,而不是寻求她所需要的帮助。持有这种想法的她不是唯一的。

丹尼尔（DD，L）会搞点冷幽默，希望将来能成为一个艺人，对他来说，曾在高中时用过的方法到了大学就不奏效了。丹尼尔还记得，在高中阶段，老师和学生之间的关系总是很紧张。"高中的第一年，班级都是混在一起的；优等生和普通学生在一起上课。学生起哄老师，与老师争辩，在老师眼皮底下公然发手机短信，对他们视而不见。即便是我上的优等班和大学预修课程，我们还能因不做作业而被老师吼叫。"丹尼尔一直未能引起老师们的注意，转机出现在高中二年级时，他加入了学校的"文学社"——这是写作爱好者的社团，开始认真完成作业。按照他的想法，等他进入英杰大学，只要埋头苦学，拿到好成绩，就万事大吉了。但事实证明他错了。

> 丹尼尔：我不会主动联系教授。我从来不觉得自己是那种"敲开教授办公室"的人。在高中时，我就不跟老师说话。我只是走进教室，在座位上坐下。等我考试过后，老师会过来跟我说，"你的分数很高。祝贺你！"我就会回应，"太好了。谢谢您"。当时，老师就是这样注意到我的。我并不想和他们说话或交流。到了大学，我心想，"一切照旧就好啦"。但事实表明行不通。我想我还是不够聪明。于是，我看到有些孩子课后就会去找教授，和教授聊天，我完全搞不懂他们有什么好说的。除了教授在课上所讲的，我从来想不到任何其他问题。

他们是在拍马屁！这些学生是想要搞到推荐信，也可能是想成为某教授研究团队的一员。我从来不想这么低声下气。

托尼：两种策略都同样见效吗？

丹尼尔：你是指——他们的和我的？好吧，我的策略在这里一点儿效果都没有。那一套在高中管用，但也只是在高中。然而现在我人在英杰，我想以后应该是没机会读医科了，因为我找不到任何人可以帮我写推荐信。我确定他们的策略是奏效的。他们都能拿到推荐信，满是溢美之词。

在英杰大学，丹尼尔从不联系教授，甚至在大二秋季学期，他因成绩问题而被转入学业考察状态时，他都尽力避免同教务主任碰面。他在心里划出一道分界线，一边是他自己，另一边是他所说的"拍马屁的家伙"。他跟我分享了一件往事，即便是在争取一个很感兴趣的实习岗位时，他也选择了不动用私人的关系（通过室友的叔叔）。当我问他为什么这样时，他的回答也很干脆，因为那么做会让他感到不舒服。如何与一位教授闲聊，丹尼尔连想都不敢想。在他看来，充其量，他也只能与教授聊聊某次课上的具体内容。按照他的看法，同学们的举动都让人恼火，而且也有悖于自己的信念——在竞争中体面地争先，于是丹尼尔选择集中精力在自己的功课，好像他在高中时那样。但问题在于，大学引入了新的规则。他跌跌撞撞，最终还是无法很好地适应英杰大学的社会交往。如同身边很多同学，丹尼尔经历着认知上的冲突，一方面，他也渴望着成功，但另一方面，游戏规则又让他感到不适。即便知道自己已经落在后面了，丹尼尔也不能，或者说压根不会改变老习惯。事实如此，他只有放弃成为医生的梦想。

伊莎贝尔（DD, L）是一位来自中西部的大三学生，举手投足都很沉稳。在来到英杰大学之前，她生活在一个贫困的城市郊区，在那里，学校的辅导员总在告诉学生——"小梦想"足矣，而任课老师则要想方设法去控制吸食海洛因在学生间的流行。为了削减开支，伊莎贝尔的中学砍掉了很多学生项目。课外活动是首当其冲的，而在这些举措尚不足以应付紧缩时，项目就越砍越多。"他们开始时裁撤了学生乐团，"伊莎贝尔说，"他们先对音乐和艺术课动手。现在，整个学校只残留10个课外活动的项目了。走廊里的灯也被'咔嚓'了。你听好，连走廊里的灯也被关掉了！我的意思是，教室里的灯还亮着，我们还能看得见。我以为这就是正常现象吧，就好像黑暗总是不断来袭一样。"

学校走廊里的黑暗，映衬甚至加重了伊莎贝尔每天上学时内心的沮丧。接触任课或行政老师，与他们沟通，也丝毫无助于减轻这种沮丧。老师总在告诉学生，甚至是优生班的同学，别做不会开花结果的大梦，老是想着走出他们的邻里社区，这不是梦想，是妄想。"期待就是非常非常低的，"伊莎贝尔说，"说真的，老师不会帮助学生申请大学，除了社区学院。他们抱着一种心态，打心里觉得本地的社区学院才是你注定要去的地方。如果你想去其他的地方,就属于痴心妄想。"然而,伊莎贝尔没有听从于她的老师,也不甘于命运的安排,她离开了家乡,来到英杰大学。但就是从这里开始,事情发生了始料未及的变化。伊莎贝尔感到不堪重负。眼泪从她的脸颊流下,她还记得自己"第一个学期过得很压抑。很多时候,我就是一个人在哭"。她反思了自己为何未能与教授建立联系,这状况一直持续到她大三那年的春季学期,伊莎贝尔承认:

> 这确实是非常糟糕的一件事;哪怕是现在,我仍会感到犹豫迟疑,无论是与教授,还是和助教聊天。助教年龄与我们相仿,大不了几岁;你可能会觉得更轻松一些……只要是和成年师长做平等的对话,甚至是问他们问题,我从来就没感到轻松自在过。从我来到这里,我就意识到这个问题了。我必须学会与成年师长交流。我怎么才能获得各种各样的推荐呢?我怎么才能主动寻求帮助呢?我怎么才能建立他们所说的那种在英杰"独一无二的"关系呢?我甚至张不开自己的嘴。

在我们初次会面的数月之后,已经快到大四学年的末尾了,伊莎贝尔仍在躲避教授、行政老师和住宿书院的导师,即便当时她正因为毕业前的准备工作而陷入情绪的低谷。我们看到,这时候的她并不是出手寻求帮助,而是把父母家里的困苦作为一种鞭策自己的准绳,时刻当作一种提醒,不仅要看到自己的状况已经远好于家里，而且只要通过埋头向前，就能走出任何困境。伊莎贝尔提到，"在经历困难的时候，无论社会处境、学业，或是其他问题，我总会想，我的父亲会怎么说，或者怎么做。他所经历的生活，比我现在的日子要糟糕太多了。我就继续往前走。如果我读不懂阅读材料，我就一直读，一遍又一遍，一直反复读。在这里，我极少主动接触成年师长，向他们求助"。

我第一次见到阿里安娜（DD, L），还是在她大一学年的第二个学期，当她走进我的办公室时，我看到了一位来自西海岸的姑娘，正在挨过她在东北地区的第一个冬季。很显然，见到人生中第一场雪的兴奋早就消磨干净了。作为开场白，我们聊了几分钟似乎漫无尽头的冬季，接下来我开始问及她在英杰大学的生活。但还没说几句话，阿里安娜就放慢节奏，开始深呼吸。她的肩膀这时开始颤抖。我意识到她正在哭泣。她在英杰的第一年让她很受挫，总在怀疑自己能否适应这里的生活。她告诉我，在应对课程阅读材料上，她一点麻烦也没有。但问题是，课程之外的任何事都在找她麻烦。我这时问道，她是否求助过老师，获得过支持。显然并没有。关于为什么每次和教授或行政老师说话就会立刻紧张起来，阿里安娜有自己的解释："我总是感到难为情。只要和学校的师长说话，我就会感到不舒服。"于是，她想把精力集中在自己的课程上，努力争取好的成绩，这样就能毕业后读研究生。但她还是需要帮助，才能适应英杰的生活。沉默许久并且哭完之后，阿里安娜继续说道："我总是很好奇，他们的心里是怎么想的，他们是如何看待我的，或许我不应该总是这么想，但却无法控制自己的本能。"

一直到大二过半，阿里安娜还是未能建立支持她的关系网。不过如同前述的乔舒亚和夏洛特，阿里安娜还是表现出一些进步。在她大二学年的春季学期，我们曾约在学生餐厅共进晚餐，那一次，当我们谈起自上一年那次访谈之后她的成长，阿里安娜的语气是坚定的。她告诉我，她更多地参与英杰的校园活动，也开始把英杰视为自己的大学。又过了一个学期，当她与一组高中生交流时，阿里安娜承认，在她就读英杰的前三个学期，学业和社交生活的文化冲击压垮了自己。但自从学会了如何寻求帮助——部分原因是她加入了大学的平等协会，那里的工作让她必须联系行政老师、管理者和高年级的学长学姐——她开始找到那种久违的轻松自如。

到了大三学年的后半段，阿里安娜还开始联系学生职业发展办公室，她与那里的老师进行了良好的沟通，搞清楚了要在毕业后申请医学院还需要什么条件以及如何做准备。跟班上的许多同学相比，她的起步要晚了许多，因为按照她从前的看法，诸如此类的支持服务都是为"那些学生"（她的有钱同学）量身定制的，像她这样的穷学生要退避三舍。然而，那里的主任还是亲口跟我说，见到这姑娘的到来，他们非常高兴。事实上，很多学生，特别是双重贫困生，比她来得甚至还要晚，到了那时，一切可能都太迟了，赶不上正常的申请周期。

一想到必须和教授或院长们打交道，双重贫困生通常就会感到紧张不安，故而往往对师长敬而远之。这些学生把注意力集中在课程上，他们的这个策略就与身边许多同学形成鲜明的对比，那部分学生总是与教授过从甚密，希望以此实现自己的人生目的。对于双重贫困生来说，他们中有很多人最终还是适应了英杰或其他场所，懂得了那些主宰学术生活的不成文规则，或者不用说出口的期待，但即便如此，他们经常还是失去了不止一年的大学时光，在经营关系和获取体制资源上晚了大大的一步。[9]

有策略的交往

有别于双重贫困生，寒门幸运儿往往会主动接触教授和行政老师，寻求帮助，这让他们看起来很像是出身优渥的富家子弟。一般说来，在与师长交流时，他们并不会感到紧张、不舒服，或者手足无措。在我对这一类学生的访谈中，他们中也无人因此而怀有愧疚感。就像出身于有钱人家的同学，寒门幸运儿经常会与教授和学校官员建立联系，其交流范围并不局限于学业。当然，其间的区别在于，寒门幸运儿明白，这种轻松自若是一种后天习得的技能，而不是天生就有或者家庭传承的。

初中时，达米恩（PP，B）动不动就翘课。在我们的聊天中，他说得很坦诚，"我真的不记得在初中时曾学习过。我也不记得做过什么家庭作业"。他当时的想法很简单，既然功课如此简单，而且老师期待如此之低，为什么还要学习呢？想要让自己脱胎换骨，达米恩争取到了一所私立高中，而没有去当地的职校——这是他的三位同胞兄弟以及所有邻居好友都去的地方。按照他的说法，私立中学让他"重新对焦了人生中重要的事，因为人到新学校后，也就远离了家庭或社区的麻烦事，可以心无旁骛地追求自己设定的目标"。达米恩经常回忆起那段时光，作为校园里的少数群体，无论在种族意义上，还是社会经济意义上，他这样的学生在学校都是屈指可数的。在指导老师的鼓励下，达米恩觉得自己有话要说，于是他游说学校的行政老师，在这所基本上是白人、上层中产阶级的天主教学校，应该增加学生的多样性，最终他"催生出一个少数族群计划。在读高中三年级时，学校与当地社区建立了合作关系，以后每年都从本地吸收优秀的学生"。当我问及，在英杰大学的各种资源中，是什么最有效地帮他克服了最初的焦虑，达米恩回复说，"当然是学校的导师们"。等到在英杰读大四时，他就联络了三位导师——分别是一位校友、一位教授，还有一位招生办主任，创设了一个由学校资助的助推项目，专门为像他那样来自低收入家庭的、第一代大学生而设。不仅如此，达米恩还邀请校友会的会长做了发言，他也承诺将提供支持，促进第一代大学生与校友们的联络。

早在高中时代，妮可（PP，B）就熟悉了老师的答疑时间，也懂得如何同师长维持密切的联系，故而即便是在课堂之外与教授聊天，她也表现得落落大方。"我经常说，'咱们去喝咖啡吧'。在找老师帮忙时，我不会有什么顾虑。如果需要什么，我非常愿意伸手求助；我经常给他们发电邮。认识教授，对你的分数也有好处。我会特别留意结识我课上的助教，还有任课的教授。还在我高中时，学校规定了老师必须参加的辅导时间，我就想，'如果我在这里需要帮助，我就会在预定时间拜访教授'。这又不算是什么大事。"妮可脸上带着微笑，又讲起了她认识教授的一些不同方式："在我看来，有一件事英杰大学做得确实不错，就是组织教授晚餐。说起来真的很棒。我曾在教授晚餐会上遇到过很多老师，也就是能在私底下的生活中认识他们……还会有一些教授主动接触你，比方说，'要不要一起喝杯咖啡？'我很高兴能认识这些教授。"

同样地，当提起在英杰的三年时光中经营的各种关系时，哈维尔（PP，L）也扬扬自得。"自打到了英杰，生活对我来说就是见各种人，"他对我说，"我和文化中心的主任关系很好；我和论文导师也很亲近。我还同法学院的一位教授特别熟。我与这儿的很多教授都相处融洽。"

斯蒂芬妮（PP，B）是一位大四的学生，在我们的对话中，她回忆起自己曾经的寄宿中学，向我描述了那里存在的一个人脉密集的关系网。她的老师们会举办非正式的晚餐会，参加的都是熟悉的朋友。同时，她也与辅导员保持着流畅的沟通，从被录取到毕业，后者都密切关注着她的发展。而当谈起在英杰与教授的交往时，斯蒂芬妮的讲述耐人寻味，揭示了存在于穷学生之间的准备程度方面的差异，也标出了她自己在这一光谱中的位置：

我清楚自己应该做什么。但我的朋友却总在挣扎："我就是搞不清楚；我不知道该怎么做。"我于是告诉她应该怎么做："联系他们去。"这对我来说就好像是种本能。联系你的老师，约个时间一对一聊天，回想我从前的寄宿学校，我们就是这么做的啊。我不认为这是什么大事儿，但事实却是，我的朋友总在想，"你确定吗？我就这样给他们发电邮？"她倒不是觉得教授会反感，就是因为她不习惯这么做。这么说来，我就有一个优势了。一学期到了这时，我可能整个学期都在联系教授，而她却一直在纠结。比方说，这里有两个学生，都在课上遇到困难。其中一个找到了助教——我觉得这在公立学校应该也是常见吧。而我的本能反应就是给教授发电邮，我会说，"我在课上学得不好。请与我见一面吧。下面是我的时间表"。

斯蒂芬妮的选择是，绕过那些下游的人脉资源，比如课上的助教，而直接从上游的源头处取得所需的帮助。对于斯蒂芬妮来说，接触教授，并按照最符合她的时间来安排，是唯一有意义的选项。在她进入英杰大学时，这种策略就是她的第二天性了。在有些学生眼中，这种举动可能有些强人所难，也有些自以为是了。但是，斯蒂芬妮早在高中就已经懂得，电邮你来我往，只为预约会面的日期，纯粹是浪费每个人的时间；更有效率的做法是在第一封邮件中就说明自己的时间。斯蒂芬妮甚至曾更进一步，设法加强更广泛的交流；

在我的访谈中,她很骄傲地讲述了自己的努力,她是如何组织起学生和行政老师之间的会议,其中一次还召开在主任自家的居所,因为她想要"让学生更多接触到教授,同时也加强本科生和研究生的联系,打破目前沟通的壁垒"。

克拉丽莎(PP, B)获得了一份奖学金,靠着它就读于一所预科高中,这里的师生比例是"1∶9"。[10] 她的高中用制度化的方式保证了师生沟通,不仅规定了老师的答疑时间,还为学生安排了跨届的校友咨询网络,根据她的解释,里面有很多热情甚至是太过热情的校友。而在英杰,克拉丽莎也尝试着建立类似的关系网。她与学业导师之间的关系,也表明她能轻松地与学校管理人员打交道,无论是谈学业问题,还是聊一些个人生活事务。她曾回忆:

> 我的学业导师一直是我在英杰的贵人。她在很多课程上帮过我。她在申请学生贷款时帮过我。我的电脑上学期系统崩溃了;也多亏了她帮忙,我才搞明白如何申请一笔贷款。她认识那位负责处理申请的老师,很显然,她俩是朋友,于是她继续帮我联络了那位老师,并且请她来帮我。她真是太棒了。我们有时约了30分钟的会面,但却一聊就聊到一个半小时,因为我们无话不谈。

我们看到,克拉丽莎总在联系她的学业导师,远远不只是在选课遇到疑难时。她们之间的关系也成为私交,而且,正是因为学业导师的帮助,她才发现一个真相,原来,有些行政老师掌握着可自由裁量的经费,用以帮助学生应对大学生活中的突发状况。[11]

在对寒门幸运儿的访谈中,当谈到在进入精英学术的环境后,他们如何自我调整,以适应弥散在那种空间里的交往风格和模式,他们往往会回溯高中时代的头两年。米歇尔(PP, L)回想起自己的高中阶段,一边就读于她那所高大上的走读学校,另一边却要经受居无定所的漂泊,而在到了英杰之后,她很欣赏那种密切且个性化的师生交往。这每每让她想起此前与高中老师之间的关系,在那里,老师在指导时总能把学业进步和个人发展结合,实践着一种整全的教育模式,并且他们还"强烈建议",所有的学生都应来参加老师的答疑时间。无论是她就读的走读中学,还是所申请的"为预科做预备"项目,辅导员老师都反复向学生灌输一种理念,即他们应当时刻准备着,主动接触师长,不仅是寻求帮助,也包括获得建议和支持。但也必须指出,对于米歇尔来说,当初适应这种风格的指导确实也花了很长一段时间。在第一次踏入自己的高中时,她当即体会到剧烈的文化冲击——为什么周围都是有钱的白人同学,起初,她也很抵制学校那套让学生亲力亲为的指导方式。然而,高中三年,师生朝夕相处,从课程作业到课外活动,他们在所有事上都要齐心协力,于是信任也开始增长。尤其是对于米歇尔来说,很多时候,她并不知道今天放学回家后是否还能有个栖身之所,学校的这种师生关联就及时地提供了某种安稳感。她把这些人生经验也一起带到大学。

> 在英杰大学,新生的第一学年,我发现这里有很完备的支持系统,学校配备了许多不同的导师,你需要时就可以去联系。不过到了大二那年,他们就不会大包大揽式地帮你了。我跟自己的导师相处融洽,并且同其中几位成了好朋友。还有课程的助教,坦率地说,他们最支持或者偏爱常来参加答疑的学生。我的学业导师非常了不起:10分满分的话,我愿意给他打9分。有些助教做得不怎么好,但大多数是非常优秀的。在我需要帮助时,我总是会去打扰他们。我开门见山,表示自己需要帮助,然后他们就很乐意来帮我。所以给助教们,我愿意打7分。我还认识一位微观经济学的教授,他是个特别好的人。于是我很想进一步结识他。他看起来特别轻松。我们的交流总是很畅快。我们在一起消遣,总是聊得很开心……成了好友。

早在他们进入私立高中时,一般而言是九年级,寒门幸运儿就体会了文化震撼:搞不懂学校对他们的期待,不知道师生之间应如何沟通。然而,等到他们进入英杰大学时,与教授打交道就只不过是学校的另一套规定动作而已。对于米歇尔来说,她已经习惯了凡事都与高中老师做开诚布公的沟通,从家里如何居无定所,到选择去哪个国家做交流访问,故而等到读大学时,与教授保持交流早已成为发自内心的喜好。正是基于这些积极的经验，她与自己的经济学教授建立起一段难得的师生友谊，远非经济学上的供需曲线所能解释。作为一位主修经济学且对金融感兴趣的学生，米歇尔在学期结束后还继续经营着这段友谊。

我们可以看到，寒门幸运儿的策略更像是他们的有钱同学，而不同于双重贫困生。他们既不会裹足不前，也不会坐等权威人士上门来找，而是会积极地向校园内外的师长靠拢，结识他们，把他们视作追求人生目标道路上的贵人。

减负，还是加压

大学何为？并非全是关于读书的。对学生来说，与教授的联系并不只是申请论文提交延期或者获取实习机会的建议。有些时候，学生也需要获得情感上的支持和基于专业意见的心理咨询。根据我的观察，在英杰大学，压力大的时候，学生以何种方式去求助于学校的各路师长，经常是他们内心本能的一种反映，关联着他们认为应当如何与那些权威位置上的人物打交道，或者不打交道。

许多研究者现已发现，在大学生活的方方面面，学生通常最不愿意去谈论的就是心理健康问题。但在下文中，我们能看到三位同学的"证词"，她们分别是卡萝尔（UI，B）、埃莉斯（DD，W）和派翠丝（PP，L），在大学生活开始之初，她们就各自面临着家庭变故所导致的困境，比较这三位姑娘的反应，我们仍能有新的发现。这些学生寻求帮助的策略——这里具体指心理健康咨询——其实被包含在她们与师长交往的整体能力之内,这里的师长包括教授、管理者,以及大学的其他权威人物。[12]

卡萝尔(UI,B)的父母都是英杰的校友,在这位朴实无华的姑娘看来,适应英杰的生活"很轻松"——早在进入英杰之前,她就跟父母多次参观过他们的母校,而她自己也有在中西部某精英走读中学多年的社会化经验,故而,一切本来是如此美好。然而,原本应该"无缝对接"的大学过渡期,却因家庭的变故而被打断了。父母的离异——以及随后发生的争吵,伤害了她的心理,尤其是她的父亲在失去监护权之后,反而开始强制干涉她的专业选择,甚至规定她能参加哪些课外活动,状况可以说雪上加霜。在我们聊天时,她低着头,向我透露,"我爸是一个非常难搞的人。他有自己理解世界的一套方式,但往往并不匹配现实的真正状况。我爸总是想一出是一出,也给我造成了很大的压力,我在英杰的生活也受到冲击"。情况越来越紧张;卡萝尔要充当父母之间的调停人,随之而来的压力扰乱了她的睡眠,让她总想把自己封闭起来,不去社交,同时也总打断她做功课时的专注。于是,卡萝尔伸出双手,寻求帮助:

> 大一那年,我在住宿书院的导师很关心我们,与我们走得很近;当然,我也感到她很可亲。大一快结束那会,只要我遇到了爸爸搞出来的烦心事,我第一个就会去找她。与她交流真的很有用。同样,我也熟悉住宿书

院的其他导师；我喜欢和他们聊天；见到他们就很开心。我们的院长，我也很熟悉……心理咨询中心也是真的很管用。从大一到大二，那里的每一位咨询师都帮了我大忙，当然还是因为我爸所招来的各种麻烦。那个中心确实影响到了我在英杰的经历。对我来说，能有这个资源真是帮了大忙。

卡萝尔描绘了一个多样的人脉网络，从她的住宿书院导师，到一组可以提供专业支持的心理咨询师。而在卡萝尔就读于英杰期间，她还非常自觉，一直努力维系着与她信任的导师和学校行政的关系。

埃莉斯（DD，W）是一位大三女生，金发耀眼，也更反衬眼底的黑眼圈。与前述卡萝尔相反，向身边的人求助，无论是谁，都让她感到不舒服，更不要说组建一个完整的支持网络了。她能进入英杰，全靠个人的努力。高中时代，埃莉斯"要打两份工，还必须抓紧时间每周学习40小时"，这样她才有钱买书和SAT考试的复习卡片，还要帮她妈妈支付账单。尽管如此，在她读高中时，家里还是先后六次被驱逐，从原来的住处被扫地出门，至于断水断电断气，更是家常便饭。等到高中即将毕业时，家人宣布与她断绝关系，因为在他们看来，埃莉斯计划离家去读大学，就等于是遗弃他们。她悲叹道，英杰大学是"完全、完全不一样的地方"，"我的高中好像是白读了，我压根没有做好准备，迎接在英杰的生活"。她在空气中挥了挥手，大声说道，"这儿真有什么相似的地方吗？"回顾她在英杰的时光，埃莉斯向我透露了不为人知的健康问题，包括饮食失调、失眠、注意力无法集中，所有这些都持续拖慢了她融入大学生活的进程。她解释说：

> 我的注意力根本无法集中。我正准备开始吃药，看看能不能见效。在高中时，你有安排。但在这里，生活节奏就全乱了。所有这些问题都能牵扯到家里的状况，我的家人总在说，"你抛弃了我们！"所有这些压力都郁积你的心里，你还想安静坐下来，花五个小时读韦伯？上课去讨论卢梭？当生活中太多问题扑面而来时，要想集中注意力，真的很难。我必须打工，否则我就无法支付下学期的学费。生活中总是太多问题了！于是我就很沮丧，晚上睡不着觉，这样一来，我就经常会缺课，也没法正常做作业。上个星期，是我一整年唯一全勤到课的一周。看看周围的同学，不是每个人都要面对这么多的问题。但是，你也不能总是去找你的教授，跟他说，"我现在面临着一堆糟心事"。在现实的世界，没人在意你的妈妈是不是要死了，你还是得表现得和其他人一样好。如果你做不到，那么你就搞砸了。想想这些，都让人觉得压力太大。

对于埃莉斯来说，向他人求助这个想法无法提供任何安慰；在她看来，自己与英杰的一草一木都格格不入，她从心理上把自己封闭起来，抗拒任何可能帮助她的师长。"当我需要帮助时，"埃莉斯说，"我找不到任何人。我并没有人脉关系网。我只能靠自己。"即便学生的医疗计划包括了心理健康咨询，也就是说，在英杰大学，埃莉斯明明可以像卡萝尔或者任何一位在校同学一样，获得许多资源，但上述的感觉仍然困扰着她。她还是不愿意去预约心理咨询。"我不知道，与别人待在一起会是什么感觉，"埃莉斯说，"这太吓人了。"即便有段时间，生活压得她喘不过气，先是姐姐被驱逐出居所，然后是父亲生病住院，再接着又是爷爷过世，但她还是对所有事都守口如瓶。她告诉我，她就是"拒绝接受"失去亲人的现实。"我已经关闭了自己的感官。最终，压力越积越多，压到我要崩溃了，但我还是希望，最好能撑到春假时才垮掉。然而，就在昨天，在课堂上，当我们正在讨论癌症和老年人问题时，我突然就哭了起来。我忍不住了。"数周之后，又是一次在公开场合的痛苦爆发，这次她引起了教授们的注意，再也无法坐视不理，现在，埃莉斯已经接受精神科医生和心理医师的诊疗了。但问题是，此时距离她来英杰读书已经过去了两年多的时间。[13]

派翠丝（PP, L）还是一名大一新生，不过和埃莉斯差不多，她在单亲家庭长大，接二连三地被赶出居所，也因此深知驱逐对生活的破坏力。因为派翠丝要离家去读书，她的家人也曾与她断绝过关系，不过这件事终究是发生在数年前了——当时，派翠丝离开家是要去读寄宿高中。到了那个生活和学习的新环境，派翠丝开始依靠那里的学业共同体。那是一所属于白人、有钱人，且在学业上要求很严的学校，派翠丝的老师和辅导员帮她适应了新的生活。就好像前述的米歇尔（PP，L），派翠丝也开始信任这些成年师长，并且在家里遇到麻烦时也来找他们帮忙。对于派翠丝来说，师生之间的深入交流，虽然起初难免让她感到陌生和不安，但在一所小型的寄宿学校，这些联系都是不可避免的，在那里，"一切都被安排得井井有条；学校的教员，既是教练，又是宿舍的监护人，还是任课老师，甚至是社团的保证人"。就在进入英杰后不久，派翠丝得知儿童保护署将她的弟弟妹妹从家里带走了，她在寄宿高中所学到的策略这时就派上了用场。这个消息让派翠丝感到心力交瘁。她没法按时吃下饭去，在很短的时间就瘦了 10 磅。为了应对这场变故，派翠丝寻求了帮助：

> 我当时真是麻烦缠身；但我还是努力让自己保持镇静。从我的住宿书院辅导员那里，我得到了很多的帮助。我找了个心理医生，也很管用。还有学生处的主任，在我发现家里出事的那一周，我就跟他聊过。我必须一直保持手机的畅通，跟踪家里发生的事情。我不能回家，因为回去后，我就可能回不来了。这是涉及儿童保护的法律问题，我只有 17 岁。我的弟弟妹妹已经转移到州的监护下了。要是我回去了，我也会被监护起来，而且我也必须作证，反对我的妈妈。我得到了很多帮助。比如说有些作业，我的教授对我说，我不用在那

一周交作业了,这样一来,我就能集中精力,处理自己的事。我当时就要崩溃了:"啊呀,我才刚到这里。我谁也不认识。我真要崩溃了。"事实上,我没有崩溃,也从来没崩溃过;我是很能稳住阵脚的。不管家里出现什么问题,我都能聚精会神,完成自己的工作。要真有某次,我做不到了……我们就一直进行宿舍会议,讨论心理健康。在英杰这里,有太多是为了你而准备的!我能给任课教授发电邮,告诉他们生活中的麻烦,然后跟院长谈谈。人们在关心你。这里虽然很大,但人们想要你在这里过得更好。这就是为什么我更热爱英杰大学了。

早在派翠丝收到第一份布置的课程作业之前,家里的坏消息就传来了,让她麻烦缠身。然而,从一开始,她就意识到这件事给她造成的压力,于是,她不仅联系心理健康服务,进行了心理咨询,而且还与教授和住宿书院的导师保持沟通,这样她就不担心自己会落下功课。不仅如此,不同于双重贫困生——他们通常因为与教授打交道而感到不安,派翠丝却表达她的感恩,"我的教授一直同我保持联系……还给我发送东西。我当时有很严重的焦虑;她给我发来了冥想软件"。

数月之后,我和派翠丝在路上不期而遇。她当时正在通话,看起来有些心烦意乱。我后来搞清楚了原委:她错过了一门考试的开考时间,因为她的精神科医师所开出的药方让她睡过了头。尽管担忧之情溢于言表,她还是能马上行动:她先给医生打了电话,紧接着又通知了她在住宿书院的导师,然后联系上课程的助教,我遇见她时,派翠丝正走在去教授办公室的路上,她要亲自解释为何缺考。

大学虽有大门,但却无法隔绝痛苦,也不可能庇护学生远离生活的难题。从卡萝尔、埃莉斯到派翠丝,三位姑娘都摆脱不了各自家庭的不幸,所承受的压力也危及她们在英杰的生活。但区别在于,卡萝尔和派翠丝选择了寻求专业的帮助,减轻了她们肩头的重负,而埃莉斯却决定独自一人扛起重担,问题也因此进一步恶化。鉴于此前对双重贫困生的分析,埃莉斯的态度并不难理解。若是一名本科生害怕在办公室时间去拜访教授,就研究论文的问题进行沟通,那么当他遇到生活中的情感难题时,我们怎么可能指望他会张口向师长求助呢?

从寻求学业上的帮助,到经营师生之间的交往——无论对象是教授、行政人员、学工老师还是其他人员,在争取精英教育机构提供的各种丰富资源时,这种校园关系往往屡试不爽。自行规避这些资源,也就意味着未能投身于大学校园,进而让自己脱胎换骨。2015年,在芝加哥小马丁·路德·金学院的预科高中的毕业典礼上,当时的第一夫人米歇尔·奥巴马就强调了这一点。米歇尔是家里的第一代大学生,她中学就读于芝加哥市的一家公立"磁石"高中,此后升入普林斯顿大学,她告诉在场毕业生,当她认识了大学的同学后,她"意识到,他们每一个人都在生活中挣扎着,虽然原因各有不同,但他们并不是隐藏自己的困难,然后单打独斗,相反,他们会张开双臂,寻求帮助"。结果是,她的同学既得到了他们所需的帮助,也拿到了他们所想要的支持。"如果没有听懂课上的某个内容,他们就会举手提问,"米歇尔解释说,"然后,他们会在办公室时间去拜访教授,甚至提出更多的问题。他们从来不会因此而感到尴尬,一点儿也不。因为他们知道,这就是生活中的成功之道。"于是,她也开始做同样的事,日积月累,无论是她的情绪状态,还是学业经验,都有很大的进步。[14]

在英杰大学这类院校,某些隐藏起来的课程恰恰期待着学生要主动求助,无论是作业上的帮把手,还是寻求情感上的支持。在此不进行价值判断,但正是通过诸如此类的行为,学生才得以获取体制性的资源,或者社会性的支持。所有这一切都没有明文规定;这是一种尽在不言中,学校的假定就是学生已经知道该怎么做了。但问题在于,并不是所有学生都有机会去经历,尤其是在踏足大学之前,很多学生并没有机会去学习如何适应像大学这样的主流机构,当然,大学也不应该预设学生懂得这一切。

即便一个人搞清楚了这些看不见的规则,但若是落实这些规则,他还是需要某些特定的技能。我们先看出身于上层中产阶级的学生,他们从前读的是最好的中学,习惯和大人们平等交流，对自己的人生信心满满，对于这样的学生来说，与教授和行政老师打交道简直就是他们的第二天性。但并非所有的学生都是相同的；许多学生，特别是来自穷人家的孩子，在他们有机会坐在大学的研讨室或实验室之前，压根没可能去锻炼这些技能，精通当然就更无从谈起。

经验和接触，是两位强大的老师。如同来自高收入家庭的同学，寒门幸运儿在进入大学时，就已经做好了准备，愿意与教员和其他学校官员打交道，并乐在其中。他们的高中推崇独立思考，尤其重视师生之间的交流，故而他们在高中阶段就学会了如何接触老师，如何与老师建立联系，不仅是在理念中默记，同样重要的是在现实中操练。当他们走过新生宿舍的方庭去上大学的第一堂课时，寒门幸运儿就积累了数年的经验，在答疑时间去拜访老师，参加非正式的晚餐会，与师长们谈天说地。在那些来自高收入家庭的学生眼中，教授就是他们在学业旅程中遇到的导师，而寒门幸运儿则将教授视为推动他们进步的贵人。简言之，这两类学生都坚定而自信，也因此收割了很多利益。

而对于双重贫困生而言，情况正相反，大学就像是一个新世界，充满着陌生的异域规则。当他们意识到，作为学生，他们被期待要与学校的各种师长保持密切接触时，这些学生却苦于找不到明确的指示——究竟何时以及如何与教授打交道，于是就成了焦虑的俘虏。于他们而言，大学的师长就是他们应当敬而远之的权威人物。很多时候，父母也会强化这些学生的内向，将主动接触师长解读为奉承讨好。双重贫困生坚定地相信"绩优统治"的理念——他们深信,将精力集中在"工作"上,就能确保获得成功——但事实上,正是因为对这种理念的深信不疑,他们成为最大的输家。学习好可以获得认可,学习刻苦可能受到嘉奖,但仅凭学业的表现,并不总是可以让你在大学天天向上,或者心想事成。

即便是这些学生最终掌握了体制运转的秘密,但对他们来说,慢人一步有时候就再也赶不上了。艾丽斯(DD,L)已经是大四的学生了,但即使是这时,她仍会感到不安,甚至就连问我一个问题也要鼓足勇气,"托尼,你在这些有钱、白人的地盘上是怎么过日子的?"大学生活的前两年打下了基础,本科生的学业和社会发展都建立在这个地基上面。越早的接触,越持续的交往,就越能让教授和行政老师去认识一位本科生,了解他们个人的故事、兴趣和天分——正是这些成年师长,担当着学校资源分配的把关者,他们手里握有的,包括实习岗位、助研机会、读研推荐、工作职位、暑假游学,还有许多其他的机会(既有公开的,也有秘而不宣的)。[15]

从前述的卡萝尔、埃莉斯和派翠丝的故事中,我们也能发现,学生以何种策略去寻求学业上的帮助,也能揭示他们将用何种方式来获取心理健康的资源。有些学生,既然能轻松自如地面对教授和行政老师,那么当他们有所需求时,当然也会同样乐于接受心理辅导以及其他形式的支持。说到底,学生的策略,并不只是一套特定的行为模式,而是内在于他们的文化工具箱里的、构成其整体的一部分。

在我们的对话中,当受访学生谈及他们与师长的互动时,通常用的是统称的术语,故而种族问题极少浮出水面。我想,这也许是因为访谈本身的开放性所致。当学生提到教授或行政老师时,我不会具体追问这些师长的种族所属,因为我所试图理解的是他们整体的学术参与风格,以及在学术生活中驾驭社会面向的难易程度。还要补充一点,之所以没有提出种族的问题,还在于英杰大学四分之三的教员都是白人,有些院系甚至几乎全是白人。这并不意味着种族问题不重要。我希望未来的研究者能够承担起这个责任,深入分析我未能探究的影响因素,其中包括大学教员和行政人员的种族、性别和学科归属,进一步分析这些因素会如何影响穷学生在与他们打交道时的心态或意愿。

为了向出身低微、家庭贫困的本科生提供更有效的帮助,大学必须自觉考虑到如下事实,当学生抵达大学校园时,他们手里能操作的文化资源却各有差异。很多举措可以帮助那些在人际交往上准备不足的本科生,让他们在过渡期调整自我,及时适应大学的学术和社交生活——其中不少在有些学校已经落地生根了。有些大学或文理学院,比如贝茨学院、乔治城大学和威廉姆斯学院,都在暑期开学前就安排了新生导览项目,这样的话,在新生开始他们的第一学期之前,就能有机会在获得录取后进入校园,熟悉环境。诸如此类的项目在付诸实施后取得了立竿见影的效果,让新生熟悉这个校园;同样重要的还有,熟悉在新环境说了算的那些人。邀请教授参与这类项目,担任授课老师或者顾问咨询人员，也给学生提供了时机刚刚好的机会，在一个不那么严肃紧张的环境，去认识这些师长。

当然，懂得如何与大学教授和其他师长打交道，无法保证你就能在大学乘风破浪。但无论如何，现在有机会在一个友善的共同体内练习这种技能，对英杰大学的寒门子弟而言是极大的帮助，可以移除他们的某些社交恐惧，如这些孩子所言，恐惧的心态阻碍了他们在学业上融入大学生活。此前，佩尔高等教育机会研究所发起了两项研究，他们调查了得克萨斯州最成功的社区学院的实践做法，研究最终表明，同为家里的第一代大学生，如果参加了正式学期开始前的（1）暑期项目或（2）新生导览项目，比起那些一项都没参加的学生，前一部分学生更愿意与教员们建立联系。而在马里兰大学巴尔的摩分校，学校创设了迈尔霍夫学者计划——这是一个奖学金项目，为那些对科学或工程学感兴趣的少数族群学生而设，行政老师会亲自指导这个计划中的新生，包括当他们第一次见到教授时，应当如何提出问题。通过从点滴做起，这个项目旨在实现更大的目标，要让学生懂得如何为自己争取，并且能轻松自如地与权威人物进行沟通。[16]

再说一下新生的入学培训，如果不是只盯着学生自己，而是把以新生为中心的更大的社会圈也包括进来，往往会取得更好的效果。毕竟，大学过渡期是一种集体性的行动。学校可以好好利用这段时间，将本科新生的校外关系请进校园，包括他们的家人以及在故乡的朋友，让新生意识到进入大学校园后，哪些资源是可以去争取的（并提示可能存在的相关成本），还有哪些行为是校园主流意识所期待的。在发送给父母的材料中，不能只有如何给年度基金进行捐款的说明，或者如何给孩子购买一揽子保险的攻略，学校还应该向新生家庭发送定向的邮件，详细描述大学生活的样子，以及在校方看来大学生活的成功之道。这种项目能够帮助各种各样的学生及其家庭。比方说，国际学生此前没有读过美国的学校，那么为他们以及家人准备一本手册，里面介绍美国高等教育常见的习俗以及本所大学特别的仪式和礼节，想必是开卷有益的。[17]

我们还需要采取其他措施，进一步揭秘大学里的隐藏课程。无论是教授，还是行政老师，都应确保每一位学生知道什么是"办公室时间"。我们应该对办公室时间的设置略加介绍，而不是完全不加定义，这样的话，就能帮助更多的学生，让他们获得当前所需的支持，并且培养能在未来帮到他们的社会关系。关于办公室时间的定义，不需要在整所大学内做整齐划一的规定。按照有些教授的安排，办公室时间的对话应以对课程问题的讨论为限，但还有很多教授却希望能多与学生聊聊行业或实习的问题。巴里·马祖尔是哈佛大学的一位数学教授，他每门课的开场就是向学生解释办公室时间这个安排，他要讲清楚每周三下午那一个小时的时段到底是用来干什么的。不仅是在课程大纲上，也包括在教室黑板上，他都会写下这段话："我邀请你们在办公室时间前来交流，即便你现在想不到要问的具体问题或者可以咨询的困难；我们可以讨论其他同学提出的具体问题，但如果没有问题（或者还剩有时间），我们也可以随意聊聊，只要是关于我们在课上所碰到的材料就好。"[18]

我们可以看到，马祖尔教授所期待的交流仍是以课程内容为中心的，而很多教授可能更有兴趣与学生聊聊生活——他们是否适应了大学的环境，或者如何把课程与校园生活以及国家大事联系起来。丽贝卡·基桑是拉法耶特学院的一名社会学教授，在她的课程大纲上，办公室时间是一个师生之间谈天说地的机会：

> 本学期，我的办公室时间安排在周一和周三下午的3点到4点，以及周五下午的1点到2点。这也就意味着：在这些时间段，你可以不经预约来与我交流——你只要在这些时间段来我的办公室即可。根据我对办公室时间的理解，在这个时间段，你们可以就课程材料或作业上的困难来寻求我的帮助，或者也可以利用这个机会和我聊聊课程，聊聊这门课与当下热点事件之间的关联，聊聊我们的学校，或者就是聊聊你们想与我交流的任何话题。千万不要认为，要参加办公室时间，你必须提出一个"好"问题，或者具有一个"充分"的理由——如果你愿意，完全可以来去匆匆，打个招呼！再补充一点，如果你因为时间冲突没法赶上上述的办公室时间，我也很乐意在其他的时间与你们见面——只是记住，这时候就需要提前预约了。

我们看到，到底什么是办公室时间，教授的初心何在，基桑在这里把她个人的理解都转达给了课上的学生。我们也相信，在这些时段，基桑的努力以及师生之间进行的交流，不仅契合课程的整体目标，同样也践行着她心目中教授该有的样子。[19]

有些教授会选择在校园附近的咖啡馆或餐厅与学生碰面。这种场所的变化也会让学生和老师的心态都更放松，讨论也会因此打开更大的空间，触及更多的议题。但必须指出，教授若选择这一策略，那他们必须提前告知学生，他们将会一起买单。我们已经知晓，有学生之所以拒绝与教授在星巴克会面，就在于他们囊中羞涩，但又不愿说出口。

许多文理学院和大学，特别是那些人文气息浓厚、鼓励师生互动的学校，都在资助诸如此类的努力。例如，阿默斯特学院就设置了一个项目，名叫"约你的教授出去撮一顿"（学生有爱地简称为TYPO），通过这个活动，一群学生邀请一位教授，在某一家本地餐厅吃晚餐，费用由学校来支付。在英杰大学，我在与多位管理者的会面中都谈到了加强学术参与的具体举措，不久之后，学校也设置了一个类似的项目。诸如此类的活动有助于淡化学业和社交之间的分界线。

大学必须时刻不断地追问，它们的政策和惯习到底是在帮助学生，还是成为学生的阻碍；同时，大学也必须付诸行动，为所有迈过了大学门槛的学生，创造走向成功的机会。为此，我们首先必须理解本科生在学校是如何获取体制性的资源和支持的——也包括在他们前行道路上的种种障碍，这是要做的第一步。而在此基础上的另一步,就是要让所有学生都清楚,进入大学后,师长所期待的师生关系是什么样子的,同时还要发出清晰明确的信号——欢迎所有的学生,那些培育师生关系的场所已经为每一位学生敞开了大门。如果真心希望推动所有学生的融入,那么我们必须重新回到大学体制的这些基础和细节。

第三章
"我,也,饿"

斜阳的余晖落在肩上,我匆忙跑向英杰大学的主校门,外面停着三辆大巴车,它们将带着我与90名英杰学生一道,参加黑人学联的年终庆典,主题词是"青春·才华·黑人"。我跳上了停在前头的第一辆大巴,看到了许多熟悉的面孔。车上除了一位住宿书院的辅导员、大巴司机,还有我自己,其余都是学生。我们迫不及待地聊了起来,开场白就是近期的工作和生活。很自然地,话题转向了当时正热播的电视剧《丑闻》,感叹起女主角奥利维娅·波普在剧中一连串的倒霉事。这时,车上有人问我,在春假期间都干吗了,其实也就是两周之前。"补觉,"我说,"除了补觉之外,我还要做饭,因为通常我是和你们大家一起吃饭的嘛。"我从兜里掏出手机,炫耀我最近喜欢的一道菜:三文鱼配虾和粗燕麦粉。周围的人传看我的手机时,我开始绘声绘色地讲述这道菜的烹调方法,首先,我要用黑胡椒、辣椒以及碾碎的红椒来腌制海鲜,然后还要加上劳瑞斯牌的调味盐和柠檬汁。接下来,我又提到了制作粗燕麦粉的秘诀,关键在于要把胡椒奶酪融化进去。人群顿时喧闹起来。三排座位之后,有人喊道:"为啥不邀请我啊?"另一位又高声附和:"故意把我丢在一旁吧,你知道我也在学校的。友尽!"哎呀,我挖了个坑,把自己给埋了。这时我看到了乔舒亚,一个健硕的小伙,平时笑起来嘴角上扬,都快和他那肌肉发达的肩膀一样宽了,而现在,他却双眼直直地盯住我,慢吞吞地对我说:"该死,托尼,我,也,饿。"一直到蹦出最后一个字,他那紧绷的脸才松弛下来。

在大巴车隆隆地穿过蜿蜒的城市街道时,关于美食的这番对话让我们所有人都大笑起来,然而气氛随后却变得沉郁。刚才学生的活泼,并不只是回应我日益精进的厨艺或者未能与他们分享美食。事实上,某些更严肃的问题正在酝酿。学生们的回应反映出一个糟糕的现实,即他们中有很多人,还包括英杰大学的其他不少人,每年三月都难免一番挣扎:根据大学的政策,春假期间,学校的所有食堂都应关闭。

以喜剧的形式去表达正剧的严肃,乔舒亚(DD, B)熟练地化用了"我也是"(I, too)的运动口号——2014年的春天,这场运动正在席卷全世界范围的大学校园。在那场运动中,全美各地的大学校园如星星之火,有色种族的学生共同发起了一项多媒体计划,要把白人同学冲他们发出的侮辱和冒犯记录下来,无论是故意实施的,还是无心之失。乔舒亚当下的回应,将我们的关注点从人与人之间转移到了体制的高度。他的话揭示一个令人痛心的事实，英杰大学这么一所精英学府，有着数十亿美元的捐赠资金，学生在此读书的开销每年超过6万美元，但在春假期间却会停止全部的餐饮服务。为什么要这么做，部分原因在于校方假定所有学生此时都会离开学校，部分原因是为了节约预算。英杰的大部分学生都没有觉察这项政策，因为他们不是回家了，就是到某处去度假。但总有少数同学，他们通常受条件限制，而非自由选择，最后不得不待在学校，对于他们来说，暂停餐饮服务的体会可谓刻骨铭心。[1]

一个格外残酷的讽刺之处在于，英杰大学最近数十年间所收到的最大一笔捐款，名义上就是要去招录虽出身贫寒、但有学术天赋的年轻人。而现在，大学一方面是迫不及待地把这些学生招进校园，但另一方面，关闭学校食堂却让他们身陷窘境，使得他们成为食物短缺的受害者——不知道自己的下一顿饭从哪儿来。乔舒亚恐怕没有意识到，当选择英杰大学作为自己的学术家园时，他将会遭遇一个古老的真理——想当年，当全家人从原来的居所被驱逐，不得不住在废弃的谷仓里时，他就懂得这个道理：饥饿伤人。[2]

前文第一章和第二章关注的是双重贫困生和寒门幸运儿之间的差异，具体而言，我们观察并分析了寒门子弟是如何与同学或教授打交道的。我们可以看到，虽然同为穷学生，但他们升入大学前走过了截然不同的求学轨迹，尤其是两类学生在他们差异极大的高中所积累的成长经验塑造了他们的差异，既包括对英杰这样的精英学术机构的认知，也包括在这种机构内谋生存、求发展的策略。

但问题是,若只关注文化资源,尚且不足以描绘一幅完整的图景,把穷学生所面临的问题全都收录其中。比方说,学者在研究春假问题时,往往发现穷学生会感到无能为力,因为他们周围的有钱同学都会走出校园去旅行,并且还会在返校后高谈阔论,那些地方他们负担不起,甚至听都没听过。[3] 然而,根据我在英杰大学的研究,虽然穷学生会在不同语境提到旅游,但在说起关于春假的哀愁时,他们却压根不会谈到同学们的诗与远方。仔细追问,无论是双重贫困生,还是寒门幸运儿,让他们焦虑的都是眼前的苟且:生存下去。在我们的交流中,他们讲述了自己是怎么到处找吃的,还回忆起自己是如何分配口粮的。他们还谈到,因为要靠手里那点吃的挨过整个春假,三月对他们而言经常意味着饥肠辘辘。

即便寒门幸运儿到了英杰,能游刃有余地和同学或教授拉关系,他们仍然是穷学生;围绕着可以支配的金钱,所构建的社会结构和政策可谓无所不包,任何人都没有门路逃脱。空空如也的钱包就意味着空空如也的肚皮。当事关紧要之时,学生之间的物质差异就凸显出来了。

在英杰大学,物质上的贫乏意味着什么?若说在学校生活的许多方面,寒门幸运儿所体会到的大学生活很接近他们的有钱同学,那么在一处有钱人的校园做一名穷人,则对无论双重贫困生还是寒门幸运儿来说,都是每天睁眼就要面对的残酷现实。更有甚者,大学的诸多政策和习惯做法也会加剧社交难题，造成结构性的排斥：穷学生被推向边缘，也因此他们被不断提醒，穷学生在这里是异类——究其方式而言，又经常关联着大学校园乃至整个国家的种族不平等。久而久之，恶果日积月累，对于出身贫寒的学生而言，英杰大学就好像是一处排斥性极强的场所，总在有意或者无意地设下各种路障，让他们无法成为大学共同体内的平等一员。[4]

在本章中，我将焦点放在英杰大学的某些做法上，由此展示学校的政策和项目会如何活生生地塑造大学生的生活，尤其是穷学生的日常。人们很容易就忽略这些做法，以为它们不过呈现了大学内部各部门日复一日的单调乏味，在叙述中可以一笔带过。然而，正是在这些大学的政策中，我们可以看到很多东西——时常以鲜血淋漓的方式展示在我们面前，不仅学生在穷富之间有着两个世界，而且在理想和现实之间仍存在巨大的鸿沟，一方面大学要让教育落地生根仍有漫漫长路要走，另一方面则是许多认知盲区还在干扰着校方，让教育者做不到一视同仁。现状就是，许多政策在实践中创造了种种割裂，既分开了穷学生和他们的同学，又分开了穷学生与整所大学，认识到这一点，我们就必须去记录、考察并思考这些管理上的惯例，否则的话，关于贫困和不平等是如何影响大学生经验的，我们的理解就不可能形成完整的图景。在有钱学生这边，他们一般不会受到这些政策的影响，或者压根没有意识到它们的存在，而在穷孩子这边，无论双重贫困生，还是寒门幸运儿，他们都因这些政策身负重担，也在情感上留下了边缘化所带来的伤痛。

本章将考察英杰大学的三项政策。首先，英杰大学以校园派遣项目为名，雇用学生做清洁工，由此就在学生内部划出一道壁垒森严的区分线，一边是必须干活的学生，另一边则是无须如此的学生。其次是"奖学金+"计划，学校设立这个项目的初心在于帮助学生，让他们能负担起社会活动的费用，但也就是在学校设法推进融合的同时，却又创造了相互隔离的空间。再次是春假期间关闭食堂的做法，这一政策让经济状况最拮据的那部分学生不得不自谋生路。在穷学生眼中，上述做法及其所造成的社会分层，都是社会生活构造中的裂隙，对于他们而言，就好像是在宣布，虽然他们可以进入英杰，但却并不属于这里。[5]

我在本章所关注的三种政策，是学生在访谈时最常提到的，因为他们受这三种政策影响最深。部分是因为我的呼吁，英杰大学近期修改了其中的两项做法。但是，因为它们反映出一种仍在英杰和其他学校流行的心态，也因为类似的做法在全美许多大学都已落地生根，这三项政策及其实施仍值得细致入微的探究。

把她们当女仆吧

"校园派遣"，是我要讨论的第一个项目，它是由英杰大学实施的一个清洁服务计划，也是面向即将到来的大一新生，由校方所提供的四项暑期预报到项目之中的一个。同时，它还能延伸到整个学年，作为一项勤工助学系列的校园内工作。这份工作报酬不错，而且时间灵活，但社会代价却很高。在我的调研中，曾访谈过许多参与校园派遣项目的学生，据我发现，他们中间有许多人都把这份工作视为英杰校方的一种手段，驱使出身贫寒的学生去从事体力劳动。[6]

新生的暑期预报到

当空气中夹杂着些许的凉意，当校园里随处可见返校甩卖，而对于住在一所大学校园附近的人来说，当道路上塞满学生开着的"U-Haul"货车时，我们知道，夏天就要结束了。而在英杰，秋季还伴随着另一种熟悉的场景：十多岁的年轻人三五成群，背着奇怪的圆筒型背囊，手里提着看上去像白色篮子一样的东西，游走在校园里。乍看上去，他们仿佛是穿着《捉鬼敢死队》里的戏服，在进行某种团建游戏一样。但走近观察，那圆筒状的背囊原来是 11 磅重的吸尘器，而白色篮子实际上是水桶，里面装满了肥皂、手套、刷子和其他清洁用品。这些学生是即将入校的大一新生，每年暑假，成百上千的学生都会蜂拥到英杰来参加学术项目和运动训练营，现在如鸟兽散，这些新生是在去清洁他们刚刚腾出来的宿舍。

新生们会发现，在宿舍里等着他们的东西实在令人恶心。他们给我讲了许多故事，不得不去捡起脏兮兮的卫生巾和用过的避孕套，拖洗黏糊糊的地板，清扫死掉的蟑螂和老鼠，从洗漱池里抠出呕吐物，还要把毛发从堵塞的下水管道中掏出来。在英杰校园里欢迎他们的是：肮脏、污秽、遍地垃圾。

在新生入学培训前的日子,英杰大学还为学生准备了一系列激动人心的项目,据宣传,这些项目是为了让新生熟悉校园并结识他们的同学。新生如要提前到校,可以在如下四个选项中做一选择:登峰者计划(Summit Seekers),这是一个野外徒步的项目;青春梵高计划(Vamonos Van Gogh),这是一个艺术赏析的项目;志愿者计划(CiViC),这是一个做志愿者服务社会的项目;最后则是所谓的校园派遣计划(Community Detail),好吧,这就是一份做清洁的工作。前两个项目,"登峰者"和"梵高"都要收取一定的费用。志愿者计划从技术上说是免费的,但还是会附带产生少量的开销。而"校园派遣"则是唯一给参与者付酬的项目,当然也是其中唯一以体力劳动为主的项目。其他项目不是创意表达,就是自我探索,关注的都是心灵生活。

校园派遣并非从来都是一项暑期预报到的项目。事实上,它是最晚被加进去的,主要是为了满足行政人员的要求,而不是学生的必需。南希是一位严肃干练的助理教务长,在我调研期间,她正负责管理大一新生的入学培训,也是她向我确证了前述这一点。数十年来,"校园派遣"都是一个独立运行的项目,一直由学校的设备处负责组织和运转。然而,随着英杰大学开始增加拨给学生的助学金额度,在校勤工助学的学生人数就不断下降,由此导致清理宿舍以供新生搬入的人手明显不足。看到学生打工的人数在下降,设备处的行政人员成功游说了新生学院的办公室,还有其他参与新生培训的部处机构，将"校园派遣"的项目加入前述的暑期预报到计划之列。

有些行政人员主张，将校园派遣计划增加到新生预报到项目之列，可以扩展学生的选择范围，让他们能够发现一个符合自我兴趣的项目。与此同时，它也能为学生提供一笔资金，帮助他们开启自己的大学之路。但问题难也难在这里，对于穷学生来说，没钱限制了他们的选择。他们觉得自己就只能选"校园派遣"，因为它不收钱，而且还能挣到钱。然而，一旦他们做出了选择，这些穷学生在英杰新家的"序曲"就被量身定制了，迥异于他们的有钱同学所经历的新开始。

玛德琳（UI，B）戴着眼镜，打着领结，她非常推崇社区参与的理念。她的妈妈是家乡当地教育委员会的行政官员，玛德琳身上有股回馈社会的劲头，想必是从母亲那里继承而来的。高中时，玛德琳就把大部分的校外时间都用于志愿者工作，为小镇上的不同事务添砖加瓦。她想要继续做这种类型的工作。当收到新生导览手册时，她非常兴奋地发现了志愿者计划，这项目与她的理想若合符节。听到同学参与其他项目后所讲述的故事，再对比她自己的体验，玛德琳知道自己做出了正确的选择：

> 我听说校园派遣计划很糟糕，要在开学前一周打扫宿舍。我有很多朋友，就加入了这个计划。我也一度考虑过参加来着，但我后来还是选择了志愿者那个项目。

关于志愿者项目，很棒的一点就是它实际上是免费的。如果我选择了"青春梵高"，我还必须交学费。志愿者这个项目很不错，因为它从经济预算上很有包容性，学校会承担你一整周的食宿费用。他们还想要确保这种方法能延续下去，因为这对于完成目标来说是至关重要的。但问题是，如果学生需要600美元，那他们就不得不选择校园派遣的项目，而放弃那些更能充实自我的活动。

对于玛德琳来说，所谓的校园派遣计划，不过是四种选项中的一个摆在面前，任她从容不迫地做出选择。她的有些朋友则接受了英杰提出的邀约——做七天清洁工，换来600美元。而当玛德琳从朋友那里听到抱怨时，对她而言，朋友口中的故事不过是她所要的证据，用以确证这活儿即便给钱也不值得做。

当妮可（PP，B）拿到新生手册时，上面列明了暑期预报到项目，她的内心看到了许多有趣的选项，但她空空的钱包却只能看到一个。当说起参与"校园派遣"的经历时，妮可移到了沙发的前端，情绪也越来越激动，她给我解释了那个项目给她带来的打击和压迫感：

"校园派遣"真是问题太大了。穷学生来到这所学校，他们最先看到的，就是肮脏的宿舍等着他们去打扫。我曾和朋友们好几次谈起这件事。当我们刚到英杰,马上就形成一种感觉,为了在这里取得成功,我们必须先搞清洁。我认为这实在不公平,凭什么穷学生就得参加什么"校园派遣",而有钱的学生就能选择登峰者计划,跑出去爬山,或者是玩乐器。抑或参加青春梵高计划,故作风雅。在新生入学前,暑期预报到就传达出一种理念,穷学生就要干仆人的活,而有钱的学生就享有特权,可以探索艺术,尝试不同的事情。所谓"校园派遣",其实就是打扫卫生,仆人干的活儿。我的朋友会说:"那我就搞不懂了,'校园派遣'到底有啥问题?我需要钱。"我说:"这就是问题所在啊。如果你需要钱,那你也就只能加入'校园派遣'。"于是,我报名参加了"校园派遣"这个项目。

妮可的愤怒都写在了脸上。小时候,她坐在奶奶的膝头听到的那些故事,现在刚到英杰,就有了第一手的亲身体验:一位黑人妇女,跟在有钱白人后面做清洁,到底是什么样的感觉。

在我的访谈中,也有一些学生,其中包括妮可的一位朋友,并不觉得"校园派遣"存在严重的问题,在他们看来,这不过是一种挣钱的手段。少数学生甚至认为,这个项目锻炼了品性,尤其是对于那些在上大学前从来没做过体力活的大一新生来说,更是一种磨砺。凯莉(DD,W)对这段经历的回忆就如同苦中作乐。曾有一次,她拒绝打扫一个房间,因为在"淋浴间发现了16只活蟑螂",不过除了这一次,她告诉我:"'校园派遣'还是挺好的。我和许多姑娘一起干活,我真心喜欢她们。她们人很好,也很友善。有时候想想,干活时确实很恶心,但整体还不错,我也拿到了钱。这并不是你听说的那种团队体验,很显然,那是登峰者计划参与者才有的,你懂的,参加那个项目,你就要在荒郊野外露营一周。"但凯莉只是少数派,在英杰,只有极少数的学生认为"校园派遣"是一种积极或者无所谓好坏的经验。大多数学生还是会站妮可这边,认为这个项目"真是问题太大了"。

在谈起校园派遣时,米丽娅姆(PP,L)一改平日的克制,情绪开始激动,她认为自己是被无良广告忽悠了:"我讨厌'校园派遣'。我原本以为那会很棒。广告上不是写着嘛,'你可以提前见到小伙伴,感受大学校园的生活'。我心想:'那可不嘛,我一定要先来校园看看啊!而现实是什么,我整整一个星期都在吃土——整整一个星期!'"

当然,这也不是说,赚600美元的机会对有钱人家的孩子就全无吸引力。这个项目也能招揽到有钱学生,只是人数属实不多。在我待在英杰的那段时间,平均而言,在校园派遣项目的参与者中,60%的学生来自那群获得了全额助学金的学生,而这些学生在英杰学生总数中仅占15%。换言之,穷学生在校园派遣项目中比例太高了,是平均数的四倍之多。而真实的数字甚至可能更向一边倒,因为上述统计没有考虑到一个问题,即有钱学生真正参加校园派遣的时间到底有多长。在我的访谈中,多位此前参与该项目的学生,还有一位项目的管理人都对我说过,常见富家子弟穿着名牌衣服,只干了一天活,一旦发现了这个项目到底要他们做什么,就退出了。然而,穷学生一般就别无选择。事实上,他们还是会在社交媒体上发出抗议的声音,这也是他们唯一懂得操作的方式。正因此,在开学前的那段日子,我们经常能在"色拉布"看到分享的照片,图里展示着脏兮兮的房间,而配文则像这样,"当你厌倦了在种植园中埋头苦干……"或者"为什么好人总要吃土呢"。

学生们很快就会发现,新生暑期预报到项目的标价并未注明全部的开销,同时,"校园派遣"的报酬也有误导性。所有项目都有隐性的经济花销,其中有些还相当高。2015年,登峰者计划的广告标价是535美元。但问题在于,对于一位户外菜鸟的大一女生来说,她还没有登山靴、厚羊毛袜子、睡袋以及装备清单上注明的其他必备物品,置办这些必需品后,成本就一下子飙上去了。学校会告诉大一新生,他们可以租用登山工具,甚至包括户外内衣,费用很低。但与此同时,学校还强烈建议登峰者计划的参与者,从夏天开始就要逐渐适应他们的登山靴。更何况,并非每位学生都习惯穿二手衣服。为登峰者计划购置必需的装备,大概还要在原来的价格上多花至少800美元。

反过来,按宣传里说的,"校园派遣"会支付600美元,但魔鬼总在细节中。校园派遣计划并不提供餐食,且只有在新生培训全部完成之后才会签发支票。有学生向我抱怨,翻遍描述不同暑期项目的宣传册,仅从里面所提供的信息,压根找不到上述的项目问题。虽然父亲早已给出建议,"与其劳力,不如劳心",但阿里安娜(DD,L)还是倾向于选择校园派遣,"因为这个你能挣到钱"。然而,在父亲做了一番"侦查"并发现了其中的门道之后,这笔钱就不那么有吸引力了:"我爸对我说:'但你必须掏钱支付每一顿饭啊!这笔钱要从你的收入中扣除。'我这才明白过来,'啊,还真是如此'。那个地方花销会很贵。"即便精打细算,吃饭的费用还是会让这笔意外之财大打折扣,从600美元一下子降到400美元出头。[7]

学年

在新学期开始、正式上课之后,根据哪些学生干或者不干体力活,对整个大学社群进行社会经济的分层,这一问题仍在继续。而且,相对于暑期开学前的工作,"校园派遣"在正常学年度内会制造更重的负担,原因在于,此前是清洁已空出的房间,以迎接新学年内入住的学生,而到了开学后,那些在校园派遣项目中打工的孩子就要进入同学起居的宿舍房间,任务里还特别包括清洁卫生间。

相比较而言,在暑期项目中为校园派遣计划打工的学生数据比较好获得,而在学年度项目中的学生数据就不容易拿到了。有一个因素让我们的统计变得更复杂,某些学生之所以参加校园派遣计划,是把它当成为所在社团筹款的一种方式。故而,这笔报酬会直接打入社团的账户,而不是学生按工作时间拿到酬劳。然而,基于我对学生的访谈、在校园参加的各种对话，以及我个人的观察，我可以得出一个结论，无论是暑期开学前，还是正常学年度的项目，"校园派遣"打工者基本上是同一拨人，其社会经济构成是一致的，在学生的大一学年尤其如此。

在英杰大学求学期间，无论寒门幸运儿，还是双重贫困生，都要打工，工种可谓五花八门，但校园派遣项目所提供的待遇，对于很多穷学生来说，是他们无法拒绝的：既包括灵活的日程安排，允许学生选择他们的工作时段，还有更高的时薪，超过了许多其他的勤工助学职位。有一位学生曾跟我说："它给的钱更多，比我在招生办的助管职位要拿得多。而且工作时间也是完全灵活的。你想做多少个小时，就能做多少小时。你可以边干活边听音乐。你也可以和一位朋友一起做清洁。"当我在英杰做调研期间，有些受欢迎的工作机会，比如在图书馆给书上架，每小时的酬劳是 12 美元；给教授做研究助理的时薪也差不多是这个价；在行政办公室做助管，时薪是 10 美元。但是，"校园派遣"的每小时报酬却差不多是 14 美元。于是问题来了，为什么最不费脑子的工作却酬劳最多呢？机智过人的马西娅（DD, L）向我解释了这一（许多学生都意识到的）矛盾，话糙理不糙："给钱越多，说明越没人想要干那个。"

人在英杰，本科生不仅学到了原子内部的粒子构成，辩论马克思主义的价值学说，有些学生因为要为同学清理卫生，还掌握了进入他人房间的礼仪。一天，在去见一名学生的路上，我在路过一处宿舍走廊时碰到了丹蒂，我与他此前曾有一面之缘，但此后好一阵子没再见过。他就站在那里，手里提着一个水桶，我往里看，那里面放着两瓶喷雾剂、一大卷卫生纸、好多块耐脏海绵，还有一双蓝色的塑胶手套挂在桶沿。我越走越近，就听到他在喊门，同时又在有节奏地叩门，力度刚好能让里面的人听得到，他在说什么"开门、开门——校园派遣。开门、开门——校园派遣"。这种例行公事的口号听起来却出奇地熟悉；原来，在英杰大学，当维修人员和技工要进入办公室修理暖气或电脑时，这也是他们必须遵守的一套礼仪。没人应门，丹蒂这时用管理员给他的钥匙打开门，进了房间。

这套规定动作，不仅很像在校园别处的礼仪，更像是酒店清洁服务那套体制中的要求。敲门声是一模一样的，甚至连管理方所期待的规范礼仪在文字表述上也并无二致。在宿舍的走廊里，张贴着关于"校园派遣"的通知，上面详细写着，顾客有权期待"礼貌、专业和恭敬的"员工，并且提供了说明，就"您所获得的服务"，"若有任何意见或问题，如何联系我们"。

有钱学生即便要打工，在选择校园勤工助学的职位时，他们一般也不把"校园派遣"作为一个选项，但其中有些同学还是会因这个工作的生态而感到不安。正如卡萝尔（UI, B）所说的，"校园派遣，其他学生来打扫我的卫生间，这就像灰姑娘的故事。你和她们都住在宿舍里，但她们却要清理你的卫生间。这太尴尬了"。她出生在中产阶级的家庭，她也承认，这个身份让她完全没必要去清理厕所，但这种特权也是有代价的。她不希望自己成为新同学眼中的恶毒姐姐。

当乔斯（DD，L）与我聊起"校园派遣"时，他立刻有些坐立难安；在他看来，清理宿舍房间，就会让他想起在家时曾经历的权力不平等，可以说是这种不平等在大学校园的再生产。乔斯的母亲是一位家政工人，她的工作，就是为临近镇上的有钱白人家庭打扫屋子。因为请不起保姆钟点工，在周末和晚上也必须工作时，母亲就会带着年幼的乔斯一起。虽然偶尔也能得到些小恩小惠，比方说有户人家刚好要把旧的Xbox游戏机扔掉，但乔斯也难免碰到一些令人沮丧甚至愤怒的事情。有一次，妈妈开着家里那辆破烂却还算结实的车，带乔斯去了一处山间的房子，他妈妈已经为这家老主顾打扫了三年。在敷衍的招呼之后，他们马上开始干活了。大约就在这班工作干到一半的时候，这家主顾的一个孩子不知被什么招惹到了，开始咒骂乔斯的妈妈。乔斯感到无能为力，啥事也做不了。到了现在，他已经记不得到底是因为什么起了争执，但那个孩子辱骂妈妈的话，还有当时听到那些话后的感受，至今还萦绕他心头。他强忍泪水，回忆道："那些小孩子对我妈满嘴脏话——我当时差一点就对他们发飙了，但考虑到我妈妈工作的环境，我知道不能这么做。"乔斯懂得，任何回应都会让妈妈丢掉工作，于是他强压下自己的怒火。

当乔斯来到英杰大学，在做"校园派遣"的清洁工时，这种无能为力的感觉再次袭来，压得他喘不过气来：

"校园派遣"的工作让我很受伤。千真万确，就是一种创痛。从情感上讲，痛苦是因为打扫这些人的房间，清洁他们的卫生间，准确地说，是清理他们的马桶、屎尿、排泄物，一下子就唤起了我过去十八年生活中的经历。我不知道你会怎么形容这种经验，但对我来说，想都不愿意想了。这很伤人。我妈妈在家里还做着同样的工作。我不能这样做了。我……我……我，就是说，我希望，我希望能让妈妈感觉到，她的辛苦有了回报。你知道吗，我妈妈总在说："当你长大后，我不想你再做这样的工作了。"我妈在教育上不能辅导我，我妈只读到六年级。从她五岁那年，真的就是五岁大时，妈妈就成了农场里的劳力。她就生活在庄稼地里。她对我说："播下种子。"我会说："好的，妈妈。你认为教育是重要的，我会拼尽全力的。"我希望妈妈能有这样的感觉，她的辛劳工作都是值得的。

即便是在被英杰录取之后，乔斯还是违逆了妈妈的心愿，他并没有回避这种体力劳动。做宿舍清洁服务，时薪报酬更高，且能多劳多得，当家里钱紧时，乔斯甚至可以在经济上接济家人。我们看到，在英杰的前两年，乔斯定期在校园派遣项目中做清洁工，但到了后两年，他只是偶尔做个两三次。

当父母发现子女在学校做清洁工时，有时候还会引起激烈的对抗。在母亲得知她在学校里的工作后，米歇尔（PP，

L）就要面对来自家里的批评："我妈会说：'我为什么这么辛苦工作？不就是为了让你不做这些工作嘛，而你在英杰却又做上了。你是有什么毛病吗？'"米歇尔只得向妈妈解释说，她寄回家里的钱——帮忙付房租的、缴纳过期账单的、买冰箱里的食物的，全都是她在学校勤工助学挣来的，其中主要靠的就是"校园派遣"。

校园派遣项目还会在同学之间制造分裂。在设计这个项目时，行政人员一度希望，它会弥补学生之间，尤其是贫富之间的裂痕，但却事与愿违。九月的某个周五，晴空无云，我收到邀请，要与约瑟夫和马库斯会面，他们俩分别是校园派遣项目的主任和导师。我们围绕着这个项目的对话不断深入，当话题转入打工学生和被服务学生的关系时，约瑟夫坚持认为，之所以要设置这个项目，并不只是为学生提供工作，其中的一项理由（也是目的）是有了这个项目，就可以阻止富家子弟雇用专业的女工或清洁服务公司来打扫宿舍房间。说到这里，约瑟夫向我保证，这样的事都曾发生过。看起来，他和马库斯都真诚地相信，诸如此类的炫富行为会打击到没钱的穷学生，让他们觉得自己并不属于英杰大学。然而，宿舍里上演的情节却一再事与愿违。根据参与"校园派遣"的学生所说，他们的同学常常不会把他们视为同伴，而是把他们当作跟在屁股后面做清洁的人。

史黛茜（DD, B）有股叛逆的独立劲儿，她为此感到骄傲。在离开虐待她的父母，而寄养在亲戚家之后，她奋发努力，凭借一己之力来到了英杰大学。她拿到了奖学金，不只是英杰，还有许多其他大学。史黛茜所获得的助学金能负担她的学费，但却不包括其他的开支。为参加她所在社团的一次旅行，她需要筹钱，于是在校园派遣项目临时找了一份工作。虽然这个选择帮了史黛茜一把，让她有钱参加了这次梦寐以求、但却无力支付的旅行，但在打工时，她和被服务同学的相处却让她感觉到愤怒、受伤，甚至开始质疑自己在英杰大学的位置。我们非常详细地聊起了她的这次打工经历。在开始回答时，史黛茜用自己的右拳猛击左手摊开的掌心，一遍又一遍，我知道她这是在强调。

就像是雇了一个女仆，一个学生女仆！那些不需要打工的学生，他们可以随性地待在英杰这儿。而我不得不干这个活。这是我唯一能做的工作。跟在他们屁股后面做清洁，这感觉太奇怪了。厕所里，又是屎，又是尿，是最最恶心的……你得跪在那儿，才方便动手擦洗他们的马桶，在必须打工的穷学生和接受服务的有钱学生之间的鸿沟，也就尽在不言中了。就好像在说："就因为我没钱上学，我就必须清理你的这些玩意啊。"想起我清洁的第一个卫生间，我进去就惊呆了，"这是啥情况啊？"校园派遣服务每三周一次，[8] 他们在这期间从来也不清理一下吗？想到这个事实，只能说是恶心了。因为他们知道，校园派遣项目会派人过来做清洁的，所以他们就任由卫生间变得肮脏不堪啊。一个女孩在走过时还大声叫喊："校园派遣来了，太棒了！"她的卫生间实在太糟糕了。为什么他们能让自己的卫生间变得一点也不卫生呢？一进去就恶心到家了……这其实正好说明他们内心的想法："校园派遣"就是他们的女仆。我认为他们压根不懂得，学生干这个活不是因为想干，而是因为他们不得不干。太恶心了。整个房间就是乱七八糟，但最麻烦的还是卫生间。地板上到处都是内衣，层层叠叠。下面的地板又脏又黏。抬起马桶座圈，就能发现下面全是没冲掉的垢污，地板上还有卫生纸，牙膏蹭在水池上，浴缸里堆着喝完的啤酒罐……最恶心的就是马桶里到处都是没冲去的……清理起来非常麻烦。地板上的东西也实在是太多了，我们不得不挪开他们的内衣，才能清出一条路来。我实在搞不懂，他们每天是怎么上厕所，怎么用卫生间的。

后来发生的事，让史黛茜更沮丧了。数日后的某节课上，史黛茜发现自己身旁就坐着那位女生，她刚刚为其打扫卫生间的同学。整整一节课，她都不断打量，反复确认是同一个人。没错，就是她。还在为卫生间的状况而耿耿于怀，现在又在课堂上心神不宁，史黛茜下课后找到了她的这位同学。这下好了，不只是污秽，同学的回应又震惊了史黛茜。史黛茜开始学起了富家娇女那种抑扬顿挫的腔调，模仿着那位白人女孩："哦哦，我的上帝，原来是你啊。太谢谢你了！哦哦，对不起呀，我上周得了肠胃感冒。"史黛茜跟我解释，为什么这让她更生气了："原来她知道这样不好啊。她对我说的那些话,让我知道了她很清楚自己的卫生间是一团糟。你说你上周得了肠胃感冒——为什么你的厕所后来还是那样呢?只能说明,他们就在等待'校园派遣'。'我们可以胡作非为,因为我们知道"校园派遣"的工人会前来清洁的。'真是悲哀啊。他们是学生,是你的同学。就好像在说:'哦,反正他们会打扫的。'他们不在乎。"也正如斯蒂芬妮(PP,B)所言,"'校园派遣'助长了一种不良的心态,让学生对身边同学变得漠不关心,甚至是麻木不仁"。

在访谈中,不少在校园派遣计划中打过工的学生告诉我,很多时候,即便是他们的轮班早已结束,还是会碰到一些糟心事而难过许久。某天中午,我刚跳上去往餐厅的校车,就看到了瓜达卢普和玛丽索尔,她们远远地坐在大巴车的最后。我留意到瓜达卢普正在安慰玛丽索尔。玛丽索尔眼睛哭肿了,眼泪汩汩流下她的脸庞。她正在诉说最近一次参加"校园派遣"的打工遭遇。像往常一样,玛丽索尔进入了宿舍的房间。虽然她向里面的学生一一用眼神致意,还认出其中一位是一起上课的同学,但她们从头到尾却视而不见,眼睛里似乎看不到一个做清洁的同学。好多天过后,正在玛丽索尔走过新生方庭时,有一位陌生的学生径直走来,冲着她就说:"我不是想给你找麻烦啊,但你遗漏了一个地方。下一次,能否拜托你刷洗一下马桶的下面?"玛丽索尔当时就惊呆了,压根不知道自己该做何反应。一瞬间,她感到了孤立、冰冷和无助。她打电话给一位好友,哭诉了一个小时。事实上,那次始料未及的遭遇发生在两天之前,当我在校车上偶遇玛丽索尔时,她的痛苦和愤怒仍在沸腾之中。从这次糟心的遭遇中,玛丽索尔发现了两件通常为人们所忽视的事:在英杰,学生要是参加了校园派遣项目,评价他们的就是同学,而不是教授;评价的依据就是做清洁的能力,而不是学业表现。由此可见,即便在你轮班的工作结束后,清洁活儿的负担却远远没有停下来。

理解英杰学生在校园派遣项目中的工作,"种族"提供了另一个不同的观察视角。在访谈中,白人学生经常告诉我,参加"校园派遣"、做清洁工,就暴露了他们是穷人。在英杰校园,人们往往会假设,本科生里的白人都是有钱学生,而有钱的学生是绝不会参加校园派遣项目的。埃莉斯(DD,W)是一位金发碧眼的白人姑娘,穿着她从二手店里淘来的J. Crew牌的衣服,说她是中产阶级的孩子也完全能以假乱真,如她所言,校园派遣工作"招来很多被羞辱的机会"。收到英杰的录取通知后,父母家人就与她断了关系,她必须自食其力才能把大学读下去,故而,埃莉斯在校内校外打了很多份工,才能勉强维持收支平衡。然而在所有的工作中,"校园派遣"是让她感到最受侮辱的。"学生如果不需要钱,就不会去做'校园派遣'的清洁工,"埃莉斯面带苦笑向我解释,"看到某人参加了'校园派遣',也就让你知道了你原本不知道的事:他们的经济状况、他们的社会经济阶级。很多时候,只看一个人的外观,你很难搞清楚他或她的出身背景。'校园派遣'让这一切都一览无余了,这不公平。"根据埃莉斯的说法,在大学校园,学生本应自行决定是否披露他们的阶级出身，但校园派遣项目却剥夺了打工学生的这项权利。

埃莉斯向我坦言，在校园派遣项目打工，不仅让她暴露自己的穷出身，将经济状况一下子赤裸地展示在这个有钱人的校园，还导致她的处境雪上加霜，平添了一份巨大的压力：

> "校园派遣"真是太糟糕了。有一个宿舍，地板上到处扔着用过的避孕套。那是一个曲棍球队员的房间。这太恶心了，不过这更说明那些人对你有多么不屑一顾。从来不会有人对你说，"谢谢你清理了我的卫生间"。人们从来都是，"我的卫生间在这儿。快去干活吧"。那些人就是完全不把你看在眼里。人性哪儿去了！你走进宿舍，埋头干活，是啊，你拿到了报酬；但你也能做其他工作，也能拿到钱啊。而现在，你正在打扫某个人的卫生间，他们甚至会无视你的存在。这可太令人沮丧了。有时候，我就感觉自己很失败。有一次，我的心情几近崩溃，所以每次清理完一个卫生间，我都会喊叫着"不用客气"走进客厅，然后摔门而去……校园里的学生都很没礼貌，不懂得尊重别人。我觉得他们完全没有意识到，一个人为"校园派遣"打工，可不是因为他们找不到其他的工作。想想看，那些在校园派遣项目做清洁工的学生，也就是拿助学金的学生。这些人来上大学，他们不仅要应付英杰大学的学业，还要挤出时间

打工、赚钱。人们并未意识到这会有多么难,或者这会造成多么重的负担。我已经听到许多同学在抱怨"校园派遣"了——"他们没有好好清理我的卫生间啊"。那好吧,那你自己去打扫你的卫生间啊。

被揭露和被羞辱:这就是埃莉斯理解的校园派遣工。在埃莉斯看来,"校园派遣"泄露了她的社会阶级地位,因为周围很多同学曾断定她来自中产阶级,按理说,她的真实家境原本是不会暴露的。在我所访谈过的白人学生中,埃莉斯并不是唯一提到肤色能提供保护盾的。因为很多本科生,甚至包括英杰的一些行政领导,都会首先认定白人本科生来自有钱的家庭,所以出身穷人家的白人学生还是可以冒充一下的——除非他们被逼入某些境地,自身的阶级背景成为目光的焦点所在。当埃莉斯不得不与旁人提到她在校园派遣项目打工时,她那中产阶级的面具也就当众跌落了。

对于黑人和拉丁裔的本科生来说,情形又很不一样了。人们对这些学生的设想恰恰是反过来的:他们的人设就是出身低微的穷人。安托涅蒂(UI,B)成长于精英家庭,父母都是英杰校友,其中一位还是某著名寄宿学校的校董,在她的回忆中,无论是在高中,还是到了英杰,身边同学总在问她拿到了多少助学金。当她回答"一分钱也没有过"时,周围的人们都惊掉了下巴。看到黑人和拉丁裔学生干体力劳动,当然不会颠覆上述的人设,只会强化这种设定。对于这些学生来说,校园派遣项目不过是为上述设定添砖加瓦。我们可以看到，在一个财富堆积起来的学术环境中，这些学生正在从事劳动的体力活，而在整个校园里，大多数学生是有钱的白人，但大多数清洁工却是拉丁裔或黑人。不仅如此，聊起这些学生的家庭生活，他们的家世也与家政服务的历史相去不远。好像妮可（PP，B）和乔斯（DD，L）一样，在我访谈过的黑人和拉丁裔本科生中，大约三分之一的学生表示，他们的家庭成员里有人正在干清洁工、女仆、保管员或者门卫的活儿。[9]

当学生谈起"校园派遣"，批评这个项目会唤起某些固陋之见——好像身为少数族裔就要干体力活，他们的脑海中经常会浮现一些影视剧作品：《相助》《杰斐逊一家》《蛇蝎女佣》和《西班牙女佣》。奥贡（PP，L）是一位聪慧迷人的拉丁裔姑娘，在她看来，"校园派遣"营造了令人不安的权力生态，而身为拉丁裔女生还会让情况变得更复杂："某个人原本是我在实验室里的同组组员，或者同上一门课的同学，但现在我要走进她的房间。在我进去的时候，我就像是一位典型的'拉丁裔清洁工'，为她们清理卫生间，那种场景的权力结构让我觉得非常难受。"许多黑人和拉丁裔的学生也都在抱怨，在校园派遣项目打工让他们体验到——在这里借用詹姆斯·鲍德温的话——他们的肤色变成了他们的制服，或者他们的制服成了他们的肤色。奥贡原非纯粹血统的拉丁女孩，肤色很浅，她是可以装作白人并且宣称自己不懂西班牙语的，然而她在访谈中也吐露心迹，某次，一位同学对她说，她在"校园派遣"打工，展示了她"最拉丁"的那一面，奥贡感到很沮丧。

与奥贡的挫败产生共鸣的是哈维尔（PP, L），在这位拉丁裔男生看来，"校园派遣"所滋生的"羞耻"，在意图上绝非无心之失，就结果而言也不可轻描淡写，一笔带过。在他的叙述中，这种"羞耻"还能令他想起童年时关于父亲的回忆片段。"我是由妈妈带大的；我的父亲在蹲监狱，"哈维尔告诉我，"关于父亲，我有一段很早的回忆，就是与他一起看篮球比赛。然后接下来的记忆就变成看到了他，穿着橘黄色的连体囚服。"然而，在父亲被判处12年有期徒刑而关进监狱之前，他曾向儿子传授过关于身份地位的一课，哈维尔从此再也没有忘记。

哈维尔：我爸过去常说："你知道他们为什么要在公共汽车上安装大玻璃窗吗？就是为了羞辱少数族群。"我想校园派遣项目也不外如此吧。它就像是在说，"把最脏的活儿交给那些没钱的穷孩子吧"。而很多没钱的学生都是少数族群。

托尼：关于你为什么认为"校园派遣"是一种羞辱，你能再多谈一些吗？

哈维尔：因为，比方说吧，我去敲某个宿舍的门，我会说："喑，我可以为你清理卫生间吗？会很快的。"上个周末，你开派对疯玩后，把马桶吐了个乱七八糟，而现在，让我来清洁你的马桶。就让我为你做清洁吧。接下来，我是少数族裔这个事实，也会强化那种陈旧的观念，西班牙裔能做的工作就是清洁浴室或修剪草坪。那就是他们所擅长的活儿。在那一刻，他们脑海中可能没有明确这样想，但在某种潜意识中，他们会的。

校园派遣项目的打工经验对哈维尔来说又是一种提醒，他意识到，较之于有钱的同学，他在英杰大学的经历是多么局促，他被束缚住了手脚，因而不是这一共同体内具有完全资格的成员。这些束缚困扰着他。在哈维尔眼中，有两种类型的自由是有钱同学坐享其成，而他却求之不得的：第一种自由是没有经济负担的困扰、充分体验英杰生活的自由；第二种自由就是不被附加任何滤镜，作为一位英杰学生的自由。当他作为"佣人"进入同学的宿舍房间时，他就同时失去了这两种自由。

许多学生都意识到，"校园派遣"会导致一大堆的隐形成本，而同时收益却不过如此。在我的访谈中，马西娅（DD，L）解释了一些原因，为什么她做出了艰难的选择，决定退出这个项目：

> 这就是一种符号。即便在我大一时，我清理上层阶级同学的宿舍，虽然我根本不认识也不知道房间的主人是谁，但也会感到很奇怪。我是真的感到很奇怪，每次都要说，"校园派遣来了"，然后他们带我走到卫生间门口。这时候，双方之间的互动气氛很微妙。这也是我决定不干的部分原因。另外的原因是真的很不方便。我必

须换衣服。我做清洁时确实有自己的一套制服。我要换上自己不怎么在意的衣服，这样的话，穿着它清扫别人的卫生间也不会感到恶心。太烦人了，必须去上课，回宿舍，换衣服，做清洁，再回宿舍，换回平时的衣服。这么折腾，非常不方便……我认为学生完全可以打工，不过他们是去做教授的研究助手。他们在招生办做学生助管。他们所做的工作，都在以某种方式锻炼自己，也能丰富他们的简历。说真的，校园清洁工太奇怪了。而且我越想这件事，它就变得越奇怪。

在"校园派遣"和校内其他打工职位之间，马西娅发现了其中一处至关重要的区别：做清洁，无法锻炼通用的技能和经验，而这些才是雇主、研究生院或者项目评审委员会所认可或重视的。她在实验室或图书馆打工，而你却在清理马桶，这不是一回事。即便某些看起来的细枝末节，比方说在干活儿前必须换衣服，也是马西娅未曾想到、但却不得不承受的负担。

在听闻我的研究后，英杰大学的一位白人校友联系了我，想要与我分享当年参加"校园派遣"的一段回忆，虽然他在35年前就已经毕业，但曾经的这段经历却始终摆脱不掉。要说那时候的英杰大学，白人和有钱人还更多。他是一名来自工人家庭的学生，无论是此前在高中，还是当时在英杰，都要靠自己打工赚钱，才能把书读下去。起初，他并不在意什么校园派遣项目，在他眼里，这只不过是一份工作罢了。然而，大一学年的一件小事却改变了他的看法。班上有一位同学，是他定期打扫的某个宿舍的主人，在寒假开始时，那位同学递给他一个信封。打开后，里面装着一些现金——他的圣诞奖金。那一刻，他意识到这位同学把他当成了自己的仆人。他返回自己的家，一路垂头丧气。

无论是双重贫困生，还是寒门幸运儿，都把"校园派遣"视为一种不得不选的项目，之所以具有吸引力，还是他们没钱。相对丰厚的酬劳，还有灵活的工作时间，都让寒门子弟无法抗拒。但是，在我访谈过的项目参与者中，几乎每个学生都认为，这份工作的负担最终超过了其收益。对于那些在新生暑假就开始干活的学生来说，"校园派遣"会冲击他们作为英杰学生的身份认同，甚至早在第一节课开始前，羞辱就已经发生。对于妮可这样的学生来说，英杰大学发出的信息可以说是一清二楚：为了取得成功，她首先必须做好清洁。而对于黑人和拉丁裔学生而言，该项目所滋生的"客户服务"关系更是多了一重意义，那意义植根于美国种族隔离的过往历史，植根于他们家庭当前的境况，也植根于某种顽劣的种族定见——哪些肤色要担负起生活中的体力活，又有哪些肤色要做更高贵的劳心者。

请你去排另一条队

随着大学变得更加多样化，学校经常要推行新的政策，在招录了新的学生群体后，推动他们更好地融入校园。认识到笔记本电脑对学生来说是必要的学习工具，但标价却令有些孩子望而生畏，许多大学——从加州大学戴维斯分校到达特茅斯学院——都纷纷出台了笔记本电脑购买的资助项目。有些学校坐落于冬季严寒地带，学生在那里要承受数月之久的冻雨、雨夹雪、暴风雪，阿默斯特学院就是一例，这些学校有时候也会设立学生冬装基金。而英杰大学同时提供了上述两种帮助，为购买笔记本电脑和置办冬装提供经费支持。

不仅如此，英杰大学的行政人员甚至做得更多，想到更多的方式帮助来自低收入家庭的同学——比方说，他们意识到，参加校园里的各种文化和社交活动，诸如由学生团体主办的庆典活动、电影放映会，或者社会名流的报告会，不仅开销更低，而且意义更大。在强调前瞻思维的今天，英杰大学创设了"奖学金+"的计划，希望借由这个项目的运转，让金钱不再是本科生投身大学生活的障碍。根据学校政策，大多数获得全额助学金的本科生都有资格申请该项目。在我于英杰校园做调研期间，这个项目每学期提供五张免费票，供学生参与校园活动。[10]"奖学金+"项目旨在加强学生与学校之间的联系，并且培养学生的归属感。不仅如此，"奖学金+"还有一个计划外的功效，它成为一个信息平台，滚动推送由学校所主办的社会活动。事实上，很多时候，它成为本科生的信息渠道，通过它才获悉某些不那么吸引眼球的活动。有资格申请这个项目的学生，很快就把它用了起来。而在我的访谈中，有些富家子弟也知道"奖学金+"，且往往对它评价很高。在某次访谈中，我问对面的女生是否拿到了"奖学金+",她笑着说,"我没有;真希望我也有资格申请啊"。还有一位同学曾这样告诉我,"学校搞这个项目,真是太棒了;它让学生有机会参加很多的活动,如果要自己掏钱,这些活动通常是不可能的"。乔斯(DD,L)也大致同意这种说法。"实话实说,我这么跟你说吧,"乔斯对我讲,"要不是'奖学金+',我都不知道在英杰的生活会是什么样子。"乔斯说起,妈妈出生在委内瑞拉,有机会看到那里的舞者在校园的演出,让他觉得美梦成真。但对于乔斯来说,还有英杰的全体穷学生,他们虽得益于学校的慷慨之举能更好地融入大学生活,这个美梦却无法摆脱一些可怕的情节。

想象一下,你现在正走进校园剧场长长的门厅。这时,你看到两张木桌,分别摆放在空间的对立两侧。其中一张摆在正门入口的旁侧,前面就是精心修剪的剧场草坪。而另一张桌子则紧挨着年久破旧的后门,走进去就是一条狭窄的通道,堆满了破烂的纸壳箱子。好几百名学生正在排队买票。你注意到,剧场外排起了两条队伍,一张桌子前面各一条。靠近正门的那排队伍很长,也很喧闹,一张张年轻的笑脸拥挤在一起,叽叽喳喳聊着课程或周末计划。队伍里的学生肤色各异,但以白人为主。走到桌子前时,他们就掏出钱包,拿出15美元来买票。再看靠近后门的那排队伍,要短很多。虽然同样闹腾,但看上去没那么多元化。队伍里多是黑人和拉丁裔学生,偶尔还夹杂着几位亚裔或白人学生。他们掏出来的不是钱,而是自己的学生证,然后跟检票员以及周围的人说,他们是"奖学金+"的学生。事实上,大多数学生会直接说，他们已经买过"+票"了，不用拖泥带水，队伍就可以加速很多。检票员会在一张打印名单上核对他们的名字，找到后就做出标记。这些学生接着从一个矮小的侧门进入剧场，而另一边，相距半个足球场，他们的同学则走进剧场的正大门。你心里对自己说："快看啊——一排有钱，一排没钱！"

现在要说，这一观察还不是完全准确的。排在普通队伍里的本科生从经济状况上要更复杂些，有些人和助学金完全不沾边，不过还有些则拿了少许或者部分的助学金。然而，因为"奖学金+"作为一个项目，其运转时是要经过家庭财产评估的，所以在"奖学金+"的队伍里，学生的经济状况相差无几，都是一样穷。同时，考虑到经济不平等在美国的状况，这个项目在实施时就形成了不同的队伍，分开的入口，基本上以种族身份来相互隔离，实际上造就了一种有色人种走"穷人入口"的政策。[11]

我们可以看到，英杰大学的行政人员是在努力促进学生的融入，他们绝无意再现美国南方种族隔离时的场景——隔离的洗手间、隔离的饮水机，还有隔离的餐桌。那些组织"奖学金+"的老师告诉我，如果穷学生排在正常队伍里，当他们张口要"+票"时就会感到尴尬，故而他们相信，让学生在活动开始前分开排队取票，可以最大限度地降低任何可能的难堪，或者"羞辱"——借用一位工作人员的原话。但是，任何一位英杰的学生，当他站在剧院门厅或者使用"+票"的其他场地看到这一幕时，脑海里不可避免会浮现种族隔离的那一幕。

无论双重贫困生,还是寒门幸运儿,都认为"奖学金+"一半是祝福,另一半是诅咒。在我访谈过的学生中,大约五分之一的孩子认为,领取"+票"要单独排队,并不会对自己构成任何困扰。他们都为自己能够克服种种障碍,成功地来到英杰感到莫大的骄傲,在他们眼中,这些票价昂贵的活动都是奢侈品,而接受经济资助从而有机会参加这些活动,当然没什么好羞耻的,至于门票到底是怎么分发的,他们并不在意。举个例子,凯莉(DD,W)家里距离英杰校园不过两个市镇,那是一处体力劳动者聚集的白人社区,从吸毒到辍学,这个阶级该有的问题在那里也一点不少。在凯莉家的社区内,很多人,至少是那些有工作的人,都在英杰校园内打工,从园丁到修理工,但从来没人在这里读过书。凯莉在英杰的阴影下长大,这也使她立志成为一名英杰的学生,而不是去大学里打工。在思考"奖学金+"时,她告诉我,分开排队"不会对我个人造成什么影响;我感觉就像是'太好了,我拿到了奖学金+'"。这并不是说,关于"奖学金+"票的分发方式,凯莉这样的学生就毫无批判;他们只是没有那么绝对,简单地把这一项目的实施视为一种致命的缺陷。然而,其他的学生就没有这么宽容了。

在奥贡(PP,L)看来,一方面,她要感激"奖学金+"所提供的机会,原本压根买不起票的戏剧演出,现在她也能坐在舞台下面,成为观众;但另一方面,她还是轻松地概括出这个计划在她眼中的美丽、缺陷和丑陋:

它会令人尴尬；我就曾经历过这种尴尬，因为他们在活动时发票的方式。我很喜欢"奖学金+"，但实际上，你要一直等到活动当天才能拿到票，你还必须排"+票"的队，然后报出你的名字，这种经验让人太难受了。实话实说，对我而言，我知道那就是我的位置，那也是我必须完成的动作。其实，在高中时，我就经历过类似的事。在我看来，这实在是一种尴尬的安排，他们搞出了两个队，一个"奖学金+"的队，另一个是正常的队，让你知道哪些人属于哪个队。按照我的设想，你可以提前在售票处领取"奖学金+"票，那样的话，所有人都要来，然后拿到一样的票。而现在呢，我是奥贡，我要领一张票。周围的人都知道了。票上面就写着"奖学金+"呢。此情此景，难免感觉到羞辱。同样的事也发生在食品救济办公室、福利机构，人到那里，就是脆弱的。即便现在我和你一样来到了英杰这里，那种脆弱的感觉又回来了。"我需要一张'奖学金+'票，谢谢。"或者说，这也像是在沃尔格林药店，他们会把避孕套放进抽屉里，你需要避孕套的话，就必须让他们打开避孕套的抽屉。这就是一种羞辱的经验。要追问，我们发出的到底是怎样一种信息呀？

奥贡想要和她的同学一样，尽情地享受英杰大学的各种活动。"奖学金+"的项目让她能参加活动，但却无法获得像周围同学一样的活动体验。不仅如此，这个项目的实施还会勾起某些潜意识的痛苦，这些痛苦从前就已让他们饱受折磨，而现在到英杰后仍如影随形。在奥贡看来，她必须排在另一个队伍里，与同学们隔离开来，就唤起了她从前的回忆，当时她要为妈妈在福利申领处做翻译，但却遭到社工人员的白眼。她相信，"奖学金+"的实施方案一定是有意为之的。奥贡批评了英杰大学，如她所言，大学先是为她这样的学生创设了一个项目，然后再用这个项目去羞辱她。排着隔离开来的两条队列，拿着看起来就不一样的两种票，这种经验让奥贡觉得自己是低人一等的，无法像那些在学校花钱办事的同学一样得到尊重。

于是，穷学生们产生了怀疑，认为行政人员对他们的关注"比不上"对其他同学的重视，这种怀疑也并非空穴来风。曾有学校官员公开声称，"奖学金+"是"一种施舍"。我在调研时碰到过一件事，玛克辛，某本科生宿舍的主管，向全宿舍的师生群发电邮，她在邮件中主张，学生不应使用"奖学金+"来参加宿舍组织的活动，否则会对那些花钱参加活动的学生不公平。薇薇安（DD，L）就住在玛克辛主管下的宿舍，当她读到这封电邮时，先是感到不可思议，接下来变得很愤怒。宿舍主管公开声称，穷学生已经获得了太多的经济支持，故而不需要任何新增的帮助了，就是这一事实，在薇薇安和玛克辛之间造成了一道隔阂，再也无法弥合。

"奖学金+"不仅会削弱学生的归属感，还会破坏建构共同体的努力。有时候，它甚至会把某些关系扼杀在萌芽中。琳赛（DD，B）一改平时的兴高采烈，当她回忆起一件往事时，看上去有些无精打采。说起来，故事发生在她到英杰大学后的第一个学期，当时入学还没过几周，她要去参加校园里的一个派对。多亏了"奖学金+"发的票，才能有这个机会，然而她却发现，在门口核对名字的学长，正是她从新生培训时就留意到的男孩子。对琳赛而言，申请"奖学金+"并不让她觉得羞愧，来自穷人家庭也没什么好难为情的。但问题在于，她还是希望等到自己觉得成熟时，再把这些个人情况透露给身边同学。当时，她差点就决定离开了，但最终还是参加了那场活动。但此后，琳赛再没联系过那位心仪的小伙子。

因为"奖学金+"的取票处不会贴上标签，故而在演出或派对开场前的几分钟，当大厅里人满为患时，混乱就时有发生。为了维持秩序，引座员常常会朝着人群大声喊叫，告诉他们，哪个队是花钱买票的队伍，哪个队是"奖学金+"的队伍。曼纽尔（DD，L）很反感这种做法。他很感谢"奖学金+"让他有机会接触"从前想都不敢想的事情"，从现代芭蕾舞表演到爱尔兰音乐节，他都没有错过。但是，某个晚上，当他使用"奖学金+"票去参加一位朋友的时装秀时，他却感到自己格格不入，不属于那里，就像一个"多余的人"：

曼纽尔：嗯，说起那种排斥，"奖学金+"确实是个问题。在我大一、大二的时候，它让我很受伤。你知道，那个时候，一个人要开口承认他的家庭背景，总是特别困难的事；想到自己的出身，我就会感到很惭愧。所以说，排在隔开的队伍里，还要报出"奖学金+"，那种感受我实在形容不来。那就像是，你在排队领救济或社会服务。

托尼：你不是第一个使用这个类比的人了。

曼纽尔：你知道的，实话实说，我觉得它就像是食品券。那种羞辱是差不多的，就好像人们会说，"看那些人，他们又在占英杰的便宜呢"。我感觉就好像是在申请救济。"奖学金+"在这儿不是一件坏事，问题在于它的实施方式，看看那些负责发票的工作人员或学生是怎么做的，你就能感到一种耻辱。

托尼：那他们是怎么做的呢？

曼纽尔：明目张胆，丝毫没有掩饰……我使用"+票"的场合不同，待遇就有一眼可见的区别。如果我用"+票"参加黑人或拉丁裔的活动，一般来说，接待就会热情很多……但是，如果我参加的并不是黑人或拉丁裔的活动，我就能感觉到，"+票"的接待人员通常会更冷漠一些，而且我们很容易被人品头论足。我经常使用"奖学金+"票，但诸多经历中让我印象最深的一个场景就是，工作人员高声喊叫，"'奖学金+'票的，过来这儿排队"。是啊，当活动就要开场时，人们疯狂地想要挤进来，门厅里人头攒动，检票人员要确保学生能拿到各自的票，所以通常就会说："已经付过钱的，过来这儿。领'奖学金+'票的，去那边！"

从他此刻脸上的表情，我能想到曼纽尔当时有多么尴尬。"+票"原本是免费的，但派票的方式却又平添了社会成本。许多学生都意识到这一点，想方设法去降低这个项目可能导致的羞辱。于是我们看到，在举办他们自己的派对或演出时，有些学生社团会更谨慎地处理"奖学金+"的票务事宜。某些社团的负责人还会在海报上注明"欢迎使用'奖学金+'"，并且鼓励高年级学长对"奖学金+"进行公开讨论，如何利用这个项目才能让它成为校园生活的亮色，而不是羞辱的源头。

无论双重贫困生，还是寒门幸运儿，他们都因"奖学金+"的支持而获得了许多机会，但这一项目在实施中所形成的社会成本，却污染了他们的体验，也腐蚀了穷学生和学校的关系。有些学生，比如奥贡（PP）和米格尔（DD），就把"奖学金+"项目比作政府救济，凸显了其羞辱"不值得救助的穷人"的那一面历史。在他们眼中，把穷学生隔离出来的做法是故意为之，这种设想也进一步破坏了他们的归属感。我也看到，即便是该项目的管理老师也意识到问题所在。马歇尔是英杰大学学生事务处的处长，当他向我谈起"奖学金+"时，也一度真情流露。在我对面，他把头埋在手里，承认自己很多时候也疑惑不解，这个项目的本意在于促进社会融合，但现在呢，项目的执行是不是忘记了这个初心,反而正在破坏社会融合呢?

春假期间的挣扎求生

每年春假的九天时间,按照英杰大学的政策,校园内所有提供餐饮的场所都会关闭。学生,尤其是那些出身贫寒的学生,厌恶这一政策。在我们的对话中,无论双重贫困生,还是寒门幸运儿,在谈起这一政策时,都反复批评校方,控诉他们在这个问题上的疏忽。当他们踏入这所大学时,学校曾做出过承诺,无论有钱还是没钱,都不会阻碍学生成为大学共同体内的平等一员。然而,每逢三月,英杰的穷学生就发现他们不得不掏空钱包,置办最基本的生活必需品,而追根溯源,问题就出在校方那早已陈旧落伍的观念,认为所有学生在春假期间都会离开校园。[12]

如同前述的"校园派遣"和"奖学金+"项目,在春假期间关闭食堂,这一政策通常不会困扰那些家庭经济实力雄厚的学生。春假前后数周,在校园里溜达一圈,耳边就能听到学生交流他们的旅行故事,他们打算去哪儿,或者他们刚刚从哪里回来:到范尔去滑雪,到欧洲背包游,去墨西哥开派对,去加勒比晒太阳。某次春假刚过,我在校园里碰到一名学生,刚从波多黎各回来的他还戴着自己的草帽,我跟他打趣说,他现在看上去更像是我的表兄弟,而不是他在新英格兰的白人亲戚。在太阳底下晒了六天,让他换了一张小麦色的脸庞。因为讨厌坐商务舱而选择私人飞机出行,这样的故事也在同学之间口耳相传。还有同学为了躲开人潮人海的游客，就飞到家在远方的第二处度假屋（也可能是第三处），放空身心。

有些学生更喜欢一种不同的放松方式。布里塔妮（UI, B）的父母都是公司高管，当进入英杰后的第一个春假到来，她选择了与家人共度时光，还见到了从前的老朋友。她所需要的不过就是和全家人待在一起，布里塔妮对我说：

> 那个春假特别好。我在得克萨斯，没有邀请任何人。就是和家人待在一起。我在家里也有朋友，高中时的朋友，我和她们出去玩了。不过我很多时间都在睡觉，还有就是和奶奶、妈妈、爸爸待在一起。春假变成了家庭时光。我的家庭真可爱，其乐融融，这是我特别喜欢的。我心里想，"我想和家人共度时光"。

我们聊天时，布里塔妮还讲述了很多窝心的细节片段，在奶奶宠溺的目光下，她穿着睡衣，懒洋洋地躺在沙发上。实际上，春假是她最近这段时间第二次回家了。更早一点，母亲大人就传召她回家过复活节，日子刚好在春假前不久。这次召唤让布里塔妮很无奈。"我告诉了所有人；这太可笑了，"她吐槽说，"再有一周，就要放春假了。"对于布里塔妮来说，烦恼并不是因为两次往返的机票价格不菲，她只是不想把两次长途旅行的时间安排得如此密集罢了。

对于英杰的穷学生来说，春假的挑战是完全不一样的。

根据我的访谈，穷学生并不关心他们的同学都去哪儿了——富家子弟去哪儿了，这一面的社会生活，不过是高等教育的学者做研究时才关注的事。准确地说，他们茫然无措，不知道自己的下一顿饭在哪儿，或者通过什么办法才能找到食物填饱肚子，这才是穷孩子的关切所在。瓦莱里娅（DD，L）脸上显出平常少有的严肃，对我说："春假期间总有人会饿肚子。"

在谈到英杰大学关闭食堂的政策时，我问妮可（PP，B）有什么看法，她的回答很干脆，"我认为这太愚蠢了。愚蠢到家了。特别值得琢磨的是，只有在春假，学校才会关闭所有食堂"。妮可继续对我说：

> 这是最好的炫富假期，因为你是否离开学校，回自己的家，很大程度上取决于你有多少钱，这也是一种特权。春假期间，大学不再给学生提供吃的，这是一个问题；那么多学生之所以不回家，主要就是钱的问题，我们没有钱，但现在，你们却让我们留在这里还要多花钱。真是没有道理可讲。这就是我的感觉……我们待在英杰是什么感受，他们并不理解，在春假这种环境下还要待在学校，没有办法回家，甚至没钱吃饭，对我们会造成什么影响，他们也不懂。大一那年，我是真没钱。春假那几天，我几乎是什么吃的都没有。

在校园关闭餐厅后，春假就成为一种"奢侈品"——英杰校方逼迫学生必须去购买,即便现实中很多学生压根掏不出钱来。妮可认为,较之于一年四季的其余假期,春假有着显著的不同,在这个时段,学生不会受到家庭或宗教义务的约束而必须回家。但问题是,在所有学期的假期里,只有春假是会关闭餐厅的。故而,在妮可眼中,在春假期间有能力回家或者外出度假,就是一种特权的象征。

春假刚开始的那个周一,我从健身房出来,就碰到了妮可,看到她正走进一处宿舍楼,但不是她住的那栋。她正拎着六个塑料袋,左右手各三个,袋子里装着零零散散的食物,从汉堡肉到罐装黄豆。我于是临时改道,跟着她进了宿舍楼。很快,她把袋子都放在公共休息室的桌子上,我留意到,她的手指上满是沟痕,那是塑料袋在手上勒出来的。为了快点恢复知觉,妮可一直在甩手。接下来,一个简单的问候变成了最终长达两小时的对话,妮可告诉我,为了采购食物,她必须走一段很长的路,因为自己的预算本就少得可怜,校园附近的商店对她来说太贵了。最糟糕的是,她宿舍的厨房在春假里也是锁着的,所以她不得不拿着自己的食品杂货,还要带上锅碗瓢盆,穿过整个校园,来到这栋宿舍。

许多学生声称,学校并没有提前通知食堂关门。从技术上讲,这么说不对。在放假之前的一个月,餐饮服务中心就会在其网站主页上贴出日程表,上面确实会显示食堂关门的日期。但问题在于,这个网页并非定期更新,故而很少有学生会登录这个网址。在我做访谈期间,那个网站经常显示错误或者过时的信息,浏览起来也完全说不上方便;你得点击好多链接，才能找到关于食堂关门和开门的信息。所以说，虽然信息就在那里，但它却被无效内容给埋起来了。再者说，要等到春假前的一两周，宿舍才会贴出告示，宣布厨房关门。甚至直到春假要开始的当周周一，有栋宿舍的通知才姗姗来迟。

学生反感这个政策，也质疑英杰大学发布春假具体安排的方式。马西娅（DD，L）是一位加州女孩，当她听到食堂关门的消息时，距离春假不过短短几天了，这个消息直接把她打蒙了。但很快，她的困惑就转成了愤怒。当我问她在春假期间都做了些什么，马西娅勉强挤出了一丝苦笑。"我就待在这儿啊。"她对我说，脸上的表情就好像我当然应该知道答案。我又问她为什么要笑——

> 马西娅：因为我还记得，当我发现食堂在假期不开门时，距离春假开始只有不到十天了。说真的，我给助学金办公室打过电话。我不知道他们能否帮上忙，但我真的觉得很郁闷。我心里在想，在春假期间留在英杰校园的学生，都各有留下来的理由：运动员必须留校，国际学生没法飞回国，或者有些学生就是没办法飞回家。我们为什么留在这儿，通常也有一个原因，对于我们很多人来说，就是经济上的原因。现在你们就通知我，整整一周的时间，我都会没地方吃饭？想一想就难过。这太糟心了。我又要多花很多钱。
>
> 托尼：你都吃了什么？

马西娅：胡萝卜、鹰嘴豆泥、苹果。还有什么呢？硬面包圈。能多益。偶尔——好吧，是经常，我都会说，"我实在是吃够了"。有时候我会想，要是能走出宿舍出去吃，那就太好了，所以偶尔我也会花钱在外面吃。也算经常出去吃吧。那里的食物都不健康。我要出去才能买到吃的，这让我很抓狂。对我来说，真的很贵。

在这么短的时间，马西娅压根没法多做准备，以应付食堂在放假时的关门。平常，她都买不起一张飞回加州的机票，就更不要说最后一刻临时买票了。整个春假，让马西娅填饱肚子的，是那些相对便宜、容易获取且容易保存的食物，而要是离开宿舍出去吃，就必须掏出她最手紧的东西：钱。

米兰达（DD, L）是一位热衷哥特风格的拉丁女生，我们认识时，她已经是英杰的大三学生。我们此前也曾碰到过很多次，但却算不上正式认识。她一直投身于拉丁裔的社团活动，总是出奇地忙。终于，我们有机会坐下来聊聊天，她给我讲述了敲开英杰大门的个人奋斗过程。对米兰达来说，要进入英杰，就必须克服重重困难，从她那所表现一团糟的高中——辍学率接近50%，到家里面临的经济困难。她为自己感到骄傲，能在英杰读书也让她觉得很幸运。但这并不意味着她对自己的大学就没有批评。当我们谈起春假时，米兰达的批评最为激烈。她长吁短叹，说自己在一周内花掉太多钱了,而她真的没有那么多钱。"我还不如一开始就回家呢。我就是这么觉得的。真是烦心啊。我们在春假时没有厨房。真不知道该怎么办。"当然,米兰达本来也没钱买票回新墨西哥。于是她只能想方设法,求一个勉强度日,但这很难,尤其是她的情况很像妮可,宿舍里也没有厨房。她很沮丧,就坐在我的办公室里,双手颤抖地举在半空,大声说:"这到底要我们怎么做才好呢?"

米兰达一番饱含感情的话,印在我的脑海里。当我访谈其他学生时,它们似乎又获得新的力量,再次涌上心头。特蕾西(PP,L)是家里的第一代大学生,人到英杰后,她就致力于社团活动,为像自己一样的大学生而呼吁。她进入我办公室的那一刻起,就开始讲述个人生活的种种。虽然她在大多数情况下都不算健谈,但却乐意分享自己的情况。我们谈到了家庭暴力,无论是在自己家里,还是邻里社区,她都曾目睹过。我们还聊到了她的恐惧,担心自己不属于英杰。然而,当对话转向春假话题时,她的整个举止都变了。特蕾西不再是慵懒地背靠沙发,而是挪到沙发外沿坐着。同时,她开始缓慢地前后摇摆上身,语调也变得低声细气。我不确定她自己是否注意到,她甚至抬起手臂遮住她的腹部。特蕾西告诉我,食堂关门和她严重缺钱的日子凑到一起——在来到英杰时,她手里只有 14 美元——她每天被迫只能吃上一顿不怎么健康的饭,勉强活在校园里。

数周后,我们又在图书馆前不期而遇。在轻松随意的聊天中,特蕾西向我透露为什么她不愿谈论春假。为了养活自己,特蕾西在勤工助学的工作上加班加点,但到了春假期间,兜里的钱仍然只能供她每天吃一顿饭。某天,春假临近结束时,特蕾西独自一人待在房间,恍惚中,她发现自己躺在了地板上,而她压根不知道发生了什么。原来她昏倒了,因为没吃饭。

即便是那些家住学校附近的学生,也不一定能逃脱春假的魔咒。许多来自穷人家庭的学生都曾提到,因为家人并不理解他们来英杰读书的决定——特别是有学生放弃本地的州立大学或社区学院,却选择了高高在上、遥不可及的英杰,所以他们和家庭的关系搞得很僵。达米恩(PP,B)家里距离学校很近,从那个小镇乘坐公交车,不到一小时的车程就能到英杰,但是在读大学的大部分时间,他和父亲之间的紧张关系都让他有家难回。"这太糟糕了。"当说起英杰关闭食堂的政策时,达米恩告诉我,"英杰实在是对最起码的事实视而不见,很多学生在春假期间没办法回家"。达米恩陈述了他们这些学生的真实感受:"事实就是,首先因为经济状况,我们很可能没办法回家,然后你们还要剥夺我们有东西可吃的保障。你们这么做,就是在进一步伤害这些学生。"

我约了埃莉斯(DD,W)一起吃午餐,数月之前,我曾对她做过一次访谈。她当时开玩笑说,上一次我们碰面时,就是因为春假期间要吃饭。她说对了:大约一年前,我曾请她吃过午餐。埃莉斯的春假经历不同于其他的学生,因为她有饮食失调的问题,那个时候,她刚开始接受治疗。因为担心饮食节奏的打乱会导致病情的反弹,春假开始之前,营养诊疗师安排了一次与埃莉斯的会面。"我的处方就是吃的；他们给了我几盒子罐头汤。"她冷冷地说。虽然对这样的帮助心存感激，但在给她的汤喝光之后，埃莉斯就不得不"靠着沃尔格林药店每袋0.67美元的速食拉面来过活"，一直"吃到恶心"。埃莉斯的经验表明，关闭食堂可能会严重伤害本科生的心理和身体健康。[13]

在访谈过程中，当我们触及春假政策的话题时，愤怒连带怀疑的情绪有时会爆发。安妮（PP，W）有些忍无可忍，显得不知所措，她恳求我："你会让他们为这个政策做点事吧，对不对？讲真的，这太荒谬了！"

我们的年轻大学生从来最不缺的就是聪明才智。在我的访谈中，学生采取了各种不同的办法来节约开支。几乎所有的高年级本科生都会给我讲述，在春假即将到来的日子，他们会从食堂购买面包、熟食和奶酪、麦片、面包圈、牛奶、水果、花生酱和果酱，将这些吃的囤积起来。好几位学生告诉我，食堂工人很有爱，他们会帮助学生，准备好袋装的麦片和面包棍。我也曾亲眼见过这种日常的支持：玛莎是一位年长的食堂工人，说起话来和颜悦色，像母亲一样；乔伊的年纪与我相仿，是一位狂热的篮球迷。我曾见过这两位黑人食堂师傅在推车里装满成袋的面包圈和燕麦卷，然后，他们用推车推出这些袋子，甚至袋口也敞开，方便学生选购后拿走。乔斯（DD，L）对他们的盛情心怀感激。"我从食堂拿回来面包。这就像是为期一周的《幸存者》游戏，"乔斯开起了玩笑，"在那段时间，花生酱就是我最好的朋友，即便因为花生酱很油腻，我脸上总会猛长痘痘。多希望我也能回家啊。"在他们从同学那里获取的充公的食品过期后，或是宿舍冰箱原本就已空空如也，他们才会补给日渐可怜的食物储备，当然是能买得起什么就买点什么吧。

许多穷学生用上了他们在家时练就的求生技能，但问题是，在来到像英杰这样的精英大学后，这些策略就显得难登大雅之堂。米歇尔（PP，L）懂得什么叫没钱的穷日子，那就是她上大学之前的生活。米歇尔曾骄傲地宣称，她的家庭"或许总是缺衣少食，但我们从不缺爱；来自家人的爱，才是生活的根本，是最重要的"。但随着我们越聊越深，她的情绪和言辞却述说出一个些许不同的故事。"说实在的，我们的公寓被收回了，我们也被赶了出来。我们无家可归了。我在这儿曾经写过一篇文章，记录下我们的故事，那种挣扎求生，感觉非常糟糕，因为妈妈总是以泪洗面。"对于米歇尔和她的家人来说，睡大街并不是一生一次的噩梦。高中阶段从头到尾，无家可归的日子对她来说更接近生活的常态。"我们根本不知道，我们能否算有一个家。借宿在朋友那儿时，我们心里也做好了被踢出去的准备，这种事都见怪不怪了。"只是米歇尔尚且不知，这段痛苦的过去会帮她度过一段不如意的现在。我问她春假期间都做了些什么——

米歇尔：上个春假，我留在了这里。我不想回家，屋子里多出一个人，只会增添妈妈的负担。我家的房子真是超级小；比你这间办公室还要小。所以我就待在了学校,还有一位从加州来的同学。她也回不去家。我们就去找吃的。我们溜进一处食堂的储藏室,"拿走"好多好多吃的。整整一周,我们就这样偷摸地生活,实在太糟糕了。

托尼:你怎么看待食堂不开门这件事?

米歇尔:这是个问题。他们应该开放食堂,因为有这么多人没法回家。我们的家人已经是居无定所了。人要是没钱去填饱肚子的话,生活就真的很难。他们必须考虑到这一点。

当然,我还见识了另一种生存策略,春假期间,我会邀请访谈过的学生,带他们出去吃饭。我的设想是,在附近选一家我们从前都没去过的饭店,款待他们一顿大餐。我这么做主要出于两方面的考虑:其一,我希望能借此缓解某些同学没饭吃的焦虑,哪怕只是招待他们一顿饭;其二,我也想要跟进自前次会面之后的近况。(我猜实际上还有第三个理由:我也想试试那些饭店。)但很快,我就觉察出一件怪事,只有一名学生吃光了他的食物。有些学生上来就提到,我们的晚午餐或晚餐是他们这一整天的第一顿饭,但即便如此,他们还是吃得很慢,并且将至少一半的食物都打包带回了家。一开始,我还以为他们不喜欢那里的食物,只是出于礼貌而不好明说。但我随后搞懂了,事情不是这样的。他们向我保证,他们很开心,食物也很可口,但他们想要留一些稍后再吃。这样一来,他们就把一顿饭变成了两顿。[14]

对于在假期留校的穷学生，英杰大学也很少有援助的举措，我能想到的，大概只有助学金办公室每年都会发布一份指南，向学生介绍校园周围的经济型餐厅。这份指南在线上发布，里面标出相对便宜的餐饮和购物场所，还为预算拮据的学生提供了其他生活贴士，是专门为那些拿到助学金的穷学生准备的，当然，我们也都能登录浏览。学生向我指出，怪就怪在，发布这份指南的办公室，其实就是那个知道他们到底有多穷的办公室，故而他们应该明白，即便是这些"便宜小吃店"，也超出了他们的支付能力。

穷学生难免饿肚子，这就和学校给学生运动员的待遇形成了鲜明对比。在春假期间，如果学生运动员被要求留校，学校就会按日发放津贴。体育部主任向我确认，2014 年，学生运动员的日津贴是 15 美元，并且他们还能经常获得更好的待遇。辛迪是学校重型赛艇队的队员，她告诉我，春假的每一天，赛艇队都能在训练场地享用准备好的早餐，包括"培根、鸡蛋、麦片、薯饼、水果、面包圈、酥皮点心，还有各种果汁"。这边，辛迪享用着免费的大餐，那边，米歇尔却要冒险到食堂储藏室碰运气，特蕾西更是因为没饭吃而晕倒在地板上。英杰大学一方面保证运动员吃饱喝足，但另一方面却任由最穷的学生自生自灭。

在春假期间关闭校园的餐厅，是美国大学常见的做法。2015 年，我列出已经实施无贷款助学政策的文理学院和大学，考察了它们在春假期间的食堂政策。后来发现，在这些大学，仅有四分之一的学校会在春假期间继续维持食堂的运转,供留校学生没有限制地使用。多所大学不仅会关闭食堂,甚至还会对学生留校收取一定费用。康涅狄格学院就向学生收取40美元的餐食费和70美元的住宿费。史密斯学院在春假那一周要收费80美元。圣劳伦斯大学则要收取175美元的住宿费。还有一些学校会干脆关闭校园。在采取关闭政策的学校,费尔菲尔德大学是少数几所说明理由的。宿舍在放假时也要关闭,该校网站上指出,因为"在学期放假时,大多数美国学生都会回家,而其余的则会选择出游"。[15]

食物短缺在美国是一个普遍问题。谈到这个问题时,我们通常关注食物短缺对孩童的影响,这当然是正确的。根据某家儿童反饥饿(Hunger Is)游说组织的统计,在美国平均每六个孩子里就有一个面临食物短缺的问题。相比之下,另一个事实则鲜为人知:全国各地,许多大学生也遇到相似的处境。在过去十年时间,硬性数据不断出现,让我们了解到这个问题的严重性。关于美国大学的研究现已证明,食物短缺的严重程度令人担忧,波及大约20%到36%的在校学生。2015年,加州州立大学校长蒂莫西·怀特发布了一份报告,其中指出,在该校系统注册的475,000名学生中,20%的学生经历过食物短缺的问题。统计乔治·华盛顿大学的"第一代"大学生,每月都会经历至少一次食不果腹的,占比三分之二,而每周要饿三次肚子甚至更多的,也要占到其中的五分之一。[16]

"藤一代"(1vyG),是一个跨校的大学生组织和论坛,由就读于常春藤盟校和其他精英大学的"第一代"大学生所组织。2015年,我参加了他们的第二届会议,在会上发表了我关于食物短缺问题的研究。在报告后的问答环节,一位白人姑娘,穿着哥伦比亚大学的运动衫,梳着精灵短发,站起来提了一个问题。她报了自己的名字和所在年级,然后停顿了片刻。"在对春假攻略的研究中,你有没有发现其中存在着性别差异?"她严肃地提出这个问题。抢在我回答之前,她开始讲自己的故事,一边讲,一边看着我,仿佛在寻找继续说下去的勇气。她讲述了自己的策略,在春假到来之前,她开始尽可能地在网上安排约会活动,这样一来,她就为即将到来的一周春假确定了约会的日程。男女约会的社交惯例是男方要为第一次见面买单,靠着这个办法,她安排妥当了春假期间的多次约会餐。就这样,手机约会的App(Tinder)对她而言更像是用于餐厅订座的App(OpenTable)。我看到,听众之中,很多学生都面露同情,陷入深思。[17]

根据我在英杰所做的正式访谈,没有学生提到过类似的春假食物攻略,然而在平时的聊天中,还是有少数几位女同学承认,如果真饿到不行,她们恐怕也不得不这么做。近年来,大学校园的性骚扰问题引起越来越多的关注,在此背景下,大学的管理者应当意识到,在春假期间关闭餐厅的政策,就有可能导致一个未曾料到的后果——他们是在驱使某些学生,尤其是年轻女性,落入潜在的危险境地。

对于穷学生来说,春假就是一次提醒,让他们不仅意识到自己穷,还能看到周围同学的特权。这是因校方政策所强化的一种对比。大多数学生在讨论起食堂关门时，表述如同凯莉（DD，W）所言，这种做法"非常糟糕……明目张胆地不公平"。无论是双重贫困生，还是寒门幸运儿，食堂关门都构成摆在他们面前的难题，因为这两类学生通常都没钱离开学校。而且，对于少部分学生来说，即便有钱回家，却也是无家可回的。而对于那些本就手头拮据的穷学生来说，食堂关门就导致了又一笔、此前未列入预算的经济负担，也让生活在精英大学的穷学生担负更大的压力。"春假才是真正的《饥饿游戏》（*Hunger Games*）"，瓦莱里娅（DD，L）一针见血，只是穷学生的胜算从来就不大。

英杰大学已经投入了大量的资金，用于奖学助学，为的就是面向全体学生敞开学校的大门，而不是只欢迎出身有钱人家的学生。但问题在于，只要学生们进入大学，那些穷出身的学生仍时常感受到排斥。在我的访谈中，很多学生指出，之所以社会阶级的情绪会一再泛起，就在于校方的很多政策是在凸显而非淡化阶级差异。这些政策将大学里的穷学生推向了边缘，人为地创造了隔离且不平等的空间。只要是来自低收入家庭的学生，无论何种群体，都有相同的体验：黑人、白人和拉丁裔；男人和女人；双重贫困生和寒门幸运儿，皆是如此。

学生并不是在真空中与同学或教授交往的；他们置身其

中的校园，充斥着各种各样的政策，政策自校方出，管控着学生日常生活的方方面面。这些政策经常凸显阶级差异，放大了学生所感受的区隔，同时也在削弱他们的归属感。本章重点呈现的三项政策，无一不让穷学生感到焦虑、受伤，有时甚至是愤怒。就此类大学政策而言，金钱实际上已经成为充分参与校园生活的必要条件，故而，所有的穷学生——无论他们之前读的是哪一类的高中，都会付出沉重的代价。

先看校园派遣项目——某些学生成为雇工，为其他学生打扫宿舍房间，这一政策一直在破坏穷学生的归属感。在课堂上，所有学生都应是平等的；但是，当穷学生为富家子弟刷洗盥洗台和马桶时，他们之间的关系像极了外面世界的工人-雇主关系，在穷学生和他们的同学之间设定了一种等级秩序。不仅如此，"校园派遣"的工作并不会激发学生的学业追求，也无法为打工者提供资源，促进他们未来的事业。清洁工，不像是学术项目的助理或者在图书馆里工作，难以拉近学生与教授、管理者或其他行政老师的联系。"校园派遣"也许能锻炼某些有用的生活技能，这一点有些学生也承认，但更重要的能力，那些我们期待因就读于精英大学而能学到的能力，就不是这一项目所能带来的了。[18]

只要是穷学生，无论种族，就能体验到这种由贫穷所导致的排斥感，但即便如此，种族在很多情况下还是可以强化这些差异。先说白人里面的穷学生，当旁人发现他们无力负担英杰大学的日常生活开销时，他们的阶级出身也就暴露了，这些白人学生由此感受到的懊恼，是有色种族学生无法心灵相通的。而说到黑人和拉丁裔的学生，他们会发现，无论是"校园派遣"，还是"奖学金+"，都以种族区隔的方式把他们挑拣出来，其中包含的种族偏见又能勾连起漫长且黑暗的排斥历史，无论是在劳动力市场，还是在公共空间，他们的家庭成员也都无法逃避。

乌云之中还透出一丝亮光：相比较而言，改变态度和成见往往更难，而修改政策和项目就要相对容易些（当然，我曾在英杰成功游说校方在春假期间开放食堂，根据当时的经验，也绝不能说容易）。首先一步，大学校园推崇的是心灵的生活，而"校园派遣"当然属于不折不扣的体力劳动工作，故而教授和行政老师都应当检讨这些工作的政治效应。他们还应当认识到，"校园派遣"所附带的经济胡萝卜，实际上就好像压迫穷学生的大棒。他们还应当扪心自问，是否存在其他的替代方案。学校大可不必雇用本科生，而是雇用受过培训的专业清洁工，让她们打扫学生宿舍。或者更简单一些，学生可以自己动手，清理他们自己的卫生间。学校也不应让穷学生为他们的同学服务，使同学之间变成主仆关系，而是要提供更好的勤工助学岗位，促进技能的培养，加强与教授以及行政老师的联系，以及提供充实自我的机会。例如，布林茅尔学院和哈弗福德学院就创设了教学相长项目（SaLT），受雇的学生可以拿到报酬，他们与老师合作，组成"教学伙伴"，促进在大学里的创新型教学。[19]

安排学生进行体力劳动，或者从事服务性质的工作，英杰大学并不是唯一一家。普渡大学和康涅狄格大学也会雇用学生做清洁服务。阿默斯特学院、布朗大学和普林斯顿大学也会雇用学生，在食堂和便利饮食店做服务员或清洁工。如同在英杰大学，这些工作吸引了来自低收入家庭的穷学生，因为它们通常有着最灵活的排班安排，更好的时薪，有时甚至两者兼而有之。现在是时候了，所有的文理学院和大学都应该认真反思诸如此类的项目。

"奖学金+"作为一个项目，是为了向穷学生提供参加校园活动的免费门票，说起来，这个项目是一个绝佳的例子，它在英杰的故事告诉我们，项目背后的理念很重要，而项目的实施方式也同样重要。很多大学已经采取种种措施，在大学录取环节移开了诸多路障，那么在实施相关政策时，校方就务必慎之又慎，千万不能弄巧成拙，不要贸然破坏了他们想要推进的目标。在"奖学金+"的例子里，我曾向英杰大学的一位行政领导建议，学校可以建设电子票的系统，让学生通过校园卡来申领，这样一来，学生既可以享受"+票"的福利，又不至于因在领票时要单独排成一队而感觉抬不起头。电子系统建好后，本科生只要在读卡器上刷一下自己的校园卡，就可以进去参加活动，同时因为取消了纸质票，也能帮学校节约开支。虽然这个具体的建议未获采纳，但我所要追求的目标还是实现了：现在你到英杰大学，再也看不到分开排成两个队的现象了，至少在参加由学校主办的活动时是这样。现在，学生可以接收票务发来的电子邮件，然后在宿舍就提前打印好他们的门票。

再说到春假期间的食堂关闭问题。一个显而易见的解决方案是，面向所有留校的学生，开放至少一个食堂——无论是运动员、国际学生还是穷学生，都一视同仁，不再加收额外费用。若这一设想成为现实，也可以取消目前零碎的回应方法，比方说三三两两地为本科生提供食物，或者为运动员按天发放津贴。但这一方案看似简单，实则难以实行。部分原因在于经费问题，部分原因在于特权思维。

我曾努力倡议在英杰大学实行新的春假政策，也是基于这段切身经验，我认识到，改变是可以发生的，只是它需要时间，也要求不屈不挠的坚持。英杰大学的行政人员告诉我，他们不清楚春假期间到底有多少学生留在学校，也不知道该如何查明这个数。于是我给他们支了一招，为什么不去看一下在上一年春假期间有多少学生进入过宿舍？当然，这充其量只是一个约数，但有总比没有强。结果就是，不看不知道，一看吓一跳。春假期间，大约七分之一的学生留在校园。请注意，并非所有留校学生都是穷人。七分之一的数字中，还包括了写论文的学生、运动员、国际学生，以及那些以学业或工作原因要留下的学生。即便如此，这么多的学生春假时仍在校园，这一事实还是震惊了行政老师，促使他们做出了认真的反思。

但是，只是记录下多少学生在春假时留在学校，尚且不够。当这一信息呈递至大学的高层管理人员，也即那些掌管学校钱袋子的领导，上面又给出两种反对意见。首先，有些管理者质疑，开放食堂是否就是正确的解决方案。如果学生知道食堂是开着的，他们认为，届时就会有更多的学生留下来，而这会加重大学的运营成本。其次，反对意见还围绕着这个问题：多少才能算够？有一位行政老师指出，学校已经提供了充足的经济资助。当着我的面，她的态度很坚决，说从她还是本科生的时候，食堂在春假期间就是关闭的，故而她实在看不出有任何理由要开放食堂。

有些大学——英杰也位列其中——正在努力做到更好。经过为期一年游说校方的努力，2015年，历史上第一次，英杰大学在春假期间开放了食堂。虽然自此后，为了确保留校学生在放假期间能吃得饱，行政人员尝试过很多不同的方法，但他们已承诺在此期间提供食堂保障。不只是春假，还包括寒假的圣诞节前后，英杰也扩展了对学生的支持和保障计划。我与康涅狄格学院的合作，也是进一步的证据，确证了事情能往好的方向发展。此前，该校的政策是要向假期留校的学生收取食宿费。而现在，在教务长杰斐逊·辛格的大力推动下，该校不仅免除了住宿费，还面向穷学生免费开放了食堂。

快醒来吧！对于已经扩展录取和经济资助政策的大学来说，本章中的学生"证词"应当是一记长鸣的警钟：把学生招进来，并且为他们提供助学金，尚不足以造就一个开放且包容的校园。从"校园派遣""奖学金+"，到春假政策，这三项例证当然不足以穷尽英杰的全部问题——也许应当有一个清单，上面列明种种不当的政策实践，它们不公正地侵扰了穷学生，破坏了他们的大学经验。还会有很多类型的政策，让穷学生感到自己是这个一等世界的二等公民。文理学

第三章 "我，也，饿" 225

院和大学必须做出调整和改变,适应并包容更多元的学生群体。理解大学生置身其中的社会世界,是为了走向融入而迈出的关键一步,也是加深我们互相理解的决定步骤,它让我们终于明白,从录取到公正还有一段长路要走。[20]

结　语
在录取之后

"旧世界，留下你过去的浮华吧！"
她沉默的双唇呐喊着。
"给我你那疲惫、困顿、
渴求自由呼吸的芸芸众生，
你那挤满海岸的可怜贱民。
把他们，把那些无家可归、颠沛流离者送过来吧，
我在这金色的门边，举灯相迎！"

——艾玛·拉撒路《新巨人》

本书所记录的，是当今美国大学生的校园生活样态，当我开始动笔时，距离首批无贷款助学政策的启动已经过去近二十年了。追昔抚今之间，我也在想象下一个二十年。我在想象，下一代的大学生还能否像我一样，或者像那些在前面用他们的故事赋予本书生命的年轻人一样，打破家庭的经济枷锁，走进精英大学，并从高等教育中获益。我们看到，越来越多的精英大学居安思危，成为艾玛·拉撒路《新巨人》在二十一世纪的化身：它们是一座座希望的灯塔，为所有意

志坚定、梦想远大、力争上游的年轻人引领道路，助力他们挣脱因贫困而绑缚自身的枷锁。面向这些出身贫寒的年轻人，这些院校发出邀请，引领他们走过雕梁画栋的大学之门，在学术圣殿之内找到他们的新家园。

但无论在英杰，还是美国许多其他大学，观察本科生生活的现实状况，就能揭示在"说"和"做"之间的张力。诚然，助学政策的改革，带来了本科生群体在构成上的显著变化，让贫与富共处在大学校园——现如今的美国，这种穷富相间早已在别处绝迹。然而，在任何共同体内成为"公民"，所意味的都并非只是身体出现在某个场所。它还需要在情感上归属于那个地方，就是那种塑造了你认为你是谁的情感。而本书所讲述的诸多故事，也在逼迫我们去看清楚一个痛苦的真相：被录取，并不代表着能融入。

多样性绝非一日之功，当某大学发布其年度新生录取数据时就庆祝一番，然后就是等待下一茬学生入学，前一年的数据用完即弃。对于年轻的本科生来说，他们进入校园后的四年时光也同样重要。多样性，必须经过持续不断的培育。既然学生群体在结构上有所变化，那么精英大学也必须跟着做出改变和调整，与时俱进。

推行无贷款助学政策曾是勇敢的一大步，既扫除了某些通向大学之门的经济障碍，也向未被充分代表的弱势群体拉开了大学录取的门缝。这项政策的关键是用奖学金和助学金来替代贷款，对那些来自经济贫困家庭的学生而言，大学之门由此打开。根据新政策，录取学生时不必考虑他们是否有能力负担起大学的开销,这样一来,很多经济上的因素都不再举足轻重,此前,正是这方面的考虑常常驱使学生脱离校园的学业和社交生活,比如学生必须经由非学校的途径来借款,或者在社会上全职打工挣钱。但是,诚如我们所见,学校提供的奖助学金无法负担全部的开销,而"无贷"也没法让穷学生一身轻,该来的难题总归会来。英杰大学在录取政策上并不考虑学生的经济状况,也无须学生通过贷款读书,但同这一政策实施后所招录的本科生进行交流,有助于我们认识到,即便录取是可能的,但还是存在很多其他的因素,阻碍学生完全融入校园生活。[1]

现在,既然大学招进来更多元的学生群体,那么要确保这些学生都能成为大学社群的平等一员,必须采取什么举措呢?英杰学生在与我交流时,总是几家欢乐几家愁,而从他们所讲述的故事中,我们可以发现,在当下推进多样化校园的种种努力中,到底缺失了什么。我的希望在于,他们的经历能够激发并启发当前的讨论:社会阶级——既有物质层面的,也包括其象征维度——在大学校园是如何运作的,而对于大学生而言,无论是在本科岁月,还是在毕业之后,社会阶级又意味着什么。于我而言,他们的故事就像打开了一扇窗,从窗口望进去,我们能看到穷学生虽都来自低收入家庭,但求学背景却各有差异;当穷学生到达精英大学后,他们接下来所要经历的种种挣扎;以及为了帮助他们获得成功,我们需要做出什么改变,不仅在校园之内,还要延续至大学之外。

认真对待"过去":穷学生的多样性

研究者和大学管理人员往往认为,天下的穷学生都一样,他们之间没有差别,也无从区别,都是困难学生。这么一来,也就抹平了穷学生之间的巨大差异,同为出身贫困背景的学生,他们是否为上大学做好了准备,情况却大不相同。因为这种"一视同仁",所导致的后果之一就是一种过于简单化的叙述,在大学里做一名穷学生是什么模样,被讲成了千人一面的故事。如要理解眼下的学生,大学首先必须去了解他们的过去。无论是学者,还是大学管理人员,若是希望搞清楚为什么每位学生在大学四年会有各自不同的表现,以及进入大学之门后如何在校园生活里游刃有余,又或者是手足无措,他们就要自觉意识到,首先要知悉这些学生从哪儿来,以及经历了什么,才叩开了大学之门。

要理解出身穷人家庭之本科生的社会生活,我们的方法必须符合"穷人"这个群体自身所内含的复杂性。说起这种复杂性,本书从始至终,我都在强调一个维度,也就是在双重贫困生和寒门幸运儿之间的区别。区别在于,虽同为出身低收入家庭的学生,但一组在上大学前读过预科中学,另一组则没有,这就揭示了当前社会学大量研究的缺陷:学者过于关注学生的家庭出身,认定家世背景就固化了阶级结构。孩童如何社会化,取决于其原生家庭的阶级地位——诸如此类的思考方式也就导致了一种僵化的认识,即当这些孩子进入青春期，到了上大学的阶段，能否取得所需的文化资本，也取决于家庭状况。如本书对英杰大学之学生生活的叙述所示，文化资本从父母传承给子女，并不是故事的全部。关键在于，不能只盯着学生的原生家庭，而要看到完整谱系内的经验，是它们塑造了一个学生及其各种能力。在这里，我倡导一种方法，它考虑的是一系列机构和影响力的集群，这些力量汇聚后，引导着不同学生度过大学岁月的不同策略。我相信，我们必须考察学生在邻里社区和中学的经历，因为它们是加剧不平等的"门户机构"。在这里，认真对待不同学生在大学之前以及大学期间的生活差异，而不只是学生家庭资源的差异，就能加深我们在理论上的认识——到底是什么塑造着本科生的日常经验，也能让我们找到切实可行的办法，为大学当前所热切追求的新多样性做足准备。[2]

寒门幸运儿和双重贫困生之间的鲜明对比，清楚地展示了高中构成了一种强有力的社会化力量，这一阶段的经历，既塑造了学生在踏入大学之门时的学业倾向，也培育了他们的能力——无论中学毕业后进入哪所大学，决定了他们能不能投身大学生活并找到人在校园的归属感。不仅如此，当目光不只限于家庭时，我们就能够觉察种族的历史遗留问题，尤其是追溯穷出身的黑人和拉丁裔学生的成长经历，在他们的邻里社区和学校总是流行着隔离和大面积贫困，也能厘清这些种族主义的顽疾究竟是如何扩展阶级差异的。[3]

说起我所发现的寒门幸运儿这类穷学生，我自己也曾是他们中的一员，也因此获得了第一手的认识——学生能否走出过渡期，适应一所精英大学，至关重要的不仅是家庭背景，还包括此前的受教育背景。当我从本地的公立中学转去财富遍地的格列佛预科学校时，两个世界就撞在了一起。随着我渐渐熟悉格列佛的新世界，我就发展出一种不同的理解，关于社会阶级和种族，也关系到特权和贫困。那就是为我后来到阿默斯特学院求学所做的训练——那是我的家庭不曾教过的东西，也是从那些介绍大学生活的昂贵图书里永远学不到的东西。说起我在格列佛的经验，它们教会我该如何经营关系，无论面对的是身边有钱的同学，还是拥有研究生学位的老师，都能从容相处；不仅如此，我还因此预演了当回到家里之后，如何与我的亲朋好友处好关系。

寒门幸运儿懂得一种混杂的现实。他们知道贫困社区处处危险，也时刻担忧那些他们所爱的、仍以那里为家的亲友们。但他们也体会过，在学习第二门语言时，全身心沉浸于异国文化中的那种快乐，抑或在比特摩尔庄园或某位校友家里享用丰盛晚宴时，他们懂得什么时候该使用哪种叉子。但是，这样的新知识并不能取代旧生活，准确地说，它们同时并存。对于寒门幸运儿来说，当驱逐通知贴在公寓大门前，或者噼噼啪啪的枪击声在耳边响起时，他们仍在体验这种感觉，也懂得该做些什么。虽然他们已经形成某种面对特权时的淡定（在此借用社会学家西莫斯·可汗的说法），但他们还是未能完全进入那个世界——那是含着金汤匙出生、自小就生活在财富中的同龄人的世界；从文化上看，他们牢牢掌握了在精英空间穿梭自如的技巧，但在经济问题上，贫困及其滋生的种种制约也如影随形。[4]

虽然本书的一个主要目标是要记录下寒门幸运儿这类学生的存在，然后描述他们的经验，但我还是希望能做到更多，能更好地理解所有来自低收入家庭的本科生的经验。无论是阿里安娜、埃莉斯，或者莎妮可，她们的故事告诉我们，双重贫困生在一所精英大学的生活到底是什么模样的。当他们跨过大学之门时，这一类学生经历着一个巨大的跨跃，从社会期待到文化规范，方方面面都是如此。他们从哪儿来？通常是贫穷、衰败且族群隔离的地方，那里几乎不存在把成年人视为同伴的认知。但到了大学，身边的人以及习惯就不一样了。在那里，主导社交和学业生活的规则也不一样。在双重贫困生的眼里，大学并不是一个机会无限的自由之地，反而是一片荆棘丛，其中随处遭遇的，不是反复体验到的新的社会和经济枷锁，就是不断被打醒——原来，从他们来自的世界，到这个他们无法完全融入的新世界，其间从来都横亘着巨大的鸿沟。除却这些社会和文化的差异，他们还必须面对一个惨淡的现实，在财大气粗的制度环境下过着两兜空空的生活，同时还要承受家里亲友穷困所导致的无尽困境。[5]

研究（高等）教育的学者，应当与研究城市（以及乡村）贫困的学者加强交流，这样一来，我们就能更好地理解年轻学生在上大学前以及在大学期间的不同经历。结构性的不平等如何既植根于邻里街区，也发生在校园内，更充分地把握这个命题，也能深化学者的认识，从而更好地发现学生从中学到大学所面临的种种挑战。大学教授、职员以及管理者也必须更清楚这些问题，如此才能制定政策帮助学生融入大学校园，同时做好准备，解决学生所面临的诸多难题。

随着新的学生群体来到大学——特别是像英杰这样的精英大学，现在，大学与这些一度被忽视的社群的关系也在扩展、加强并深化。透过这些新的纽带，各种各样的不平等也更鲜活地展示在我们眼前。我们看到，有些邻里社区和学校能保护年轻人免于伤害，但另一些社区和学校却恰恰把孩子们置于危险之中。出身贫寒的学生——特别是黑人和拉丁裔的青年，因为贫民窟和种族隔离的恶性交叠，从来都无法摆脱高犯罪率、街头暴力、混乱无序，以及自家街区和学校内的其他社会顽疾，甚至到他们进入大学后，这些麻烦还会持续困扰他们的日常生活。这些学生可能没有稳定的居所：在我于英杰访谈过的全部学生中，十分之一的同学告诉我，他们在上大学前至少曾经历过一次无家可归的窘境。故而，这里有现实的功课要去做，尤其是对于教授、管理者、住宿书院的导师、求职导师以及其他行政人员来说，要去分析这些社会力量会如何影响学生在大学四年的求学轨迹。比方说，虽然每个人都会经历挫折，只是方式不同，但挫折的意义对每个人却各有不同，贫穷的少数族裔所遭遇的挫折，可能迥异于有钱的白人同学。家庭生存在隔离和贫困之中，那么学生读大学期间有熟人因暴力而死于非命的可能性，就会随之大增。奥贡在大学的第一年就遭遇到这种变故，当时她在故乡的一位朋友被杀了。心理健康和咨询中心应该做好准备，不仅要能帮助学生走过家里长辈亡故的悲伤；当有同学的兄弟因黑帮交火而不幸丧生时，咨询老师也应提供相应的援助。同样的帮助也要覆盖到来自农村地区的穷学生，因为农业或矿难事故、黑肺病或越来越严重的吗啡类药物危机，他们有时也难免经历亲友的亡故。[6]

认识到我们的社会存在许多结构性的不平等，并且理解此类不平等是如何影响学生生活的，可以改进我们大学的政策、惯习和服务。无论你是教育学的教授、助学金办公室的行政人员还是心理健康的咨询师，读这本书可以让你的目光更锐利，面对那些敲开办公室大门的学生，你能迅速走进他们复杂生活的方方面面。在本书中，我始终在凸显这种复杂性，首先是引入了双重贫困生和寒门幸运儿的分类，其次是展示社会阶级那看似无所在却实则无所不在的影响力，特别是它们如何塑造大学生本科四年的日常生活。但是，每一位学生的声音都是独一无二的，这也表明，各群体之间存在着相当大的差异。在这里，我的目标不是要开启某种决定论的思考方式，让我们的教授和大学管理人员用命定论的方法来判断每一位学生。毋宁说，我要勾勒大学生们各自不同的经历外廓，希望借此推动我们的认识，在这些学生群体内部，我们能发现极其参差多样的经验和能力，并且做好准备，迎接所有敲开大学之门的学生。

开诚布公地讨论美国的贫穷和不平等问题——它们的源与流——以及它们在大学校园的展开，还能帮助学生去认识他们自己。2015年，我在阿默斯特学院做过一场讲座，题目是精英大学里的多样性。讲座结束后,玛娅和托娅,两个大二年级的学生,找到了我。托娅的话让我始料未及:"你的术语给我们提供了一种语言,可以说出我俩的不同之处。"托娅此前读的是一家私立中学,这多亏了怀特基金会的一笔奖学金——那是一家新泽西州的非营利组织,将优秀的寒门子弟送到私立的寄宿或走读中学。但玛娅则留在纽瓦克,读的是一所当地的公立学校。因为来自邻近社区,这两位姑娘成为好友,然而,每当谈起在阿默斯特的经历,她们却各执一词,争执不休。玛娅说她经常会感到失落,托娅却说她从来没有。每当这时,玛娅就会觉得托娅欠缺一些同情心,而托娅想的就是全力以赴,最大限度地利用阿默斯特的资源,不要总想着大学和故乡怎么不同。在她们看来,有了双重贫困生和寒门幸运儿这样的概念,她们所体验的迥异就不仅能放回大学校园的语境,还能拉回至更深远的视角——追溯她们在邻里街区所曾经历的不平等,以及她们迥异的高中经历,最终是如何塑造她们在阿默斯特所体验到的生活。此前,玛娅和托娅只要一讨论,就难免集中在个体差异上,她们的辩论也因此像是一场人身攻击,但有了上述的概念和语境,这场讨论也得以提升为关于社会不平等的对话。

此时和此地:从录取到融入

我要感谢研究经济分层问题的学者,得益于他们的工作,我们现在知道,从大学毕业能获得极大的回报,一纸大学文凭，在一生的经济收入上都有所体现。而现在，我们必须从这个结果向前追溯，理解读大学如何可能推动或阻碍这一过程，分析其间发生的种种机制。学生的社交生活怎样，他们的情感状态又如何？学生能否充分利用大学为他们提供的所有资源？换言之，关于大学作为社会流动跳板的功能，关于大学如何襄助学生未来的成功，抑或加深了他们当下的困境，我们现在所知的并不够，还须做更深入的观察和更细致的分析。正是通过研究大学生的日常经验，看他们在大学食堂里用餐，在校园草坪上散步，在教室里学习，在宿舍里逍遥，我们才能开始真正走近并理解这一过程。[7]

在我们眼中，那些通过个人奋斗走出贫困社区，昂首迈入大学校园——尤其是精英大学的年轻人，可谓人生赢家了。我们总在假定，这些名校年轻人已经拿到了开启成功的金钥匙。确实，当你拿到一所精英大学的录取通知时，也就基本保证了你四年后能从那里毕业：英杰，也包括同梯队的美国大学，向来都有非常高的毕业率，这也是它们引以为傲的地方。但是，毕业率不会告诉我们，这些学生在大学期间到底经历了什么，数字无法描述出他们经受的试炼或取得的成功。毕竟，对于年轻学生来说，毕业是一回事，而大学四年身心健全、善始善终，在毕业那刻准备好在人生旅途上乘风破浪，则是另一回事。

现在，有学生拿到了一所精英大学的录取通知书，但仅凭这个事实并不意味着他们就能利用起在校园里接触到的全部人脉和资源。回忆起我在英杰大学的访谈，有些学生，比如妮可和米歇尔,懂得为自己争取,建立人脉关系网,把学校提供的各种资源和机会都收入囊中——这些同学大多是寒门幸运儿。相反,还有些学生,比如瓦莱里娅和米格尔,却把自己封闭起来,远离大学社群,显得格格不入,他们不懂得利用大学提供的资源和支持——这些学生大多是双重贫困生。如果只见树木,那么我们大概会认为,那些积极为自己争取的学生,观察他们的个体,都是更专注、更努力学习也因此是更值得我们去帮助的学生,但问题在于,我们不能只见树木,我们必须去调查这些差异是如何形成的,思考这些差异是如何映射大学共同体内现有的文化规范的。也就是说,学者、教授和行政人员都肩负着责任,他们所要理解的,不只是贫穷和不平等如何塑造了学生的大学生活,还包括大学是如何日复一日地放大学生之间的差异的。

对比寒门幸运儿和双重贫困生的经历,可以帮助我们看到,精英大学的生活在多大程度上构成了一种排斥。在每一个精英机构的内部,都隐藏着一套看不见的"课程表",里面写满了不成文的规则、未经解释的术语以及一整套局内人视为当然的事情。毫无疑问,大学往往会奖励那些在入学时就已熟悉这套规则的学生——甚至连校方通常都没有意识到它们正在这么做。这种做法反过来放大了学生在大学之前的经历差异,而未能尽量缩小它们,在这种模式下,得到奖励的是内部知识,而不是能力、努力或天分。故而,大学的教职员工必须评估自己每天都在进行的工作,也要学会扪心自问,究竟这些工作是在帮助我们的学生,还是在打扰甚至阻碍着他们。乍看起来,这种自我评估好像是荒诞的,但本书内所收录的学生声音却在告诉我们,事情并非如此。让我们从最常用的词语开始,它们虽然被我们挂在嘴边,但却极少得到定义或解释:课程大纲(syllabus)、人文教育(liberal arts)、先修课程(prerequisite)、学期实习(internship)、助学金(fellowship)、学分(credit)等等。对于尚且不习惯大学环境或者没有读过预科高中的学生来说,这些词语就是陌生的,甚至是冰冷的。在新学期的第一堂课上,教授稍费口舌解释一下"办公室时间"的目的,如此简单的一件小事,就是迈出了一步,此前都是渗透在大学生活方方面面的期待,现在要将这些尽在不言中的规矩给讲出来。[8]

通过研究大学生活的日常现实,我们所洞察的也不只是寒门幸运儿和双重贫困生之间的区别。统观整本书,我还关注了这两个学生群体之间的相似性——具体而言,就是大学生活的某些片段,它们把所有的穷学生都绑缚起来,但却放行更有钱的同学。比方说,大学虽是丰饶之地,但只要是穷学生,当春假期间食堂关闭时,就不得不为一口吃的而犯愁。我们看到,米歇尔"走访"了食堂储藏室,乔斯从食堂偷东西。研究者已经发现,在基础教育阶段,学生"饿到没法学习"是种什么滋味,以此为基础,相关的政策业已出台,为那些饿肚子的莘莘学子提供食物。然而到目前为止,我们很少见到关于高等教育中食物短缺问题的研究;也因此,这个问题的普遍性以及它所可能导致的学业或社会后果,目前尚不得而知。但是,我们也确实知道,匮乏会导致精神压力。面临这种状态时,一个人就只能疲于应付眼前的情形,关注不到任何其他的任务,故会对认知和行为造成负面影响。[9]

学生在大学的经历,所影响的不仅是他们在学校期间的表现,还包括毕业之后的人生。经过了四年的上课、派对、实习和听讲座,在找工作时,对于有些本科生来说,他们所向往的工作环境最好接近他们在大学的经历,无论是说周围的人员结构相似,还是精英地位相仿,但有些学生却反过来了,他们想要逃离。心理学家瓦莱丽·珀迪-沃恩斯及其合作者曾对职场的专业人士进行过研究,他们最终发现,若是曾遭遇由环境所释放的敌意信号,指向某种身份群体所属——无论是作为某弱势种族的成员,还是作为女性,那么人们就倾向于在未来回避类似的环境。这种现象对双重贫困生伤害最深:如果学生打心底相信,大学录取了他们,向他们许诺了一种强化学业训练且丰富社会阅历的生活,然而当他们进入大学后,又故意将他们排斥在局外,那么等到毕业时,他们就会避开那些高大上职业内的工作,担心往事重演。在听到身边同学高谈阔论"便宜的"龙虾午餐后,威廉就已经变得灰心丧气,自此后,他不仅退出了校园内的所有社团,甚至还抗拒那些高收入的行业,比如投资银行和管理咨询,在他心里,那些工作都是为"那些人"所准备的。这非常重要,因为它不仅关乎这些学生个人的社会流动和成功,还涉及推动高端职业之多样化的努力,以及我们这个国家的能力,能否处理好整个社会当前面临的最复杂的问题。[10]

看现如今的大学校园,来自非传统群体的学生较从前多了些,那么,不平等到底会如何塑造他们的生活?他们感到融入还是被排斥?理解这些问题所具有的意义超出了大学的边界。很多公司和组织也在努力招聘、雇用并维持更多元的员工团队,目前卓有成效,那么在这些机构工作的职员也面临着类似的问题,就好像在致力于让学生群体多样化的大学里所发生的故事一样。这些公司也有自己的文化规范——公司版本的隐藏课程,新员工必须去学习和适应,也有许多晋升规则不足为外人道也。如果你能与"把关者"谈笑风生,那你就更有机会获得工作。就像某些学生能轻松地与教授拉上关系,在大学毕业、进入职场后,有些毕业生还是更懂得如何构建关系网络,把同事和领导纳入。这种能力,及其能否创造这样的关系网络,决定了一位新员工能否获得信息、指导和其他资源,这些集于一身,就可以增强他在组织内的上升性流动。简言之,让所有的人都懂得那些不成文的期待,不仅对大学阶段的本科生是至关重要的;当这些学生毕业后,在他们所进入的组织、公司和企业,能做到这一点同样是善莫大焉。[11]

向前看:政策解决方案

从寒门幸运儿和双重贫困生之间的差异,我们可以看出,机会不平等是如何制约寒门子弟的,不仅是在读大学期间,还能追溯至更早先的阶段。先说寒门幸运儿,在来到英杰或者其他精英大学之前,他们就读于私立中学,那里的老师拥有研究生学位,也有能力将专业知识传授给学生;再看双重贫困生曾读过的中学,老师在学校一天到晚疲于奔命,不是争取起码的物质待遇,就是平息校园里的打架斗殴。既然如此,我们可否得出结论,最好的解决方案就是大规模增加经费,资助穷学生到私立学校去读书?全国上下,支持这一方案的声音目前越来越大,包括联邦政府教育部长贝茜·德沃斯也是其拥护者。但必须指出,这一方案也会导致持久的负面影响——也即,公立教育会遭受系统性的投资缩减。将寒门子弟零星地送进私立学校,这不是什么社会政策,而是彻底推卸责任。无论是像"更好的机会"或"为预科做预备"这样的项目,把来自低收入家庭的学生送进预科学校,还是私立学校主动发起的计划,为穷学生提供奖学金,凡此种种,都是用心良苦的努力,但问题在于,从这些项目中受益的,是个体,而不是集体。按照这些项目的运作,每有一个学生被选中,也就意味着好些学生落在了后面,只能留在经费捉襟见肘的学校。故而,它们所奖励的只是少之又少的幸运儿,而不是向每一个人都伸出援手。动用联邦经费将学生送进私立学校,而不是改进公立教育,会导致如下恶果:首先是进一步剥夺公立学校的生存空间,其次是抽走了某些学区和学校本就稀缺的经费,再次是规避了困扰我们教育系统的许多难题。[12]

我们这个国家现在需要的,是社会学家帕特里克·夏基所说的"持久战一样的投资"——以坚持不懈的努力,去改造我们的公立教育,尤其是要深入资金短缺、资源匮乏的社区。故而,答案并不是选拔出少数的幸运儿,带他们脱离贫穷的成长地,然后安置在一个资源极大丰富的环境中;正确的答案是要反其道而行,是要将这些当地人想都不敢想的资源投放到贫穷社区。只要穷学生也有机会接触各种资源,就像他们同龄的富家子弟一样,事实证明,他们就能学会并且运用种种技能,从而为在大学以及其他主流机构内取得成功而打下基础。寒门幸运儿的故事已经为这一切提供了充分的证明。在本书中,我们在英杰大学遇见了许多寒门幸运儿,这些学生可以从容地融入大学校园,看起来像极了他们有钱的同学。这群学生之所以能取得令人瞩目的成绩,并不是他们的德行或智商异于常人,把当年街区的穷玩伴都远远甩在后面,而是他们自小就异常努力,且因此有机会接触不可想象的资源——两个条件缺一不可。让这些资源变成生活的常态,才是我们努力的方向。然而,如要缩小这种机会和资源的鸿沟,我们就必须直面根深蒂固的结构性的不平等问题——长期以来,这么多美国社区为人遗忘,这么多公立学校被视而不见,原因即可追溯至此。问题既已深入骨髓,而不平等又是四处扩散,彻底的变革看起来是不可能实现的。我们当前的政治领导人还没有显示这种担当或见识,敢于开启如此革命性的变革。

但是,看到在联邦层面推动改革创新没有前景可言,我们不应在绝望中举手投降;别放弃希望,在州、县和城市的政策层面,我们还大有可为,甚至哪怕就是从一所学校做起。比方说，高中的管理者可以在校园培养一种"上大学"的文化，让学生提前学到人到大学后就能用上的技能。有些地方启动了看起来很有前景的改革，包括"攀登指导"项目，这是一个由具有研究生学位的成年师长所构成的支持网络，该项目会将中学生纳入这个网络，让孩子们学会与指导老师打交道，不再把他们视为高高在上的权威人物，而是平等的伙伴。此外，在课程设置内外推进自立自强，并且鼓励与成年师长打交道，这也能造就一种读大学的文化，还能帮助年轻人确立自己的学业追求，对接大学校园的文化和社会规范。社会学家休·梅汉考察了加州的公立中学，根据他的研究发现，这些结构性的变革确能起到作用。我相信，争取或维持教学班级的小规模，也非常重要，这样才能让老师深度参与学业指导。在与老师、辅导员和中学校长的座谈中，我也曾讨论过一个设想，中学不妨向文理学院和大学看齐，在校园启用大学所用的同一套术语。比方说，有些学校已经开始了变革，它们将老师给学生的答疑称为"办公室时间"，甚至邀请学生的家人也参与进来，这样一来，学生的家庭不仅介入其中，而且也能接触这套新语言。在这些变革中，有些需要增加对公立教育的资金投入，甚至要求持之以恒的意志，方能将那些从私立中学移植来的做法上升为制度。还有些变革则不用这么麻烦。有了上述变革措施，我们就能缩小公立中学和大学之间的鸿沟——前者必须为所有苦出身的学生提供教育，而后者则为那些穷学生提供最好的机会，去创造新的生活，前后之间不能是天壤之别。[13]

但是，只靠高中去努力，帮助中学生为大学生活做好准备，当然是不够的。到了大学阶段，帮助学生的一种办法要数奖学金和助学金，以盖茨奖学金为例，资助者直接将现金转账给学生，从而弥补了预算和实际开销之间的差额。资助食物、住宿以及生活日常开销的专项奖学金，也能让学生做到手里有粮，心头不慌。然而，最大的需求是落在大学肩上的，尤其是那些精英文理学院和大学——此前，校方的某些政策让穷学生的日子更难过，或者加剧了不同家境学生之间的分化，现在，是时候做出检讨和改变了。在此前章节中，我已经提出了一些具体可行的改革建议：给学生解释什么是"办公室时间"，让此前未接触过这种文化的新生懂得大学对他们的期待，从而缩小不同学生群体之间在文化认知上的差距；创设如"教学相长项目"这样的勤工助学机会，让学生能结识教授，促进学术的参与和交流；一定要保证学生在整个学年度都无衣食之忧，消除食物短缺的现象，废除那些专门对穷学生加压的政策实施。

食物短缺，是我在英杰大学做访谈时反复出现的一个问题，也是长期困扰全美大学本科生的一种顽疾。如果我们志在减少学生之间的不平等，就不可对之视而不见。所幸，有些大学已经着手做出了改变。在我的努力推动下，英杰大学已经调整了它的春假政策，确保学生在放假期间有东西可吃。眼见着学生因此受益，英杰的管理者扩展了这一政策变动的范围，将寒假也包括进来。康涅狄格学院不再向春假期间留校的学生收取费用。有些学校，如弗吉尼亚联邦大学和哥伦比亚大学，为学生开设了食物供应站或储备室。这些举措都指向了正确的方向，但只有它们还是不够的。在校园内开设一处食品供应站，就好像在撕裂的伤口处贴上一贴创可贴。我们需要全国性的政策变革，这样才能帮助全国各地的大学生，而不只是目前的星星之火，不只是若干手握资源的大学建立自己的支持系统，如食品供应站。现在看来，两项具体的政策变革可以减轻穷学生的经济压力：其一，扩展"补充营养援助计划"，覆盖至大学本科生；其二，提高佩尔奖学金的额度，增加学生通过此项目可以拿到的现金。学生获得了更有营养的食物，不仅有益于他们的健康，还能将他们的一部分时间解放，无须再轮班倒地打工，也能投身于充实自我的学业和社交活动，比如参加名人讲座或者学习小组。[14]

当詹姆斯·鲍德温反思他的美国、他的家时，这位黑人作家说过，"我爱美国，胜过这世界上的任何其他国家，也正是基于这个理由，我坚持无休止地批评她的权利"。我们所有人都必须用好这一根本的权利。无论是在昨天、今天，还是明天，只要你进入大学，请记住，你的大学就是你的家。阿默斯特学院——纵然与贫穷且隔离的椰林区有着万般不同，也是我的家。无论你读的是哪一所大学，你既有权利成为它的学生，当然就有权利去批评它。你是它的"公民"。

也许开始时,你找不到这样的感觉。对于有些学生而言,在如此高大上的地方心生归属感殊非易事。为自己而争取,有时难免压力重重。然而,大学时光正是发展和成长的阶段,很多时候,成长带着它的烦恼。在进入大学那一刻,有些学生从没想过自己能在这里争得一席之地,至于分享自己的想法、意见和感受,更是不敢奢望的权利。对于这部分学生来说,请你勇敢面对你的大学时光,发出你的声音,打磨你的故事。还有些学生在进校时就懂得了这一切,如果是这样,愿你们知道何时进,把机会收入囊中;更知道何时退,让周围同学也有机会可争取。在鲍德温精神的感召下,不仅是大学对学生提出要求,你们也要敢于向自己的大学提出要求。这是美好的大学,也是糟糕的大学,但正是因为你们每一个人的帮助,我们才能推动大学的进步,不仅把寒门子弟招录进来,在录取之后,还要让他们融入这个新的家园。[15]

附　录

在附录中，我将讲述我是如何构思并执行研究计划的，此乃本书基础之所在。我还会展开访谈过程中某些更私人的面向，反思我这一路走来学到的经验和教训。

研究现场：英杰大学

"英杰大学"，是我开展研究的大学的化名。它是一所精英大学，位于美国东北部，历史悠久，向来以其卓越的教育和学术训练而闻名于世。我之所以选择使用化名，出于以下三点考虑。第一，我的关注点在于记录下大学校园社会生活的复杂，考察并探讨影响日常生活的诸政策，故而，我并不希望大学的身份成为分散注意力的因素。第二，我所辨析出的条件，其实在全美各地的文理学院和大学都很普遍，在任何一所录取时存在竞争的大学都多少存在；故而，我也不希望其他大学的管理人员可以轻易地"官宣"："我们可不一样"，并且忽视我已经得出的结论——在书中，我已经指出了如何做，才能让大学校园更有包容性，成为那些未被充分代表的学生群体的新家园。第三，正是因为同意不对大学指名道姓，我才能使用学校现有机构研究的数据，并与之进行对话。[1]

只关注一所学校，存在着许多弊端，但在广度和深度之间总是要做出取舍。将调查集中在一所大学，让我有机会理解学生的生活，就其深度而言，是更大范围的比较研究项目所不可能做到的。要研究不平等问题，以及不平等是如何影响学生的日常生活，细节决定了一切。我有机会参加派对，在食堂吃饭，坐在门廊里与同学一起聊天——既包括那些我曾正式访谈过的，也有非我访谈对象的学生。校园的生活忙碌不停歇，将自身沉浸于英杰的日常，也就意味着我可以坐下来，同教授、行政人员、部处主管、住宿书院的导师沟通交流，所有这些都让我对校园生活有了更丰富的理解。将我的研究定位于一处，还有另一重的收获，就是我可以进行实时的观察，当因种族、地位、社会阶级、性取向、政治、性别议题而激发的地方或全国性事件爆发后，我可以第一时间观察校园内的反应。从 2013 年一直到 2016 年，我都在英杰大学做研究，在此期间所发生的事件包括迈克尔·布朗和埃里克·加纳先后被执法警察谋杀，我们还一起见证了联邦最高法院的大案裁判，涉及婚姻平权、少数族群补偿计划，以及移民问题。听取学生的想法，尤其是他们就这些重大议题到底持何种意见，是非常有价值的；它能让我以一种新的方式去理解他们的生活和世界。[2]

如同许多精英大学，英杰大学也采用了无视家境的录取政策和无贷款的助学金政策。在我做研究的期间，大约有三分之二的本科生获得了一定额度的经济资助。而在光谱的另一端，在英杰大学，约有三分之一的本科生压根不符合经济资助的任何条件，因为他们的年度家庭收入以及总资产都太高了。根据某家独立学生报纸的报道，在即将到来的2017级新生中，约有15%的学生来自年收入超过500,000美元的家庭。然而，这些数据还无法呈现完整的现实：在英杰大学，许多本科生出身于世界上最有钱的家庭。在我做研究期间，白人本科生是英杰最大的族裔群体，约占50%，跟在后面的是亚裔美籍学生，占20%，再往后是黑人和拉丁裔学生，差不多各占12%。在大学教员中，超过四分之三的是白人。而在本科生群体中，大约13%的学生是他们家里第一个上大学的。

从学术上讲，英杰大学在全国名列前茅，在录取时也位于竞争最激烈的头档，每年从全部申请人中仅接收不到10%的佼佼者。刨去最高的25%和最低的25%，其中有50%学生的SAT分数也要在2000到2400分，大致折合成百分制下的92分。目前，英杰的本科生在入学时就拿到了许多荣誉，比如"美国总统学者"、"盖茨新千年学者"（现在改称为"盖茨奖学金"）、"国家英才学者"、"西班牙裔奖学基金学者"，以及其他受追捧的奖学金和奖项得主。顺理成章地，在毕业时，这些学生也能赢得拜内克、富布赖特、马歇尔、米歇尔和罗德学者的奖学金，在此仅举几个例子。

英杰大学几乎都是住校生；超过97%的本科生住在校园里。在大一那年，所有的学生都要住在设有门禁的新生宿舍，位于校园的新生方庭，这一年过后，学生会搬到高年级的宿舍。本科生宿舍是关系紧密的社群，构成了社交活动的枢纽，既有正式的活动，比如观影展和文化节，也包括非正式的活动，比如临时起意的"曲奇茶歇"和深夜食堂。英杰大学也在宿舍内安排了学业指导，让学生与宿舍内的指导老师结成对子，不分事项地帮助他们，从选课到处理分手问题。这样一来，所有的本科生都置身于一个共同的社会天地，面对着主导校园生活的同一套社会和文化规范，并且能获得相同的校园资源和支持服务。住校生活的这一方面，连同前文提到的其他特色，让英杰大学成了一个理想的场所。在这里，我们可以考察社会学家米切尔·史蒂文斯及其合作者所说的"大学生活的经验核心"（experiential core of college life），也可以探寻为何同在一所校园，某些学生的体验却与身边同学如此迥异。[3]

英杰的那些人

在将英杰大学确定为我的研究地点之后，我就着手尽我所能收集数据。很显然，如果我真心想要了解英杰大学及其学生，那么我必须同很多人进行交流。因此，我让自己沉潜在这个社群内。我去食堂吃饭，参加社交聚会，也出席不同学生团体所主办的非正式活动，比方说电视节目的放映会。我还自告奋勇，主持由本科生社团或学校机构所举办的讨论会，议题涉及社会阶级、种族和多元性问题。通过参加校园里的工作坊、展示会和宣传活动,我和学校的行政人员也建立了融洽的关系。[4]

我变得炙手可热,在需要讨论主持人或者小组发言人时,许多学生团体都会找上门来,由我来担当背景介绍的角色,有时是当下的焦点事件,比如说迈克尔·布朗被枪杀,有时则是即将到来的事件,比如联邦最高法院很快要就少数族群补偿计划做出裁决。我所主持的一些活动,甚至成为不少社团的学期系列活动的一部分。比方说,有些黑人、拉丁裔或亚裔学生群体想要鼓励跨文化的对话,讨论一个人的肤色会如何影响其社会生活和流动,我就曾受他们之托,主持过关于肤色歧视/肤色主义的公开讨论。于我而言,这些公共活动格外有趣,因为我能看到学生内部存在着一种不同的动态。在这些活动中发生的辩论,都带有几分学术的色彩,相比之下,我大多数时间与英杰学生的相处,无论是在公共休息室的夜谈,还是在食堂的谈笑,都要更为放松,也少有拘束。在活动举行期间,我可以观察,到底哪些学生坐在一起,当某位发言者陈述自己的观点后,又是哪些学生打起响指表示支持。活动过后,经常有学生给我发短信或者写电子邮件,这样一来,我又能更好地理解他们的观点,我也经常会跟进这些观点的交流,邀请学生在校园里或者附近咖啡馆闲聊或畅谈。

观看《丑闻》的派对,成为每周一次的重要活动,不仅是因为要找些乐子,我们看着剧中主角奥利维娅·波普穿梭于华盛顿政治的秘密渠道,还因为我们所聚集的观影室变成了一处安全空间。每周四的晚上，差不多四五十名学生会涌进公共休息室，有时甚至比这还要多得多。我们追《丑闻》，然后开始聊天，通常要到半夜才散场。对话往往会从讨论本周剧情开始，慢慢就转向更大的议题——从在英杰身为少数族群的学生是什么感觉，到跨种族的约会和警察枪击案。

我通过三种方式招募学生参与我的研究。第一，通过积极参与各种私下或公开的活动，我结交了学校许多社团的学生负责人。在我解释了自己的研究项目后，这些学生通过社团的邮件组群发邀请，征募愿意坐下来接受访谈的学生。事实证明，在我最终正式访谈的学生中，超过半数（56%）的同学告诉我，他们最早知晓这项研究，就是通过这种方式。第二，在校园的公共活动中，我会面向本科生做自我介绍，然后发出个人邀请，有兴趣的同学可以参与这一研究。通过这种方式，我招募了占总数26%的学生。第三，我也会告知接受访谈的学生，欢迎推荐他们的同学，特别是他们认为有兴趣参与或者能因参与而受益的同学。这个过程，我称之为滚雪球式的采样，招募来余下18%的受访学生。大多数学生是在校园活动中把他们的朋友介绍给我，或者抄送电子邮件介绍我们认识。

终日沉浸在校园内，让我成为英杰校园里大家熟悉的一张面孔。久而久之，研究者和研究对象之间的分界线也逐渐变得模糊。学生开始不拿我当外人，也让我走进他们的生活，越过了我手头研究的疆域。有时是面对面，有时是视频通话，我见到了许多学生的父母和兄弟姐妹。有些学生从英杰毕业后仍与我保持联系，我经常收到他们的电话或短信，从社交活动到个人紧急情况，他们都想听听我的看法或向我寻求帮助。我常用的一个手段，就是邀请学生到校园外的餐厅去吃饭。这些校园外的互动，一方面可以聊聊近况，跟进自上次正式访谈后校园内外发生的那些事；另一方面也可以聊得天马行空，不受时间的限制。离开校园让我们找到了一种更放松的状态。

我一早就决定，要付酬劳给参与这项研究的学生。在我拿到项目基金的资助之前，我就预先节省下一笔钱，让我可以按照自己的时间和条件来开展研究。至于支付多少酬劳最合适，我相信，金额不能太少，要能吸引学生参与，同时也能体现对学生时间的尊重。但同时，我也不想让金额过高，尤其是坐下来接受访谈会让某些同学感到不舒服，但酬劳却构成了一个在他们眼中没理由拒绝的邀约。最后，我决定参照在图书馆打工、做研究助理或参加"校园派遣"的时薪，大概是每小时12到15美元。按照我的设想，每次采访的时间大概会持续一个半小时到两个小时，所以我每次采访付给学生20美元做酬劳。

酬劳标准确定好之后，其他问题又随之出现。第一，如果一次访谈的时间超过了两个小时，我该怎么办？我希望能让学生继续讲，非必要尽量不打断他们。许多次的访谈也确实超出了两个小时；某次访谈甚至持续四个小时都没有打住。但我的经费也不是无限的。最后我决定，凡是持续时间超过两小时的访谈，就向受访学生支付25美元作为酬劳。

这样一来，按时薪标准，我为长访谈所支付的酬劳就低于短访谈，即便如此，我还是认为，这种解决方案体现了对学生时间的尊重。

第二，如果一次访谈持续太久，眼看着下一场就要开始，而这一场仍无法结束，那我该怎么办？受学期校历安排所限，再加上我迅速收集数据的念想，按照计划，我通常会在一天里做四场访谈（分别安排在早上9点、中午12点、下午3点、下午6点），根据这个日程，给一位学生的时间就不能超过两小时四十五分钟，因为我还要留下至少一刻钟的时间来准备下一场的访谈。按照我的提纲，每一次的访谈会首先覆盖受访学生在读大学前的生活，然后进入他们的大学阶段，基于这种两段论的安排，如果在回答关于家庭、邻里街区和高中的问题时，某位学生特别有话说，沉浸在往昔的细节，我就会询问他们，是否愿意参加第二次的访谈（我会告知他们，这一次会同样付酬）；这样一来，我们就不用急匆匆地赶到他们的大学阶段，将在英杰的生活经历一笔带过。加在一起，共有25位同学参与了两次正式访谈，有3位同学参与了三次甚至更多的访谈。

在英杰调研期间，我一共对103名本科生进行了半结构化的深度访谈，其中包括黑人（B）、拉丁裔（L）和白人（W），这些本科生全部出生在美国本土，可分别归入三种不同的社会类型：高收入学生（UI）、寒门幸运儿（PP）和双重贫困生（DD）（参见表1）。此外，我还沉浸在英杰大学的本科生生活中，进行了为期两年的民族志观察。根据我的研究设计，调查限定出生在美国本土的本科生范围，如此一来，我就能集中于美国所特有的结构性不平等现象，比如隔离、失业、贫穷等等，考察这些问题会如何塑造本科生的大学生活。所有的正式访谈，都是在校园内的一间办公室里完成的，这样可以保护受访学生的隐私。

表 1 学生的社会和种族分类

社会分类	黑人	拉丁裔	白人	总计
高收入学生	27	0	0	27
寒门幸运儿	9	11	1	21
双重贫困生	13	29	13	55
总计	49	40	14	103

在我看来，如要更细致入微，理解穷学生此前的求学轨迹如何塑造他们在英杰的生活，就要求我们不能只研究黑人学生。在本书中，我做出了一项特别的努力，把拉丁裔学生也包括在内，这主要基于如下四点考虑。第一，在关于不平等和本科生大学经历的研究中，现有文献大多将关注点放在黑人和白人学生的比较上，或者同一族群内部的阶级差异，而我希望在这些研究的基础上进行扩展。第二，拉丁裔人口目前是美国境内最大的少数群体，在 2013 年占美国总人口的 17% 之多。第三，无论是黑人，还是拉丁裔本科生，他们在读大学前都经历过相似的贫穷和隔离，相比之下，大多数

白人和亚裔本科生并没有类似经历。第四，无论是寄宿、走读或预科中学，还是精英文理学院和大学，在它们所倡导的多样性规划中，目标学生除了黑人青年，就是以出身低收入家庭的拉丁裔青年为主。相比之下，我并未尝试正式访谈来自高收入家庭的拉丁裔或亚裔本科生。我在英杰遇到了一些来自高收入家庭的拉丁裔学生，但其中大部分并非出生在美国本土；因此，虽然这些同学的视角也很有趣，但他们的问题超出了我研究的范围。此外，我之所以决定不招募并正式访谈亚裔本科生，在于将研究项目保持在可控体量内。以上就是我的样本采集策略，这让我可以（1）在黑人学生之间进行同种族但跨阶级的比较，从而理解在同一种族群体内部，阶级会如何塑造学生在英杰的生活经历；（2）在贫穷的黑人、白人和拉丁裔学生之间进行同阶级但跨种族的比较，从而理解种族是如何影响学生经历的。[5]

在这里，还要简单交代一下种族/族裔的分类以及所用术语。在本书中，学生的种族/族裔分类，是基于他们的自我认同。在我的访谈中，拉丁裔学生并不认为他们构成了特定的种族，后者如黑人、白人或土著民。一般来说，他们会使用"Latino"这个词，而不是"Latino/a"或者"Latinx"——个别拉丁裔会倾向后两种用法，因为拉丁裔群体同时包含着女性和男性，而"Latino"却是以代表男性的"o"来结尾的。在本书中，我沿用了学生惯常的表述，用"Latino"来指代拉丁族裔的整体或者个体的男性同学，同时用"Latina"指代个体的女性同学。

我访谈了27位来自高收入家庭的学生（UI）。在本书分类中，"高收入"是一个宽泛的类别，指代的是出身优渥背景的本科生。在高收入学生的家庭中，父母一方或双方有大学学位，且从事白领工作。事实上，很多学生的父母是医生或律师。我明白这种分类其实非常宽泛，将来自中产阶级、上层中产阶级乃至上层阶级家庭的学生都包括在内，在此应强调，我并不想传达一种错误的感觉，就好像凡是不在贫穷之列的学生，都是同一类人。但是，我的初衷是要去考察来自低收入家庭的穷学生，揭示他们内部往往被忽视的差异。在关于高等教育的现有文献中，更多的研究集中在来自中产和上流阶级家庭的孩子们的经历，某种程度上，我们对其中存在的多样性也有更清晰的把握，相比之下，对于来自穷人家庭的孩子们的多样性，我们的理解要薄弱许多。[6]

我访谈了来自低收入家庭的76名学生，按照我的定义，指的是家里出的第一位大学生，或者拿到相当大比例经济资助的学生。（平均而言，奖助学金应覆盖他们至少80%的学费。）这些学生还获得了佩尔奖学金。在访谈中，他们都提到因无力支付账单，家里曾被停水断电，几乎所有的家庭都曾遭遇过经济困境。在这76名穷学生中，我将21位上过私立高中的同学归类为寒门幸运儿（PP），将55位上公立高中的学生归为双重贫困生（DD）。

在我正式访谈过的英杰学生中，70名同学的性别认同为女性，33名认同为男性。在上述三种社会类别中，男女比例大致维持相当（寒门幸运儿中女性为77%；双重贫困生中为

70%；高收入学生中为68%）。这一性别的不平衡，也反映英杰黑人和拉丁裔本科生的普遍状况，乃至放眼全国的精英大学也大致如此。社会学家道格拉斯·梅西及其合作者已经发现，在录取存在竞争的大学，黑人学生的男女比例为1：2，拉丁裔的男女比例为1：1.18。[7]

如表1所示，在我的研究样本中，寒门幸运儿里只有一位白人穷学生，故而，关于这一群体内的种族差异，我能说的实在有限。在精英大学内，曾就读于私立高中的白人穷学生实在是少之又少，可以说是难以寻觅的一类人。这些学生虽有机会参加"管道计划"，但较之于黑人和拉丁裔的寒门子弟，比例要低出许多。其中的悬殊，存在着两种可能的解释。第一，私立中学，无论是寄宿、走读或预科，在推进多样性的计划中，主要盯着黑人和拉丁裔学生，相比之下，穷人家的白人孩子并不在目标之列。第二，地理因素也发挥着一定作用：较之于生活在乡村社区的孩子，居住在城市的学生更有机会去上私立中学，而这里显然聚居着黑人和拉丁裔的人口。

在基于这103人访谈的主要数据之外，我还对12名本科生进行了正式的访谈，严格说来，他们无法纳入上述的研究分类标准，在此仅作增补。这些是主动联系我的学生，想要分享他们的看法，而我也不想拒绝他们。更何况，他们的经历也深化了我对学生日常生活的理解。在这12名编外学生中，有3人是来自低收入家庭的亚裔美籍学生，7人是在孩童时移民到美国的（其中6位拉丁裔，1位黑人），1人是来自高收入家庭的白人学生,还有1人是高收入的拉丁裔学生。一般而言,他们的故事也符合前述更大容量的样本。例如,派珀(PP,A)虽是一位亚裔学生,但她和其他寒门幸运儿一样,都懂得如何与教授以及行政老师打交道,而到了春假期间,她也必须应付食物短缺的问题。同样,斯宾塞(DD,A)的叙述让我想起了其他的双重贫困生,他见到学校老师就绕着走,在春假期间也要忍饥挨饿。

为了建立融洽的关系,每次访谈开始时,我都会请学生选择一个化名。在他们签署了同意书,表明愿意参与研究后,我们最先讨论的就是这件事。只要谈论起为什么选择某个名字,学生通常就会变得很兴奋。大多数学生告诉我,他们之所以选择某个特定的名字,是希望在我的书出版后能认出自己来。有些学生用了他们在家里的昵称,还有些学生则借用了他们特别亲近的亲戚朋友的名字。"碧昂丝"借此机会,不仅是要在书中轻松地找到她自己,也希望表明她是那位艺人的"铁粉"。事实表明,关于化名的三言两语,不知不觉就打破了访谈开始时的拘谨。[8]

我以大致相同的方式组织每一次的访谈。访谈一分为二,在第一部分,我们聊的是学生在上大学前的生活,既有校园内的,也包括校园之外的。我沿用了一种定向的生活史路径,调查受访学生的经历及其描述,范围包括他们的家庭、邻里社区、学校,甚至他们参与的任何社团和组织。在第二部分,我们集中在大学阶段的经历;我所提出的问题,包括他们进入大学后的过渡期,与学校管理人员打交道的状况，宿舍里的饮食起居，还有日常的生活。[9]

在访谈的前后两个半场，我一开场都是提出非常开放的一般性问题，这样做的目的，是让学生自行识别出他们最难忘的经验，同时让他们觉得自己也是这场对话的积极参与者。接下来，我会追根究底。首先抛出的问题是关于学生的家庭、邻里社区以及高中的经历。随后我会问更具体些的问题，比方说，"假如我到了你经常路过的街道，在那里转上一圈，我会看到些什么？"这些问题过后，所听到的答案就让我有了一个大致的了解，眼前的这个学生来自哪里，出身如何，在上大学前曾经历过什么。本书的第一章围绕着文化冲击和适应问题，该章主要的资料来源，就是学生在访谈时的回答，相应的问题包括他们进入大学后的过渡期，他们与周围同学的相处状况，以及他们觉得自己是否适应并融入英杰的生活。我会请受访学生聊一聊他们入学后的第一个月，紧接着会继续追问此类问题，诸如"给我讲讲你搬进宿舍，见到室友时的情况"。我也会问，"入到英杰后，你感受到多大的文化冲击？"第二章讨论的是学生与教授或行政老师的相处，我会抛出问题，"给我说说你在进入大学后是如何与师长相处的"。该章的主要资料，就来源于学生的回应。通常而言，他们会描述很多场景，既有他们与英杰教授或其他权威人物的遭遇，也包括他们对这些师长的看法。第三章聚焦于社会经济的分层，主要的资料来自学生对大学政策的讨论，比如"校园派遣"和"奖学金+"，还包括他们讲述的春假故事。从一开始，我就想问有关春假的问题，因为以这种方式去评估社会排斥,在学术文献中是非常普遍的(很多学者主张,因为穷学生没钱来一场精致的假日游,所以他们经常感觉自己是大学的局外人),但我就某些具体的大学项目追加了问题,因为很快能看出,对于很多学生来说,这些政策和项目塑造了他们的校园经历。[10]

考虑到我的身份,一方面是一位黑人,家里的第一代大学生,另一方面(在学生的眼中)是一位权威人物,我一直在思考所谓的研究者效应。我的身份会不会影响受访学生向我开诚布公的意愿?这又是否会影响到我随后的分析?我相信,我访谈的学生并没有隐瞒什么关键信息。事实上,很多学生向我吐露他们生活的种种细节,即便是他们的家人以及家里或校园中最亲密的朋友,都不曾知晓的故事。学生以各种不同的方式向我展示着自己——无家可归者、变性人、"酷儿"。平均起来,访谈会持续差不多两个半小时。关于他们来英杰前的生活,学生会提供隐秘的细节。当谈起在英杰的大学经历,他们也同样乐于分享,谈话的范围无所不包,从他们对教授的印象,到是否融入校园生活。我会特别提醒受访学生,访谈内容是保密的。许多学生对我说,访谈"感觉就像是话疗",还有学生告诉我,自来英杰后,这样的谈话是他们并不常有的一种经验,让他们感觉到有人真正关心他们的故事,而不是敷衍地过问——你现在读哪个专业,或者你将来想做什么。我开始相信,在学生眼中,我成为一个情感的出口——与其说是一位研究者,更像是一个能与他们同感共鸣的朋友。[11]

见证的压力

开始这项研究计划时,我有些无知者无畏。在研究生的课程上,我就曾听过经验老到的民族志学者讲述他们的传奇,一天又一天的观察和访谈,太阳落山后就用漫漫长夜来补充他们的笔记,或者在录音机上做口述。心头难免涌上一丝焦虑,我曾希望能效法前辈,也采用这种田野调查的模式。我曾拟定过一个野心勃勃的工作日程,包括一天进行四场访谈,分别在早上9点、中午12点、下午3点和6点,紧接着就跑去参加观看《丑闻》的聚会,也可以是校园内的其他活动或聚会,总之是不能把自己封闭起来,要走出去瞧瞧,搞清楚当我在办公室关门做访谈时,校园里又发生了什么。我没有选择熬夜整理笔记,而是创建了一个汇总的工作表单,在访谈期间就可以填写其中的空白处。校园里发生什么事,我都会随时用手机或录音笔记录下我的观察。按照校历的学期安排,排除报到周、期末考试和节假日,一个学期进行资料收集的有效时间实际上只剩10周——也只有在这时,才能找到学生做访谈,故而,我希望尽我所能,收集到更多的资料。看到我"疯狂的日程表",朋友们开始品头论足。而我将他们的评论当作一种提示,恰恰说明我做的是对的。不必多言了,欲速则不达,这话谁都会说。

然而,就在计划进行到差不多一半时,我在某天半夜惊醒,汗流浃背,感到喘不过气来。那一周,我刚做过的访谈既有很多猛料，却也让人难以消化。一位学生向我透露，她的爸爸一天到晚都在虐待妈妈，从身体到精神，结果就是妈妈每天都要给她打好几通电话，就是想找个人哭诉一下。另一个学生告诉我，他和自己的兄弟姐妹都是家暴的受害者，为了不回家，他可以不惜一切代价。还有学生讲述了他们的故事——在听到子弹穿破窗户的声音后，他们只能趴在地上，瑟瑟发抖，或者邻里街区经常出没一帮烂人，为了躲避他们的性骚扰，必须从学校一路跑回家，路上一刻都不能停。还是那一周，我听到了很多故事，有人曾被父母遗弃，还有人曾被驱逐出门，无家可归。

这些故事把我带回自己的童年，有段日子没有困扰我的往事一下子又涌过来——每次当我去往街角商店，我在路上所能看到的排斥和贫穷，一桩桩一件件又浮现眼前。我开始做噩梦，梦里充斥着我刚听到的各种记忆，而我成了梦中人。我看到拳头冲着我的脸打来。我独自一人，站在栩栩如生的场景中，但我知道自己从未到过这里。这就好像看完一整季的电视剧，情节在我脑海中迅速闪回，戏剧性的场景一个接着一个爆发。每经过一幕，我的恐惧、伤害和痛苦也与之俱增。终于，我在一片漆黑中睁开了眼睛，谢天谢地，睡觉的这间屋子还是我自己的。

强烈的情感如潮水般一次次涌来，甚至在某次访谈结束数月后，当我突然记起某个特别的细节，或者回放访谈录音时，情绪仍能把我包围。阿里安娜（DD, L）哭了起来，当时她正在回答一个在我看来无关痛痒的问题——"给我讲讲你是怎么来到英杰大学的"。她眼里蓄满了泪水，告诉我，家里的人都在质疑她：怎么能说走就走，为了去英杰而遗弃他们。我不仅想要记住学生说了些什么，还想回忆起他们说话时的模样。很多时候，强忍的泪水和浮现的恐惧仿佛控制着他们的嘴巴，每句话说出来都很迟缓沉重；还有些时候，声音从他们的唇齿之间跳跃而出，就好像讲话人要急于摆脱回忆一样。终于，在经历太多次不那么美好的梦境之后，我决定调整自己的安排，每一天的访谈最多3人次。我感觉又找回了从前的敏锐，也有时间吃饭了。如果在工作日程里能碰到一大段的自由时间，我就会离开办公室，去听听讲座，或者就是在校园逛逛，观察英杰日常的样子。我经常能碰到此前访谈过的学生，走出办公室的围墙，能见到他们，一切感觉都刚刚好。

在开始田野调查时，我预感到，这将是一次智识上的挑战，但我压根未曾想到，它也会带来情感上的严峻考验。现在，我已经懂得，我从田野调查中所学到的，不仅是认识英杰的学生们，也同样是在认识我自己，体验田野调查的重负。无论做何种类型的研究项目，照顾好自己都是极其重要的，但在进行定性研究时，更务必牢记上述这一点。研究者听到的故事，并不只是钻进耳朵里。这些故事还会进入研究者的身体，为我们所感知。如果我们是认真的研究者，在访谈结束后，这些故事还会跟随我们很久。有些故事捉弄我们，有些故事启示我们。面对那些时常满载着痛苦和孤独的故事，我们必须做好准备。

做积极的观察者

这时，我已经开始做数据分析了，一边是听访谈录音，梳理主题，一边是找专业服务将录音转录为文本。接下来，我使用 ATLAS.ti，这是一款电脑程序，研究者可以选取访谈和田野调查笔记的文本段落，很方便地进行标签处理。比方说，当学生谈到他们如何与权威人物打交道时，我就可以用"交流"标签相应的文本；当他们说起某些学校政策，指出其实施会让自己感到被排斥于共同体之外，我就用"结构性排斥"的标签。在读转录文本并听访谈录音时，我从故事中找到若干主题，而现在，这个软件可以帮我将这些主题分门别类地组织起来。[12]

在开始形成观念和题目时，我就向同事和朋友吐露了我的想法。我把某些章节的初稿发送给同事、我曾访谈过的学生，还有英杰大学的行政人员，征求他们的意见。他们的反馈也加深了我的理解和认识——校园里正在发生着什么，或者某些政策是否已经有所改变。我就与学生一遍又一遍地讨论我的研究发现，在我看来，这既是尊重他们的故事，也是珍视我们之间的友谊。每当我收到外来的邀请，要出去做演讲，我就会抓住机会，在英杰学生的面前进行演讲练习，这样一来，他们就能知道我是怎么讲述他们的故事，也能当场做出反馈。他们会纠正偶尔出现的事实错误，有时还会直接挑战我，质疑我所构思的演讲框架。这样的对话能让我跟进他们最近的生活,也能第一时间了解校园内与演讲主题相关的事件。有一次,《纽约时报》接受了我的评论文章《寒门幸运儿可以教给我们什么》,我当即就打电话给艾丽斯(DD,L)和奥贡(PP,L),我想要在文章中引用她们说的话,先来问问她们的意见;她们也认可了我的选择,但更重要的还在于,她们告诉我,我所讨论的问题现在依然摆在那里。[13]

虽然我的注意力主要放在学生身上,但在英杰期间,我还是认识了许多行政人员。如同对学生的处理,我在本书中也用化名指称行政人员。与我交流最多的,首先是学生职业发展办公室和心理咨询中心的工作人员,接下来就是学生生活处的行政人员,他们在工作中要经常与团体、社团以及其他学生组织打交道。英杰大学曾组建了一个委员会,专职调研学生群体中的多样性,启动之初,该委员会的主任就邀请我列席他们的会议,报告我所进行的研究。这些交流大都确认了我由访谈学生所得出的发现。从学校到院系,都曾组织过公共论坛或会议,议题围绕着如何让第一代大学生更好地融入校园,我也受邀在会上做报告,展示我的研究发现。

要说起最有收获的会议,有一次就发生在大学职业中心的外出研讨,长期以来,该中心的职员都困惑于一个问题——到底怎么做,才能鼓励穷学生及早地申请实习、补助金和工作机会,而不至于总是拖到后面。在那次研讨中,我们设计了一个提供"餐聚"机会的方案,根据这个方案,学校数个部门要齐心协力,在新生入学培训期间,趁着食堂仍关门的时候,为学生提供晚餐。我们所要做的,是把坏事尽量变成好事：既然学校不准备在那几天开放食堂，那么这些部门也就能抓到一大批新生听众，最后就是一边餐聚，一边听学校相关部门介绍学生可以获取的资源。无论是这些有组织的对话，还是在校园里与本科生的闲谈，都证明了我的分析，不仅捕捉到这项研究所覆盖的学生的经验，也同样适用于不在样本之内的本科生。

就这样，我和英杰行政人员的沟通持续了两年，在我即将结束研究离开英杰时，我留意到，他们已经开始使用我介绍的术语，来指称穷学生中的不同群体。不论是在书面报告中，还是在集思广益时，"寒门幸运儿"和"双重贫困生"都开始有了自己的位置。虽然校方大都乐于接受我的方法，但有些时候，当学生和行政机构因某个议题而各执一词时，我就发现自己被夹在中间，左右为难。我最后决定，面对这种情形，只能让我的研究发现来说话。在与管理者以及其他行政人员沟通时，我使用的都是出自访谈和笔记中的材料，如此一来，行政人员就能获得一幅图景，理解学生究竟是如何看待校园内的情况。比如，当他们问我，在春假期间关停食堂和其他服务设施会造成什么影响，我就会告诉他们，米歇尔（PP，L）偷偷溜进了食堂储藏室，特蕾西（PP，L）则饿晕在自己的房间。我还会提醒行政人员，对于有些学生来说，家不是舒适的港湾，而是充满伤害的地方。当然，我们的交流从来是你来我往的，行政人员也有机会对我所发现的校园模式进行确认或者否认。就拿春假的例子来说，行政人员最终确认，大约有七分之一的学生会留在学校。这一定量数据，再加上我的定性叙述——春假期间，留在校园的穷学生要过什么样的生活，最终说服了英杰大学的管理者改变政策，在春假期间维持食堂的运转。

若是卷入激烈的校园争议，我的角色有时就要更复杂些。某天，为了纪念近期遭警察枪杀的黑人男女，一群学生——其中以有色人种为主——发起了一场出其不意的抗议。他们之所以要搞这场抗议，就是为了打断一个有着悠久历史的英杰传统，就在当晚，将会有数百名学生在半夜集会，庆祝学期的结束。行政人员心急如焚，设想学生抗议者正面遭遇开期末派对的同学，后果也许不堪设想。当天下午大约六点，教务长打电话给我，请我立刻到他的办公室。我到时，教务长、其他相关部门的多位主管、校园警察局的副警长早已到来，他们刚召开过一次紧急会议，然后找我出谋划策，如何才能控制局面，防止发生一场群殴。我当即决定，于我而言，最好的办法是联系上我知道必会介于其中的学生头目，给他们打电话，发信息。电话接通后，我问他们，需要学校为他们做些什么，然后把信息传达给办公室里的行政领导。接下来的几个小时，只要手机响起，我都会离开教务长的办公室才接听，为的是能与对面的学生进行私密的沟通。随后，当我又走回办公室，向里面的行政领导通告最新的情况时，我的电话会再度响起。最终，我们达成了协议，给想要参加抗议的学生留下充足的游行空间，警察不会干预。尽管如此，学校警察还是会在现场，以便保障他们的人身安全。在这个案例中，虽然我帮忙达成了一个可行的妥协,但我不得不去选边站。我主要关心的,还是能让学生好。

抗议那晚也折射了我所经历的一种挣扎,在这个研究项目的开展过程中,这种挣扎始终伴随着我。要让研究取得成功,我首先必须对受访学生保持忠诚(抱歉找不到更好的词来表达)。做不到这一点,我很可能在学生眼中就变成了另一位"大人物",他们会躲着我,不信任我,或者只在需要推荐信时才用到我。但与此同时,我还必须与英杰的行政人员维持融洽的关系,只有这样,我才能切实推动英杰大学以及其他文理学院和大学,让大学的管理者懂得——录取不等于融入,从学生步入大学之门到他们适应校园生活,常常还有一段长路要走。

同类相比

我的研究重在关注两组穷学生之间的区别,虽然都出身于贫困家庭,但他们在被精英大学录取前却经历着不同的高中生活:一组是寒门幸运儿(读过预科中学的学生),另一组是双重贫困生(从破败的公立高中升入大学的学生)。然而,若要我的结论立得住,这两组学生的家庭背景与社会状况应当尽可能一致——除了他们迥异的高中经历。道理很简单,如果他们在其他方面也有区别,那么很可能就是那个因素,而不是他们的高中经历,导致了他们在大学的区别。在这部分,我会讨论样本选择偏差问题——也就是说,在我解释双重贫困生和寒门幸运儿的区别时,我是否做到了同类相比。[14]

回头看,我第一次记录下这两组学生的存在,还要追溯至我在另一所精英私立大学的田野调查——我把那所大学称为"中城学院",当时我在中城考察本科生的生活。结果显示,无论是定性还是定量数据,都能区分出这两组学生。那项研究可以表明,这两组学生在许多最基本的社会特征上都是相仿的,也因此在进入大学后会水土不服、难以适应。[15]

这两组学生分享着多种关键的人生要素:经济上的贫穷,家庭的不稳定,父母所能给予的教育资源非常有限,也不知大学为何物。进而,无论是在自家的邻里社区,还是小学,他们也都经历过程度相仿的隔离、无序和暴力。通过我对学生进行的访谈,并使用全美大学新生调查的历年数据,再加上这些学生的基本信息——他们家住在哪儿,上大学前读的是什么中学,我发现,在我称作寒门幸运儿的那组学生进入预科高中的那一刻,穷孩子的命运就开始分岔了。我所收集的证据也能表明,在大多数情况下,寒门幸运儿及其家庭并不是主动找到了这些学校,准确地说,他们之所以能发现这些学校,靠的是宣传单、家庭外的关系网,以及某些助学项目的上门招揽,比如说"更好的机会""为预科做预备",或者"怀特基金会",它们致力于把出身不好但成绩好的学生送到私立中学。我当时也发现,虽然双重贫困生也能接触某些助推项目,帮助他们准备大学的申请,但这些项目却无力让学生脱离他们的公立高中,双重贫困生所能做的,只有在原地发奋。这类"助推"项目有很多,比方说"多元美国领导力"项目(LEDA)、"中南学者"(也即现在的"SCS努南学者")、"舒乐学者"项目;也包括如"探索桥"(Questbridge)这样的精英大学录取项目,该机构会牵线搭桥,帮助穷学生申请到竞争最激烈的本科院校。[16]

必须指出,我对英杰大学校园生活的考察,只能关注到来到英杰的成功者——他们已经顺利从高中毕业,通过了严格的选拔过程,最终拿到了录取通知。无论是双重贫困生,还是寒门幸运儿,都有上不了大学的,对于他们的经历,本研究无从说起。但无论如何,对英杰大学的寒门幸运儿和双重贫困生的经验进行比较,我可以很有自信地说,之所以两组学生存在着我所发现的差别,就在于他们不同的高中经历,而不是任何其他的群体间区别。[17]

第一,无论是我在中城学院的研究,还是在英杰大学的研究,双重贫困生和寒门幸运儿都讲出了类似的故事,从家庭背景、邻里社区的环境,到中小学阶段所经历的贫穷和隔离。第二,我对学生样本的选择,并不是根据他们上大学前的经历。参与这项研究只有一个标准,就是学生应在美国本土出生。第三,在访谈过程中,我会向所有学生提出问题,只要他们在上大学前参与过课程外的"辅导"项目,都请详细谈谈他们的项目经历,特别是他们如何有机会参加。一般而言,这样的项目可以一分为二,一类是像"探索桥"这样的助推项目,它们会帮助学生申请奖学金或大学;另一类则是如"为预科做准备"这样的管道项目,它们会把学生送进私立中学，希望借此打开他们的大学之门。两种类型的项目都旨在招揽学业优秀的年轻人，只要他们来自低收入家庭或者少数族群。根据访谈，我发现，无论是双重贫困生，还是寒门幸运儿，都有参加"辅导"项目的经历，据他们所言，之所以能发现此类信息，主要是通过家庭之外的途径。[18]

对于双重贫困生而言，按照这组学生所说，他们之所以能发现此类"助推"项目，最常见的方式就是通过各种奖学金和大学申请项目的宣传（18%），紧随其后的就是中学老师的推荐（11%）（参见图1）。在所在中学的老师眼中，这些学生是有学习天赋的，或者他们在州或全国的标准化考试中拿到了高分。还有一小部分的双重贫困生，比例在11%，据这部分学生所言，在意识到自己的家庭资源有限，无法支持他们读大学之后，他们就开始独立地搜索这些项目，希望能在申请大学时获得援手。例如，埃莉斯（DD，W）从小就被爸爸遗弃了，她的妈妈也因为医疗账单而债台高筑，回忆起自己是如何发现"探索桥"项目的，她对我说：

> 到了高中的二年级，我就开始寻找奖学金的信息，我浏览了很多奖学金的网站，比如Scholarships.com。我就这样发现了"探索桥"，他们提供了高三前的暑假项目。可惜我错过了申请的截止日期，但我意识到这就是我所需要的。你明白，它是免费的，免费的大学奖学金，它会帮你匹配到全额的经济资助。

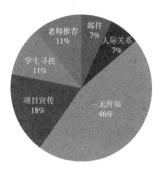

图1 双重贫困生的发现途径

在我访谈过的双重贫困生中,接近一半(46%)的学生说没有参加过任何此类项目,或者是因为他们压根不知道此类"助推",或者是因为所在中学的辅导老师会打压他们的申请念头。到了英杰后,经常听到周围同学谈起他们的助推经历,乔舒亚(DD,B)很后悔自己没有参加过任何项目计划。"我的中学压根就不会给我介绍这些机会。"他对我说。

根据我在英杰的访谈,在寒门幸运儿这一组学生中,绝大多数(90%)告诉我,他们当初能上私立中学,并不是自己或家人主动申请了奖学金或任何计划。实际上,按大多数学生所言,在他们的众多兄弟姐妹中,自己是唯一去读私立中学的。对于其中半数的学生来说,能做出这个选择,多亏了老师的推荐(30%)或者相关项目以及私立高中的主动招揽(20%)。(见图2)比方说,莎拉(PP,L)的父母都是园林工人,连英文都说不利索,她对我讲:"我很幸运,在读六年级时,有人到了我的那所公立学校,谈起了我家乡那里的私立中学。就这样,我升入了自己的私立中学。那里培养了我。"还有两个途径也非常重要:私立学校和"管道计划"的邮件上门(15%)以及体育奖学金(15%)。派翠丝(PP,L)讲过她的故事,"为预科做准备"当年是如何找上她的初中的:

"为预科做准备"总是会给学校寄送很多材料夹,请学校代为分发给孩子们,但问题是,学校从来就没有转发给学生。老师的想法很简单,他们不认为家长会让孩子离家读书,所以就从来不把材料发出去。但我有一次就在辅导员的旁边,一下子就看到了她桌子上的材料,当时我就说:"嘿!我有点想要申请这个啊。"老师对我说:"哦,你确定吗?你确定你妈会让你去吗?你知道咱们初中的状况,不知你是否做好了准备。不过你确实非常聪明!"

在我的学生样本中,还有两位英杰的校队运动员,这两位男生此前争取到了私立中学的奖学金,在高中时参加橄榄球和篮球的项目。在平常与学生的闲聊中,我还遇到了一些运动员本科生,男的女的都有。根据他们所透露的经历,我发现他们也是被招募进来的,获得了就读于私立高中的奖学金。双重贫困生经常告诉我,他们往往会参加多个不同的"助推"项目。相比之下,寒门幸运儿通常只参与一个申请大学的助推项目。原因很简单,他们所在的私立高中已经配备了行政老师的团队，专门负责此类工作。有些寒门幸运儿告诉我，事实上，直到他们进入英杰后，才知道还有"探索桥"这样的项目存在，因为这些奖学金主要针对出身寒门的少数族裔高中学生，故而他们私立中学的辅导老师也知之甚少。

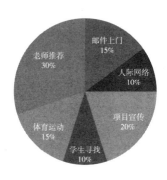

图2 寒门幸运儿的发现途径

还有最后一个因素，有可能打乱我对这两组学生的比较。假设存在某种生活态度或者家庭环境，存在于寒门幸运儿这组学生中，但却为双重贫困生这组学生所缺，那么就有可能是这个因素，既可以解释为什么寒门幸运儿能更好适应大学生活，更轻松地与教授或同学打交道，也同样可以解释为什么他们此前就能抓住机会，就读于私立中学。若是存在这种可能，那么即便寒门幸运儿此前没有读私立中学，他们同样可以在精英的环境如鱼得水，从容应对那里的社交圈。但是，考虑到精英中学所传递的知识的特质，以及在进入精英学校之前,穷学生在个人关系网中不太可能接触这种环境,我可以说,这是不太可能发生的。

无论是在中城学院,还是英杰大学,我的研究都拿出了强有力的证据。这已经很清楚了,我所观察到的、存在于寒门幸运儿和双重贫困生之间的差异,可归因至他们迥异的高中阶段经历,而同他们在高中前的差异无关。我的研究也足以表明,将来自低收入家庭的本科生不加区别地混为一谈,视为一群同样的问题学生,这样的思路存在许多缺陷。研究若是忽视了穷学生内部的差异,那么就无法准确地估量不平等和贫穷对大学经验的影响,也由此会导致偏颇的理解,难以公允地展示阶级和文化如何在大学进行不平等的再生产。到此,我已经记录下在寒门幸运儿和双重贫困生之间的巨大差异,而在精英文理学院和大学,这两组学生的人数目前也有所增加。对于我们学者来说,至关重要的是去充分考察并记录下他们的经验,辨识他们之间的差异。

注 释

序 言 寒门也能出"贵子"吗?

[1] William Bowen and Derek Bok, *The Shape of the River: Long-Term Consequences of Considering Race in College and University Admissions* (Princeton, NJ: Princeton University Press, 1998); Jenny Staletovich and Patricia Borns, "West Grove: The Miami Neighborhood That Time Forgot," *Miami Herald*, April 6, 2013, http://www.miamiherald.com/news/local/in-depth/article1948901.html.

[2] Tressie McMillan Cottom, *Lower Ed: The Troubling Rise of For-Profit Colleges in the New Economy* (New York: New Press, 2017); Susan Choy, *Students Whose Parents Did Not Go to College: Postsecondary Access, Persistence, and Attainment. Findings from the Condition of Education*, 2001, Report no. NCES 2001-126 (Washington, D.C.: U.S. Department of Education, National Center for Education Statistics, December 2001), available at https://files.eric.ed.gov/fulltext/ED460660.pdf; Jennifer Engle, Adolfo Bermeo, and Colleen O'Brien, *Straight from the Source: What Works for First-Generation College Students* (Washington, D.C.: Pell Institute for the Study of Opportunity in Higher Education, December 2006), available at https://files.eric.ed.gov/fulltext/ED501693.pdf; Caroline M. Hoxby and Christopher Avery, "The Missing 'One-Offs': The Hidden Supplies of High-Achieving, Low Income Students" (Working Paper 18586, National Bureau of Economic Research, Cambridge, MA, December 2012), http://www.nber.org/papers/w18586; Jolanta Juszkiewicz, *Trends in Community College Enrollment and Completion Data*, 2015 (Washington, D.C.: American Association of Community Colleges,

2015), available at https: //files. eric. ed. gov/fulltext/ED557990. pdf; Shankar Vedantam, "Elite Colleges Struggle to Recruit Smart, Low-Income Kids," *Morning Edition*, National Public Radio, January 9, 2013, http: //www. npr. org/2013/01/09/168889785/elite-colleges-struggle-to-recruit-smart-low-income-kids.

[3] Anthony P. Carnevale and Jeff Strohl, "How Increasing College Access Is Increasing Inequality and What to Do about It," in *Rewarding Strivers: Helping Low-Income Students Succeed in College*, ed. Richard D. Kahlenberg (New York: Century Foundation Press, 2010), 71–190.

[4] Raj Chetty et al., "Mobility Report Cards: The Role of Colleges in Intergenerational Mobility" (Equality of Opportunity Project, NBER Working Paper no. 23618, revised, July 2017), http: //www. equality-of-opportunity. org/papers/coll_mrc_paper. pdf. See also Gregor Aisch et al., "Some Colleges Have More Students from the Top 1 Percent than the Bottom 60. Find Yours," *New York Times*, January 18, 2017, https: //www. nytimes. com/interactive/ 2017/01/18/upshot/some-colleges-have-more-students-from-the-top-1-percent-than-the-bottom-60. html. 精英的职业教育学院,如商学院和法学院,也有着类似的学生占比;参见 Daniel Fisher, "Poor Students Are the Real Victims of College Discrimination," *Forbes*, May 2, 2012, https: // www. forbes. com/sites/danielfisher/2012/05/02/poor-students-are-the-real-victims-of-college-discrimination/。

[5] Karen W. Arenson, "Senate Looking at Endowments as Tuition Rises," *New York Times*, January 25, 2008, http: //www. nytimes. com/2008/ 01/25/education/25endowments. html; Nicholas Hillman, *Economic Diversity among Selective Colleges: Measuring the Enrollment Impact of "No-Loan" Programs* (Washington, D. C.: Institute for Higher Education Policy, August 2012), available at https: //files. eric. ed. gov/fulltext/ED534615. pdf.

[6] 夏皮罗校长的话,引自 "Princeton University Further Increases Its Support for Students on Financial Aid," press release, July 21, 2000, https: // pr. princeton. edu/reports/financial_ aid/00/release _ jan2000. pdf。萨利赫的话,引自 Davidson Goldin, "Aid Packages Can Shift the Balance as the Leading Colleges Compete for the Best Students," *New York Times*, April 15, 1998, http: //www. nytimes. com/1998/04/15/us/aid-packages-can-shift-balance-

leading-colleges-compete-for-best-students.html。要维系无贷款助学体制的运行，需要相当昂贵的经费。威廉姆斯学院在2008年采用了无贷款政策，但却因其后社会捐款的增长未及预期，最终还是撤回了此前决定（Goldin, "Aid Packages Can Shift the Balance"）。关于无贷款政策的更多研究，参见Hillman, *Economic Diversity among Selective Colleges*; Nicholas W. Hillman, "Economic Diversity in Elite Higher Education: Do No-Loan Programs Impact Pell Enrollments?" *Journal of Higher Education* 84, no. 6 (2013): 806-833; Anthony Abraham Jack, "What the Privileged Poor Can Teach Us," op-ed, *New York Times*, September 12, 2015, https://www.nytimes.com/2015/09/13/opinion/sunday/what-the-privileged-poor-can-teach-us.html。

〔7〕"佩尔奖学金"（The Pell Grant）是一项由联邦政府发起的、基于家庭收入调查而发放援助的项目，旨在促进寒门子弟能更多地接受高等教育。例如，2016年，如若来自年收入低于25,000美元的家庭，则该学生就将自动获得申请佩尔奖学金的资格，并有资格在大多数校内享受无贷款政策的援助。"库克促进教育公平卓越奖"（The Cooke Prize）则是由杰克·肯特·库克基金会所创设的；参见https://www.jkcf.org/our-grants/cooke-prize-for-equity-in-educational-excellence/。关于大学学生群体变化的数据概览，参见"The Most Economically Diverse Top Colleges," The Upshot, *New York Times*, September 8, 2014, https://www.nytimes.com/interactive/2014/09/09/upshot/09up-college-access-index.html。大学还改变了它们和学生家庭，尤其是低收入家庭在讨论助学事项时的沟通方式。布丽吉特·特瑞·朗（Bridget Terry Long），是哈佛大学教育研究院的经济学家，她就曾在一次私人谈话（2017年11月）中指出，"他们不再讨论'联邦助学金免费申请'（FAFSA）或'预期家庭支付'（EFC）烦琐的操作问题，而开始根据家庭收入来规划助学金。考虑到低收入家庭在申请填表以及获取有效信息时总是力不从心，这种简化信息的变革就有很大的收效，增加了对低收入申请者的吸引力"。关于信息如何塑造学校决策的问题，参见Eric P. Bettinger et al., "The Role of Simplification and Information in College Decisions: Results from the H&R Block FAFSA Experiment" (working paper, National Bureau of Economic Research, September 2009), http://www.nber.org/papers/w15361。

〔8〕我们也绝不能忘记，美国社会还存在着巨大的种族间收入差距。有些黑人虽然从大学毕业，但其能拿到的经济收入却要低于受教育更少的

白人同辈。但无论如何，一个黑人穷孩子，若有机会就读于精英院校，其未来的处境就要远好于只能上当地社区学院的黑人穷孩子。关于大学文凭的经济回报问题的讨论，参见 Jennie E. Brand and Yu Xie, "Who Benefits Most from College? Evidence for Negative Selection in Heterogeneous Economic Returns to Higher Education," *American Sociological Review* 75, no. 2 (2010): 294; Dominic J. Brewer, Eric R. Eide, and Ronald G. Ehrenberg, "Does It Pay to Attend an Elite Private College? Cross-Cohort Evidence on the Effects of College Type on Earnings," *Journal of Human Resources* 34, no. 1 (1999): 104-123; Eric R. Eide, Dominic J. Brewer, and Ronald G. Ehrenberg, "Does It Pay to Attend an Elite Private College? Evidence on the Effects of Undergraduate College Quality on Graduate School Attendance," *Economics of Education Review* 17, no. 4 (1998): 371-376; Thomas J. Espenshade and Alexandria Walton Radford, *No Longer Separate, Not Yet Equal: Race and Class in Elite College Admission and Campus Life* (Princeton, NJ: Princeton University Press, 2009); Jerome Karabel, *The Chosen: The Hidden History of Admission and Exclusion at Harvard, Yale, and Princeton* (Boston: Houghton Mifflin, 2005); Shamus Rahman Khan, "The Sociology of Elites," *Annual Review of Sociology* 38 (2012): 361-377; Lauren A. Rivera, *Pedigree: How Elite Students Get Elite Jobs* (Princeton, NJ: Princeton University Press, 2015)。

[9] Jenny Anderson, "For Minority Students at Elite New York Private Schools, Admittance Doesn't Bring Acceptance," *New York Times*, October 19, 2012, http://www.nytimes.com/2012/10/21/nyregion/for-minority-students-at-elite-new-york-private-schools-admittance-doesnt-bring-acceptance.html; Matthew Chingos and Daniel Kuehn, *The Effects of Statewide Private School Choice on College Enrollment and Graduation: Evidence from the Florida Tax Credit Scholarship Program* (Washington, D.C.: Urban Institute, September 2017, updated December 2017), http://sites.hks.harvard.edu/pepg/conferences/learning-from-longterm-effects-2018/papers/panel-i-chingos-kuehn.pdf; Anthony Abraham Jack, "Crisscrossing Boundaries: Variation in Experiences with Class Marginality among Lower-Income, Black Undergraduates at an Elite College," in *College Students' Experiences of Power and Marginality: Sharing Spaces and Negotiating Differences*, ed. Elizabeth Lee and Chaise LaDousa (New York: Routledge, 2015), 83-101.

〔10〕Jonathan Kozol, *Savage Inequalities: Children in America's Schools* (New York: Harper Perennial, 1991); Jonathan Kozol, *The Shame of the Nation: The Restoration of Apartheid Schooling in America* (New York: Three Rivers Press, 2005); Bowen Paulle, *Toxic Schools: High-Poverty Education in New York and Amsterdam* (Chicago: University of Chicago Press, 2013).

〔11〕Jack, "Crisscrossing Boundaries"; Anthony Abraham Jack and Veronique Irwin, "Seeking Out Support: Variation in Academic Engagement Strategies among Black Undergraduates at an Elite College," in *Clearing the Path for First-Generation College Students: Qualitative and Intersectional Studies of Educational Mobility*, ed. Ashley C. Rondini, Bedelia Richards-Dowden, and Nicolas P. Simon (Lanham, MD: Lexington Books, 2018), 384.

〔12〕"钻研"或探究不平等并不意味着只关注贫穷,一个相关的理论导向的论据,参见 Khan, "The Sociology of Elites"; Michèle Lamont, *Money, Morals, and Manners: The Culture of the French and American Upper-Middle Class* (Chicago: University of Chicago Press, 1992); Rivera, *Pedigree*。同样,社会学家迈克尔·罗德里格斯-穆尼兹主张,要超越他所谓的"存在论的短视",在他看来,此类短视从分析上限制了我们研究社会的方式,束缚了我们所能提出问题的类型;参见 Michael Rodríguez-Muñiz, "Intellectual Inheritances: Cultural Diagnostics and the State of Poverty Knowledge," *American Journal of Cultural Sociology* 3, no. 1 (2015): 89–122。精英大学成为未被充分代表的群体的流动跳板,参见 Bowen and Bok, *The Shape of the River*; Stacy Berg Dale and Alan B. Krueger, "Estimating the Payoff to Attending a More Selective College: An Application of Selection on Observables and Unobservables," *Quarterly Journal of Economics* 117, no. 4 (2002): 1491–1527; Eide, Brewer, and Ehrenberg, "Does It Pay to Attend an Elite Private College?"。

〔13〕不平等如何阻碍了城区公立学校学生的发展,相关的讨论,参见 Prudence Carter, *Keepin' It Real: School Success beyond Black and White* (New York: Oxford University Press, 2005); Kozol, Savage Inequalities; Patricia McDonough, *Choosing Colleges: How Social Class and Schools Structure Opportunity* (Albany: State University of New York Press, 1997); Kathryn Neckerman, *Schools Betrayed: Roots of Failure in Inner-City Education* (Chicago: University of Chicago Press, 2007); James Ryan, *Five Miles Away*,

A World Apart: One City, Two Schools, and the Story of Educational Opportunity in Modern America (New York: Oxford University Press, 2010)。关于"为预科做预备"计划的简介,参见 https://www.prepforprep.org/page。

〔14〕关于 2014 年辅导老师的工作量,参见 Elizabeth A. Harris, "Little College Guidance: 500 High School Students per Counselor," *New York Times*, December 25, 2014, http://www.nytimes.com/2014/12/26/nyregion/little-college-guidance-500-high-school-students-per-counselor.html。关于将低收入或少数族裔学生送进私立高中的"管道"计划,参见 Amanda Barrett Cox, "Cohorts, 'Siblings,' and Mentors: Organizational Structures and the Creation of Social Capital," *Sociology of Education* 90, no. 1 (2017): 47–63; Rory Kramer, "Diversifiers at Elite Schools," *Du Bois Review: Social Science Research on Race* 5, no. 2 (2008): 287–307; Deval Patrick, *A Reason to Believe: Lessons from an Improbable Life* (New York: Broadway Books, 2011); Richard L. Zweigenhaft and G. William Domhoff, *Blacks in the White Establishment?: A Study of Race and Class in America* (New Haven, CT: Yale University Press, 1991)。也参见 Simone Ispa-Landa, "Gender, Race, and Justifications for Group Exclusion: Urban Black Students Bussed to Affluent Suburban Schools," *Sociology of Education* 86, no. 3 (2013): 218–233; Megan M. Holland, "Only Here for the Day: The Social Integration of Minority Students at a Majority White High School," *Sociology of Education* 85, no. 2 (2012): 101–120。

〔15〕Elizabeth A. Armstrong and Laura T. Hamilton, *Paying for the Party: How College Maintains Inequality* (Cambridge, MA: Harvard University Press, 2013), 10. 关于文化资本的详细讨论,参见 Pierre Bourdieu, "The Forms of Capital," in *Handbook for Theory and Research for the Sociology of Education*, ed. J. G. Richardson (Westport, CT: Greenwood Press, 1986), 241–258; Annette Lareau, *Unequal Childhoods: Class, Race, and Family Life* (Berkeley: University of California Press, 2003); Annette Lareau and Elliot Weininger, "Cultural Capital in Educational Research: A Critical Assessment," *Theory and Society* 32, no. 5/6 (2003): 567–606; Michèle Lamont and Annette Lareau, "Cultural Capital: Allusions, Gaps and Glissandos in Recent Theoretical Developments," *Sociological Theory* 6, no. 2 (1988): 153–168。关于大学校园中的社会阶级,参见 Elizabeth Aries and Maynard Seider, "The

Interactive Relationship between Class Identity and the College Experience: The Case of Lower Income Students," *Qualitative Sociology* 28, no. 4 (2005): 419-443; Patrick T. Terenzini et al., "First - Generation College Students: Characteristics, Experiences, and Cognitive Development," *Research in Higher Education* 37, no. 1 (1996): 1-22; Kimberly Torres, "'Culture Shock': Black Students Account for Their Distinctiveness at an Elite College," *Ethnic and Racial Studies* 32, no. 5 (2009): 883-905。在思考"第一代大学生"这个概念时,新的学术风气是要调研学生的经验,相关的讨论,参见 Thai-Huy Nguyen and Bach Mai Dolly Nguyen, "Is the 'First-Generation Student' Term Useful for Understanding Inequality? The Role of Intersectionality in Illuminating the Implications of an Accepted—Yet Unchallenged—Term," *Review of Research in Education* 42, no. 1 (2018): 146-176。

第一章 "来啊,跟我一起去意大利!"

[1] 参见 Elizabeth Aries and Maynard Seider, "The Interactive Relationship between Class Identity and the College Experience: The Case of Lower Income Students," *Qualitative Sociology* 28, no. 4 (2005): 419-443; Ann Mullen, "Elite Destinations: Pathways to Attending an Ivy League University," *British Journal of Sociology of Education* 30, no. 1 (2009): 15-27; Kimberly Torres, "'Culture Shock': Black Students Account for Their Distinctiveness at an Elite College," *Ethnic and Racial Studies* 32, no. 5 (2009): 883-905。

[2] 定量的教育研究可能会存在偏差,相关讨论可参见 Mitchell L. Stevens, "Culture and Education," *Annals of the American Academy of Political and Social Science* 619, no. 1 (2008): 97-113; Mitchell L. Stevens, Elizabeth A. Armstrong, and Richard Arum, "Sieve, Incubator, Temple, Hub: Empirical and Theoretical Advances in the Sociology of Higher Education," *Annual Review of Sociology* 34, no. 1 (2008): 127-151。

[3] Camille Z. Charles et al., *Taming the River: Negotiating the Academic, Financial, and Social Currents in Selective Colleges and Universities* (Princeton, NJ: Princeton University Press, 2009); Janice M. McCabe, *Connecting in College: How Friendship Networks Matter for Academic and Social Success* (Chicago: University of Chicago Press, 2016); Ernest T. Pascarella and

Patrick T. Terenzini, *How College Affects Students: Findings and Insights from Twenty Years of Research* (New York: Wiley, 1991); Lauren A. Rivera, *Pedigree: How Elite Students Get Elite Jobs* (Princeton, NJ: Princeton University Press, 2015); Nicole M. Stephens et al., "A Cultural Mismatch: Independent Cultural Norms Produce Greater Increases in Cortisol and More Negative Emotions among First-Generation College Students," *Journal of Experimental Social Psychology* 48, no. 6 (2012): 1389–1393; Stevens, "Culture and Education"; Richard L. Zweigenhaft, "Prep School and Public School Graduates of Harvard: A Longitudinal Study of the Accumulation of Social and Cultural Capital," *Journal of Higher Education* 64, no. 2 (1993): 211–225.

[4] Elizabeth A. Armstrong and Laura T. Hamilton, *Paying for the Party: How College Maintains Inequality* (Cambridge, MA: Harvard University Press, 2013); Ann L. Mullen, "Elite Destinations: Pathways to Attending an Ivy League University," *British Journal of Sociology of Education* 30, no. 1 (2009): 15–27; Ernest T. Pascarella and Patrick T. Terenzini, *How College Affects Students: A Third Decade of Research* (San Francisco: Jossey-Bass, 2005).

[5] Torres, "'Culture Shock,'" 885. 按照我的定义，文化冲击就是一种类型的阶级边缘化：由于某人的阶级背景所体会到的局外人感觉。参见 Anthony Abraham Jack, "Culture Shock Revisited: The Social and Cultural Contingencies to Class Marginality," *Sociological Forum* 29, no. 2 (2014): 453–475; Anthony Abraham Jack, "Crisscrossing Boundaries: Variation in Experiences with Class Marginality among Lower-Income, Black Undergraduates at an Elite College," in *College Students' Experiences of Power and Marginality: Sharing Spaces and Negotiating Differences*, ed. Elizabeth Lee and Chaise LaDousa (New York: Routledge, 2015), 83–101。关于弥散的校园文化如何影响了本科生体验的讨论，参见 Armstrong and Hamilton, *Paying for the Party*; Sylvia Hurtado and Deborah Faye Carter, "Effects of College Transition and Perceptions of the Campus Racial Climate on Latino College Students' Sense of Belonging," *Sociology of Education* 70, no. 4 (1997): 324–345; Aries and Seider, "The Interactive Relationship between Class Identity and the College Experience"。

[6] 关于贫困生活的持续影响，参见 Karl L. Alexander, Doris

Entwisle, and Linda Olson, *The Long Shadow: Family Background, Disadvantaged Urban Youth, and the Transition to Adulthood* (New York: Russell Sage Foundation, 2014); Camille Z. Charles, Gniesha Dinwiddie, and Douglas S. Massey, "The Continuing Consequences of Segregation: Family Stress and College Academic Performance," *Social Science Quarterly* 85, no. 5 (2004): 1353–1373; Geoffrey Wodtke, David Harding, and Felix Elwert, "Neighborhood Effects in Temporal Perspective: The Impact of Long-Term Exposure to Concentrated Disadvantage on High School Graduation," *American Sociological Review* 76, no. 5 (2011): 713–736。

〔7〕这群人现在被称为"互联网上的富二代",见 http://therkoi.com/或在 Instagram 上@rkoi。

〔8〕关于精英大学里黑人移民比例过高的问题,参见 Douglas S. Massey et al., "Black Immigrants and Black Natives Attending Selective Colleges and Universities in the United States," *American Journal of Education* 113, no. 2 (2007): 243–271; Sara Rimer and Karen W. Arenson, "Top Colleges Take More Blacks, but Which Ones?" *New York Times*, June 24, 2004, http://www.nytimes.com/2004/06/24/us/top-colleges-take-more-blacks-but-which-ones.html?pagewanted=all&src=pm。

〔9〕关于微侵犯问题,参见 Julie Minikel-Lacocque, "Racism, College, and the Power of Words: Racial Microaggressions Reconsidered," *American Educational Research Journal* 50, no. 3 (2013): 432–465; Daniel Solórzano, Miguel Ceja, and Tara Yosso, "Critical Race Theory, Racial Microaggressions, and Campus Racial Climate: The Experiences of African American College Students," *Journal of Negro Education* 69, no. 1/2 (2000): 60–73。

〔10〕Amy J. Binder, Daniel B. Davis, and Nick Bloom, "Career Funneling: How Elite Students Learn to Define and Desire 'Prestigious' Jobs," *Sociology of Education* 89, no. 1 (2015): 20–39; Rivera, *Pedigree*.

〔11〕学者已经发现,通过社团实现社会的融合,通常会有益于学生的身心健康。参见 Pascarella and Terenzini, *How College Affects Students*; Jenny M. Stuber, *Inside the College Gates: How Class and Culture Matter in Higher Education* (Lanham, MD: Lexington Books, 2011)。

〔12〕参见 Beverly Daniel Tatum, *Assimilation Blues: Black Families in a White Community* (New York: Greenwood Press, 1987)。

〔13〕关于青春期发育和教育的讨论,参见 Eveline A. Crone and Ronald E. Dahl, "Understanding Adolescence as a Period of Social-Affective Engagement and Goal Flexibility," *Nature Reviews Neuroscience* 13, no. 9 (2012): 636-650; Erik Erikson, *Identity and the Life Cycle* (New York: Norton, 1980); Simone Ispa-Landa, "Effects of Affluent Suburban Schooling: Learning Skilled Ways of Interacting with Educational Gatekeepers," in *The Cultural Matrix: Understanding Black Youth*, ed. Orlando Patterson and Ethan Fosse (Cambridge, MA: Harvard University Press, 2015), 393-414。与大学相比,高中的运作方式更像是社会学家欧文·戈夫曼所说的全权机构,其对青春期学生的发育和自我认知的塑造,不仅局限于可见的方式,还包括了不可见的方式;参见 Erving Goffman, *Asylums: Essays on the Social Situation of Mental Patients and Other Inmates* (New York: Anchor Books, 1961); Shamus Rahman Khan, *Privilege: The Making of an Adolescent Elite at St. Paul's School* (Princeton, NJ: Princeton University Press, 2011)。

〔14〕关于美国的种族和社会经济隔离趋势的讨论,参见 John R. Logan, Elisabeta Minca, and Sinem Adar, "The Geography of Inequality: Why Separate Means Unequal in American Public Schools," *Sociology of Education* 85, no. 3 (2012): 287-301; Sean F. Reardon and Ann Owens, "60 Years After Brown: Trends and Consequences of School Segregation," *Annual Review of Sociology* 40, no. 1 (2014): 199-218。

〔15〕斯蒂芬妮(PP,B)也提到,从她的高中到英杰大学,"至少有三栋建筑的名字"是一模一样的。如要取得宿舍或图书馆的冠名权,经常需要捐赠出数以百万计的美元。现在,同一家族的姓名同时出现在精英预科学校和大学的建筑物上,这一事实也显示两类机构在文化和历史上的延续性。

〔16〕Charles, Dinwiddie, and Massey, "The Continuing Consequences of Segregation".

〔17〕"杰克与吉尔"俱乐部是一个会员制的组织,为有钱的美国黑人孩童提供社会、文化和教育的机会。

〔18〕加拿大鹅和盟可睐的外衣系列越来越受到追捧,这一趋势不仅限于精英大学。高盛公司和摩根大通银行的职员们也很青睐这些品牌。参见 Alison S. Cohn, "Openings All Over Town: Coach, Moncler, Canada Goose and More," *New York Times*, November 16, 2016, https://www.nytimes.

com/2016/11/17/fashion/coach-moncler-canada-goose-new-york-shopping. html; Jacob Gallagher, "The Distinctive Jacket That's Leaving Canada Goose Parkas Out in the Cold," *Wall Street Journal*, November 2, 2016, http://www.wsj.com/articles/a-fresher-coat-1478104539。

[19] Prudence Carter, *Keepin' It Real: School Success beyond Black and White* (Oxford: Oxford University Press, 2005). 还可参见 Becki Elkins and Eran Hanke, "Code-Switching to Navigate Social Class in Higher Education and Student Affairs," *New Directions for Student Services* 2018, no. 162 (2018): 35-47。

[20] 参见 Armstrong and Hamilton, *Paying for the Party*; Zweigenhaft, "Prep School and Public School Graduates of Harvard."关于环境性的线索, 参见 Valerie Purdie-Vaughns et al., "Social Identity Contingencies: How Diversity Cues Signal Threat or Safety for African Americans in Mainstream Institutions," *Journal of Personality and Social Psychology* 94, no. 4 (2008): 615。

[21] Alexander, Entwisle, and Olson, *The Long Shadow*; Charles, Dinwiddie, and Massey, "The Continuing Consequences of Segregation."

第二章 "您能为我在书上签个名吗?"

[1] 研究表明,无论在哪一层级的学术机构,权威人物都会对中产阶级的交流方式做出更积极的回应,面对懂得这套方法的学生,他们经常会投入更多的时间,或者在态度上更为偏爱。参见 Jessica McCrory Calarco, *Negotiating Opportunities: How the Middle Class Secures Advantages in School* (New York: Oxford University Press, 2018); Peter J. Collier and David L. Morgan, " 'Is That Paper Really Due Today?': Differences in First-Generation and Traditional College Students' Understandings of Faculty Expectations," *Higher Education* 55, no. 4 (2008): 425-446; Rebecca D. Cox, *The College Fear Factor: How Students and Professors Misunderstand One Another* (Cambridge, MA: Harvard University Press, 2011); Megan M. Holland, "Trusting Each Other: Student-Counselor Relationships in Diverse High Schools," *Sociology of Education* 88, no. 3 (2015): 244-262; Young K. Kim and Linda J. Sax, "Student-Faculty Interaction in Research Universities: Differences by Student Gender, Race, Social Class, and First-Generation

Status," *Research in Higher Education* 50, no. 5 (2009): 437-459; Annette Lareau, *Unequal Childhoods: Class, Race, and Family Life* (Berkeley: University of California Press, 2003); Ernest T. Pascarella and Patrick T. Terenzini, *How College Affects Students: A Third Decade of Research* (San Francisco: Jossey-Bass, 2005)。寒门幸运儿的社会化甚至早在高中之前就已开始,相关的讨论,参见 Amanda Barrett Cox, "Cohorts, 'Siblings,' and Mentors: Organizational Structures and the Creation of Social Capital," *Sociology of Education* 90, no. 1 (2017): 47-63。

〔2〕Collier and Morgan, "Is That Paper Really Due Today?" 439.

〔3〕在我于英杰大学做研究期间,我观察到,无论是参加某些负责校园事务决策的委员会,在公共论坛上介绍著名嘉宾,或者入选春假期间的国外交流游学,那些学生之所以收到邀请或录取,就是有人专门推荐了这些学生。关于寻获指导老师如何有助于学生,参见 Daniel F. Chambliss and Christopher G. Takacs, *How College Works* (Cambridge, MA: Harvard University Press, 2014); Richard J. Light, *Making the Most of College* (Cambridge, MA: Harvard University Press, 2001)。

〔4〕充分利用"办公室时间"可以提升学业表现,参见 Mario Guerrero and Alisa Beth Rod, "Engaging in Office Hours: A Study of Student-Faculty Interaction and Academic Performance," *Journal of Political Science Education* 9, no. 4 (2013): 403-416。

〔5〕与唐·普瓦里耶的电子邮件沟通(2016年8月、9月)。

〔6〕在评审奖项时,住宿书院的辅导老师经常会提名一些刚够条件的学生,只是因为获提名的学生是老师喜欢的类型。一名辅导老师向我透露,在某次提名讨论会上,相关奖项对学生的学分成绩有严格要求,但他们没有直接选中学分成绩最高的那名学生,而是评审了分数最高的前五位学生的材料,然后推荐了分数排在第三和第四的两名同学,对外宣称他们更有资格获奖。人们当然可以认为,这种做法是对抗专断、任意甚或不公正标准的一种方式,也可以视之为一种扩充多样性或包容度的方法。但在上述例子中,利益仅仅归属于提名老师所熟知的学生。在这种体制中,如果学生不想披露他们的个人历史,或者不知道他们能够或应当这么做,就注定在竞争中难逃失败。如若学生属于那些脆弱族群,比如说非法移民,那么分享他们的人生故事就可能导致巨大的生活成本甚至危险。目前有学者关注了非法移民的青年如何以及在何时表露他们的这种身份,研究表

明,这是一个非常困难的选择,对他们自己甚至家庭都会产生严重的影响。参见 Roberto G. Gonzales, *Lives in Limbo: Undocumented and Coming of Age in America* (Berkeley: University of California Press, 2015); Ariana Mangual Figueroa, "Speech or Silence: Undocumented Students' Decisions to Disclose or Disguise Their Citizenship Status in School," *American Educational Research Journal* 54, no. 3 (2017): 485-523。

[7] Jean Anyon, "Social Class and the Hidden Curriculum of Work," *Journal of Education* 162, no. 1 (1980): 67-92; Anthony Abraham Jack, "(No) Harm In Asking: Class, Acquired Cultural Capital, and Academic Engagement at an Elite University," *Sociology of Education* 89, no. 1 (2016): 1-19; Anthony Abraham Jack and Veronique Irwin, "Seeking Out Support: Variation in Academic Engagement Strategies among Black Undergraduates at an Elite College," in *Clearing the Path for First-Generation College Students: Qualitative and Intersectional Studies of Educational Mobility*, ed. Ashley C. Rondini, Bedelia Richards-Dowden, and Nicolas P. Simon (Lanham, MD: Lexington Books, 2018), 384; Nicole M. Stephens et al., "A Cultural Mismatch: Independent Cultural Norms Produce Greater Increases in Cortisol and More Negative Emotions among First-Generation College Students," *Journal of Experimental Social Psychology* 48, no. 6 (2012): 1389-1393。

[8] 关于特权与从容之间关系的讨论,参见 Shamus Rahman Khan, *Privilege: The Making of an Adolescent Elite at St. Paul's School* (Princeton, NJ: Princeton University Press, 2011); Nathan D. Martin, "The Privilege of Ease: Social Class and Campus Life at Highly Selective, Private Universities," *Research in Higher Education* 53, no. 4 (2012): 426-452。

[9] 时机很重要,获取资源的慢人一步会造成长期的影响。参见 Pascarella and Terenzini, *How College Affects Students*; Camille Z. Charles et al., *Taming the River: Negotiating the Academic, Financial, and Social Currents in Selective Colleges and Universities* (Princeton, NJ: Princeton University Press, 2009); Light, *Making the Most of College*; Chambliss and Takacs, *How College Works*。

[10] 根据国家教育统计中心的数据,2014 年,美国公立学校的师生比平均为"1∶16.1",私立学校的师生比"1∶12"。而在资源欠缺的城区学校,师生比要比上述平均数还要低很多。参见 https://nces.ed.gov/

fastfacts/display. asp?id=28。

[11] Joe Paul Case, "Implications of Financial Aid: What College Counselors Should Know," *Journal of College Student Psychotherapy* 27, no. 2 (2013): 159-173.

[12] 关于大学生心理健康的讨论缺位，参见 Daniel Eisenberg et al., "Stigma and Help Seeking for Mental Health among College Students," *Medical Care Research and Review* 66, no. 5 (2009): 522-541。

[13] 关于通过不同路径接受心理健康服务的讨论，参见 Bernice A. Pescosolido, Carol Brooks Gardner, and Keri M. Lubell, "How People Get into Mental Health Services: Stories of Choice, Coercion and 'Muddling Through' from 'First-Timers,'" *Social Science and Medicine* 46, no. 2 (1998): 275-286。

[14] "Remarks by the First Lady at Martin Luther King Jr. Preparatory High School Commencement Address," Chicago, IL, June 9, 2015, available at https: //obamawhitehouse. archives. gov/the-press-office/2015/06/09/remarks-first-lady-martin-luther-king-jr-preparatory-high-school-commenc. 若是只关注分数和毕业率，就忽视了学术生活的交互面向。学生是否充分利用了他们可以获得的资源，这个问题非常值得探讨，也可以凸显大学内不平等之再生产的文化基础；参见 Chambliss and Takacs, *How College Works*; Light, *Making the Most of College*; Mitchell L. Stevens, "Culture and Education," *Annals of the American Academy of Political and Social Science* 619, no. 1 (2008): 97-113; Mitchell L. Stevens, Elizabeth A. Armstrong, and Richard Arum, "Sieve, Incubator, Temple, Hub: Empirical and Theoretical Advances in the Sociology of Higher Education," *Annual Review of Sociology* 34, no. 1 (2008): 127-151; April Yee, "The Unwritten Rules Of Engagement: Social Class Differences in Undergraduates' Academic Strategies," *Journal of Higher Education* 87, no. 6 (2016): 831-858。

[15] Pascarella and Terenzini, *How College Affects Students*; Chambliss and Takacs, *How College Works*; Light, *Making the Most of College*.

[16] Edward Fiske, "The Carolina Covenant," in *Rewarding Strivers: Helping Low-Income Students Succeed in College*, ed. Richard D. Kahlenberg (New York: Century Foundation Press, 2010), 17-70; Jenny M. Stuber, *Inside the College Gates: How Class and Culture Matter in Higher Education*

(Lanham, MD: Lexington Books, 2011); Chandra Taylor Smith and Abby Miller with C. Adolfo Bermeo, *Bridging the Gaps to Success: Promising Practices for Promoting Transfer among Low-Income and First-Generation Students* (Washington, D.C.: Pell Institute for the Study of Opportunity in Higher Education, 2009), https://eric.ed.gov/?id=ED508915; Jennifer Engle, Adolfo Bermeo, and Colleen O'Brien, *Straight from the Source: What Works for First-Generation College Students* (Washington, D.C.: Pell Institute for the Study of Opportunity in Higher Education, 2006), https://eric.ed.gov/?id=ED501693.

〔17〕Steven R. López et al., "From Documenting to Eliminating Disparities in Mental Health Care for Latinos," *American Psychologist* 67, no. 7 (2012): 511–523; Engle, Bermeo, and O'Brien, *Straight from the Source.*

〔18〕我与马祖尔教授的交流，2017年秋季。

〔19〕与丽贝卡·基桑的电子邮件交流，2017年1月。

第三章 "我，也，饿"

〔1〕构成"我也是（I, too）"运动之基础的，是各种各样的种族微侵犯，相关的学术和公共讨论，参见 Julie Minikel-Lacocque, "Racism, College, and the Power of Words: Racial Microaggressions Reconsidered," *American Educational Research Journal* 50, no. 3 (2013): 432–465; Daniel Solórzano, Miguel Ceja, and Tara Yosso, "Critical Race Theory, Racial Microaggressions, and Campus Racial Climate: The Experiences of African American College Students," *Journal of Negro Education* 69, no. 1/2 (2000): 60–73; Tanzina Vega, "Students See Many Slights as Racial 'Microaggressions'", *New York Times*, March 21, 2014, http://www.nytimes.com/2014/03/22/us/as-diversity-increases-slights-get-subtler-but-still-sting.html。还可参见 Elijah Anderson, *The Cosmopolitan Canopy: Race and Civility in Everyday Life* (New York: Norton, 2011); Michèle Lamont et al., *Getting Respect: Responding to Stigma and Discrimination in the United States, Brazil, and Israel* (Princeton, NJ: Princeton University Press, 2016)。

〔2〕在本章中，我的分析集中于暂时性的食物短缺，也即在每学年的特定时间段，有学生会面临食物上的不确定性，不知道他们的下一餐饭要从哪儿来。在这里，我关注的是春假的例子。根据美国农业部的定义，食物短缺存在两种不同的水平，而英杰大学的学生所经历的是第二种。低

度的食物短缺，或称未引起饥饿的食物短缺，其特征为"饮食品质、多样性或吸引力的降低"，"却没有或少有迹象表明食物摄入量在降低"。而高度的食物短缺，或称饥饿的食物短缺，将导致如下情形，个人"出现了多项指标，表明饮食模式已经紊乱，同时食物摄入量减少"。参见"Definitions of Food Security," *United States Department of Agriculture Economic Research Service*, https：//www.ers.usda.gov/topics/food-nutrition-assistance/food-security-in-the-us/definitions-of-food-security.aspx。

〔3〕Elizabeth Aries, *Race and Class Matters at an Elite College* (Philadelphia：Temple University Press, 2008).

〔4〕学者在研究学术环境中的排斥问题时，通常会关注人际互动和制度语境，考察它们是如何将非主流的学生推向边缘的。参见 Aries, *Race and Class Matters*；Elizabeth A. Armstrong and Laura T. Hamilton, *Paying for the Party：How College Maintains Inequality* (Cambridge, MA：Harvard University Press, 2013)；Sylvia Hurtado and Deborah Faye Carter, "Effects of College Transition and Perceptions of the Campus Racial Climate on Latino College Students' Sense of Belonging," *Sociology of Education* 70, no. 4 (1997)：324-345；Kimberly Torres, "'Culture Shock'：Black Students Account for Their Distinctiveness at an Elite College," *Ethnic and Racial Studies* 32, no. 5 (2009)：883-905。

〔5〕近期的前沿研究聚焦于分析如下问题：从小学到大学的政策是如何塑造学生生活的。例如，卡洛琳·泰森就检讨了学业跟踪会如何影响学生的成绩和种族观，参见 Karolyn Tyson, *Integration Interrupted：Tracking, Black Students, and Acting White after Brown* (New York：Oxford University Press, 2011)。普鲁登斯·卡特则对南非和美国的学校进行了比较研究，根据她的论述，禁止特定"种族"的发型进校园的规则，就会导致对"适当行为"做出狭隘界定，在现实中排斥黑人学生，参见 Prudence Carter, *Stubborn Roots：Race, Culture, and Inequality in U.S. and South African Schools* (New York：Oxford University Press, 2012)。而伊丽莎白·阿姆斯特朗和劳拉·汉密尔顿则讨论了另一个问题，希腊式的生活会给工人阶级的子女施加压力，即便他们既没钱，也缺乏必要的社交技巧，但还是必须挤进她们所称的"派对那条路"，参见 Elizabeth Armstrong and Laura Hamilton, *Paying for the Party*。这些研究关注的是后台过程，也即从学生的角度基本上隐而不见、但其作用力却施于日常生活的学校政策，记录下

后台过程的影响。因为其间的关联是看不见的，所以学生会把因之而起的种族和阶级分层视为自生自发的，而非制度的加持。结构性的排斥，这一概念就强调了大学政策的直接作用，展示校方是如何塑造学生的社会交流、归属感，以及大学生活的。结构性的排斥关注的是某些时刻——大学具体的政策实施以高度可见的方式将某些未被充分代表的群体推向边缘。只关注社会交往，同时却忽略大学政策是如何塑造此类交往的，就会限制我们对不平等再生产的理解。还可参见 Loïc J. D. Wacquant and William Julius Wilson, "The Cost of Racial and Class Exclusion in the Inner City," *Annals of the American Academy of Political and Social Science* 501 (1989): 8-25; Annette Lareau and Erin Horvat, "Moments of Social Inclusion and Exclusion Race, Class, and Cultural Capital in Family-School Relationships," *Sociology of Education* 72, no. 1 (1999): 37-53。

[6] 在这里，我必须澄清，我绝无意贬低清洁工作的价值。我的奶奶是一位女仆，我的哥哥是一位清洁工，我向来为此感到骄傲，也因此充分意识到这类工作的意义，也对从事这份工作的人们怀有崇高的敬意。

[7] 在这里，我使用了英杰大学在春假期间发给运动员的每日膳食津贴标准，用这个数额来估算吃饭的开销。

[8] 史黛茜在这里夸大了两次清洁之间的时间间隔；在英杰大学，校园派遣服务是每两周打扫一次，不是三周。

[9] Kimberly C. Torres and Camille Z. Charles, "Metastereotypes and the Black-White Divide: A Qualitative View of Race on an Elite College Campus," *Du Bois Review: Social Science Research on Race* 1, no. 1 (2004): 115-149.

[10] "奖学金+"所提供的门票数量并非一直设定为五张票。在我到英杰做研究的前一年，学生可以不限次数地申请免费票。但在发现了学生私下共享后，行政人员开始限制所得免费票的数量，以取缔这种私下的交易。

[11] 从波士顿、伦敦、纽约到全世界范围的许多其他城市，这种所谓"穷人入口"的政策在公寓建筑和其他居住区内都依然存在。参见 Emily Badger, "When Separate Doors for the Poor Are More than They Seem," *Washington Post*, July 31, 2014, https://www.washingtonpost.com/news/wonk/wp/2014/07/31/when-the-poor-want-their-own-door/; Dave Hill, "What Would a Ban on 'Poor Doors' Achieve?" *Guardian*, August 3, 2015, https://www.theguardian.com/uk-news/davehillblog/2015/aug/03/london-

housing-what-would-a-ban-on-poor-doors-achieve; Justin Moyer, "NYC Bans 'Poor Doors'—Separate Entrances for Low-Income Tenants," *Washington Post*, June 30, 2015, https://www.washingtonpost.com/news/morning-mix/wp/2015/06/30/nyc-bans-poor-doors-separate-entrances-for-low-income-tenants/; Alan Wirzbicki, "Allowing 'Poor Door' a Better Alternative," op-ed, *Boston Globe*, July 26, 2014, https://www.bostonglobe.com/opinion/2014/07/25/wirzbicki/0U7F3Bg25j6Hai5wbQjsCJ/story.html。

〔12〕Anthony Abraham Jack, "It's Hard to Be Hungry on Spring Break," *New York Times*, March 17, 2018, SR4.

〔13〕为了健康的考虑，我们应当关注学生提到他们吃得最多的食物：速食拉面、花生酱或果酱三明治，以及能从贩卖机里买到的食物。这些东西适量食用还没事，但每天每顿都吃它们，连续一周的时间，就有问题了。比方说，根据联邦食品药品局的建议，成年人每天的食盐摄入量不应超过2,300毫克。一袋拉面里的盐含量就超过了建议数值的一半。

〔14〕关于我带学生出去吃饭的做法，进一步的讨论可参见本书附录。

〔15〕"Opening and Closing Information," Fairfield University, Fairfield, CT, https://www.fairfield.edu/undergraduate/student-life-and-services/student-services/housing/residence-life/closing-information/, accessed August 2015. 该声明已无法在网址上查到。

〔16〕M. Pia Chaparro et al., "Food Insecurity Prevalence among College Students at the University of Hawai'i at Mānoa," *Public Health Nutrition* 12, no. 11 (2009): 2097-2103; Rashisa Crutchfield, "Serving Displaced and Food Insecure Students in the CSU," January 2016, https://presspage-production-content.s3.amazonaws.com/uploads/1487/cohomelessstudy.pdf?10000; Sara Goldrick-Rab and Katharine M. Broton, "Hungry, Homeless and in College," *New York Times*, December 4, 2015, http://www.nytimes.com/2015/12/04/opinion/hungry-homeless-and-in-college.html; Sara Goldrick-Rab et al., "Still Hungry and Homeless in College" (Madison, WI: Wisconsin Hope Lab, April 2018); Jack, "It's Hard to Be Hungry on Spring Break"; Suzanna M. Martinez et al., "Food Insecurity in California's Public University System: What Are the Risk Factors?" *Journal of Hunger and Environmental Nutrition* 13, no. 1 (2018): 1-18; Aydin Nazmi et al., "A Systematic Review of Food Insecurity among US Students in Higher Education," *Journal of Hunger and Environmental Nutrition*, June 22, 2018, https://doi.org/10.1080/19320248.2018.1484316.

[17] Nick Anderson, "For the Poor in the Ivy League, a Full Ride Isn't Always What They Imagined," *Washington Post*, May 16, 2016, https://www.washingtonpost.com/local/education/for-the-poor-in-the-ivy-league-a-full-ride-isnt-always-what-they-imagined/2016/05/16/5f89972a-114d-11e6-81b4-581a5c4c42df_story.html; Akane Otani, "Poor Students at Columbia Take Their Angst Public, and the School Responds," *Bloomberg*, March 31, 2015, http://www.bloomberg.com/news/articles/2015-03-31/poor-students-at-columbia-take-their-angst-public-and-the-school-responds.

[18] 有些时候，学生在讨论"校园派遣"和本章所述的其他政策时，常持一种主张，即大学之所以创设这些项目，其意图就是把穷学生挑出来，然后羞辱他们。这些项目背后到底有没有主观故意，我这里无法做确定性的回答。在"校园派遣"的例子中，尤其是暑期预报到项目，确实存在一些证据，可以支持学生的判断。事实上，这个项目从创设之初就混在校方的多个暑期项目中，笼而统之是为了确保一定程度的参与。而在"奖学金+"的例子中，证据指向相反的方向。但无论如何，这些政策不仅破坏了穷学生与周围同学的关系，也削弱了他们在大学校园的归属感，上述判断是确切无疑的。因为这些政策，穷学生不仅强烈意识到他们在经济上的困窘，致使他们要承受起因穷而致的侮辱，而且看到了自己和周围有钱同学之间的鸿沟，有个富爸爸，他们的同学就体会不到资源的稀缺，也因此远离校园的疾苦经验。

[19] Michael J. Sandel, *What Money Can't Buy: The Moral Limits of Markets* (New York: Farrar, Straus and Giroux, 2012); Russell Muirhead, *Just Work* (Cambridge, MA: Harvard University Press, 2004). 关于教学相长项目（SaLT）的讨论，参见 https://www.brynmawr.edu/tli/faculty-student-partnerships-analyze-classroom-practice。

[20] Mitchell L. Stevens, Elizabeth A. Armstrong, and Richard Arum, "Sieve, Incubator, Temple, Hub: Empirical and Theoretical Advances in the Sociology of Higher Education," *Annual Review of Sociology* 34, no. 1 (2008): 127-151.

结　语　在录取之后

［1］经济资助政策上的这些变化，引起了大量的媒体关注。参见 Emily Jane Fox, "Stanford Offers Free Tuition for Families Making Less than $125,000," *CNNMoney*, April 1, 2015, http://money.cnn.com/2015/04/01/pf/college/stanford-financial-aid/index.html; Anthony Abraham Jack, "What the Privileged Poor Can Teach Us," op-ed, *New York Times*, September 12, 2015, https://www.nytimes.com/2015/09/13/opinion/sunday/what-the-privileged-poor-can-teach-us.html; Richard Pérez-Peña, "Elite Colleges Differ on How They Aid Poor," *New York Times*, July 30, 2013, http://www.nytimes.com/2013/07/31/education/elite-colleges-differ-on-how-they-aid-poor.html; Richard Pérez-Peña, "Elite Smaller Colleges Struggle to Cover Financial Aid," *New York Times*, November 30, 2012, http://www.nytimes.com/2012/12/01/education/elite-smaller-colleges-struggle-to-cover-financial-aid.html; Sara Rimer, "Elite Colleges Open New Door to Low-Income Youths," *New York Times*, May 27, 2007, A1. 钱的问题在大学里依然重要。获得奖学金、助学金是一回事，而在大学作为一名学生要支出的开销则是另一回事，两者之间经常有很大的差距。参见 Amy Bergerson, "Exploring the Impact of Social Class on Adjustment to College: Anna's Story," *International Journal of Qualitative Studies in Education* 20, no. 1 (2007): 99–119; Sara Goldrick-Rab, *Paying the Price: College Costs, Financial Aid, and the Betrayal of the American Dream* (Chicago: University of Chicago Press, 2016)。来自低收入家庭的第一代大学生会面临种种经济困难，相关的讨论，参见 Jennifer Engle, Adolfo Bermeo, and Colleen O'Brien, "Straight from the Source: What Works for First-Generation College Students," *Pell Institute for the Study of Opportunity in Higher Education*, 2006, https://eric.ed.gov/?id=ED501693; Goldrick-Rab, *Paying the Price*; Chandra Taylor Smith and Abby Miller, "Bridging the Gaps to Success: Promising Practices for Promoting Transfer among Low-Income and First-Generation Students. An In-Depth Study of Six Exemplary Community Colleges in Texas," *Pell Institute for the Study of Opportunity in Higher Education*, 2009, https://eric.ed.gov/?id=ED508915。

［2］Patrick T. Terenzini et al., "First-Generation College Students: Characteristics, Experiences, and Cognitive Development," *Research in Higher*

Education 37, no. 1 (1996): 17. 关于对穷学生混为一谈的批评, 参见 Anthony Abraham Jack, "Culture Shock Revisited: The Social and Cultural Contingencies to Class Marginality," *Sociological Forum* 29, no. 2 (2014): 453-475。我的研究从文化社会学家小奥尔福德·扬那里受益良多, 在研究塑造年轻人的文化禀赋的社会结构性力量时, 扬考察了他们在家庭、邻里和学校内的经验。参见 Alford Young Jr., "The (Non) Accumulation of Capital: Explicating the Relationship of Structure and Agency in the Lives of Poor Black Men," *Sociological Theory* 17, no. 2 (1999): 201-227。此外, 我也得益于研究城市贫困问题的学者威廉·朱利叶斯·威尔逊和罗伯特·桑普森的著述, 特别是他们关于社会生态差异性的讨论——也即从结构上看, 社会化的语境是各不相同的, 还有这种差异是如何塑造不平等之再生产的: Robert Sampson and William Julius Wilson, "Toward a Theory of Race, Crime, and Urban Inequality," in *Crime and Inequality*, ed. John Hagan and Ruth Peterson (Stanford, CA: Stanford University Press, 1995), 37-56。关于心理学的视角, 参见 Nicole M. Stephens, Hazel Rose Markus, and L. Taylor Phillips, "Social Class Culture Cycles: How Three Gateway Contexts Shape Selves and Fuel Inequality," *Annual Review of Psychology* 65 (2013): 611-634。

〔3〕关于文化资本理论的讨论, 参见 Elizabeth Aries, *Race and Class Matters at an Elite College* (Philadelphia: Temple University Press, 2008); Pierre Bourdieu, *Distinction: A Social Critique of the Judgment of Taste* (Cambridge, MA: Harvard University Press, 1984)。有些学者采取了类似的方法, 视野越出了以父母为中心的家庭社会化, 参见 Michèle Lamont and Annette Lareau, "Cultural Capital: Allusions, Gaps and Glissandos in Recent Theoretical Developments," *Sociological Theory* 6, no. 2 (1988): 153-168。关于将学生送进私立中学的"管道计划", 参见 Amanda Barrett Cox, "Cohorts, 'Siblings,' and Mentors: Organizational Structures and the Creation of Social Capital," *Sociology of Education* 90, no. 1 (2017): 47-63; Rory Kramer, "Diversifiers at Elite Schools," *Du Bois Review: Social Science Research on Race* 5, no. 2 (2008): 287-307; Richard L. Zweigenhaft and G. William Domhoff, *Blacks in the White Establishment?: A Study of Race and Class in America* (New Haven, CT: Yale University Press, 1991)。

〔4〕Anthony Abraham Jack, "Culture Shock Revisited: The Social and

Cultural Contingencies to Class Marginality," *Sociological Forum* 29, no. 2 (2014): 453–475; Shamus Rahman Khan, *Privilege: The Making of an Adolescent Elite at St. Paul's School* (Princeton, NJ: Princeton University Press, 2011).

〔5〕Elizabeth A. Armstrong and Laura T. Hamilton, *Paying for the Party: How College Maintains Inequality* (Cambridge, MA: Harvard University Press, 2013); Kimberly Torres, "'Culture Shock': Black Students Account for Their Distinctiveness at an Elite College," *Ethnic and Racial Studies* 32, no. 5 (2009): 883–905.

〔6〕参见 Camille Z. Charles, Gniesha Dinwiddie, and Douglas S. Massey, "The Continuing Consequences of Segregation: Family Stress and College Academic Performance," *Social Science Quarterly* 85, no. 5 (2004): 1353–1373。大学为学生提供的资源是各种各样的，故而在这里做通盘考虑就非常重要。例如，阿默斯特学院已退休的助学金处主任乔·保罗·凯斯就呼吁，要加强助学金办公室和心理咨询中心之间的合作，这样才能充分支持学生的心理健康和诊疗需求。参见 Joe Paul Case, "Implications of Financial Aid: What College Counselors Should Know," *Journal of College Student Psychotherapy* 27, no. 2 (2013): 159–173。

〔7〕现在看，在黑人大学毕业生和白人毕业生之间，仍存在着巨大的收入差距，但也要承认这一差距正在缩小，而且研究也表明，较之于有大学文凭的黑人和没有文凭的黑人之间的收入差距，黑白之间的差距更容易拉近。关于名校学位的经济收益的讨论，参见 E. Eide, D. J. Brewer, and R. G. Ehrenberg, "Does It Pay to Attend an Elite Private College? Evidence on the Effects of Undergraduate College Quality on Graduate School Attendance," *Economics of Education Review* 17, no. 4 (1998): 371–376; Thomas J. Espenshade and Alexandria Walton Radford, *No Longer Separate, Not Yet Equal: Race and Class in Elite College Admission and Campus Life* (Princeton, NJ: Princeton University Press, 2009); Lauren A. Rivera, *Pedigree: How Elite Students Get Elite Jobs* (Princeton, NJ: Princeton University Press, 2015)。

〔8〕让学生了解大学里的规则和期待，有助于他们的个人努力，相关的证据，也可参见内华达大学拉斯维加斯分校"高等教育的教与学"项目进行的研究：Mary-Ann Winkelmes et al., "A Teaching Intervention That

Increases Underserved College Students' Success," *Peer Review* 18, no. 1 (2016): 31-36.

[9] Anandi Mani et al., "Poverty Impedes Cognitive Function," *Science* 341, no. 6149 (2013): 976-980; Suzanna M. Martinez et al., "Food Insecurity in California's Public University System: What Are the Risk Factors?" *Journal of Hunger and Environmental Nutrition* 13, no. 1 (2018): 1-18; Sendhil Mullainathan and Eldar Shafir, *Scarcity: Why Having Too Little Means So Much* (New York: Henry Holt, 2013); Aydin Nazmi et al., "A Systematic Review of Food Insecurity among US Students in Higher Education," *Journal of Hunger and Environmental Nutrition* (2018): 1-16.

[10] Valerie Purdie-Vaughns et al., "Social Identity Contingencies: How Diversity Cues Signal Threat or Safety for African Americans in Mainstream Institutions," *Journal of Personality and Social Psychology* 94, no. 4 (2008): 615. See also Jonathan E. Cook et al., "Chronic Threat and Contingent Belonging: Protective Benefits of Values Affirmation on Identity Development," *Journal of Personality and Social Psychology* 102, no. 3 (2012): 479.

[11] Monica Higgins and Kathy Kram, "Reconceptualizing Mentoring at Work: A Developmental Network Perspective," *Academy of Management Review* 26, no. 2 (2001): 264; Catherine Turco, "Cultural Foundations of Tokenism: Evidence from the Leveraged Buyout Industry," *American Sociological Review* 75, no. 6 (2010): 894-913; Rivera, *Pedigree*.

[12] EdChoice, "The ABCs of School Choice: The Comprehensive Guide to Every Private School Choice Program in America, 2017 Edition" (EdChoice, 2017), http://www.edchoice.org/wp-content/uploads/2017/02/The-ABCs-of-School-Choice-1.pdf; Matthew Chingos and Daniel Kuehn, "The Effects of Statewide Private School Choice on College Enrollment and Graduation: Evidence from the Florida Tax Credit Scholarship Program" (Urban Institute, September 2017), https://www.urban.org/sites/default/files/publication/93471/the_effects_of_statewide_private_school_choice_on_college_enrollment_and_graduation_0.pdf.

[13] Hugh Mehan, *In the Front Door: Creating a College-Bound Culture of Learning* (Boulder: Paradigm Publishers, 2012). 还可参见 James Coleman and Thomas Hoffer, *Public and Private High Schools: The Impact of Communities*

(New York: Basic Books, 1987); Peter Cookson and Caroline Persell, *Preparing for Power: America's Elite Boarding Schools* (New York: Basic Books, 1985); Jonathan Kozol, *Savage Inequalities: Children in America's Schools* (New York: Harper Perennial, 1991); Patrick Sharkey, *Stuck in Place: Urban Neighborhoods and the End of Progress toward Racial Equality* (University of Chicago Press, 2013)。关于大学毕业后的轨迹, 参见 Rivera, Pedigree; Richard L. Zweigenhaft and G. William Domhoff, *Blacks in the White Elite: Will the Progress Continue?* (Lanham, MD: Rowman and Littlefield, 2003)。

[14] Kristin Blagg et al., "Assessing Food Insecurity on Campus: A National Look at Food Insecurity among America's College Students" (Urban Institute, August 2017); Goldrick-Rab, *Paying the Price*; Nazmi et al., "A Systematic Review of Food Insecurity among US Students in Higher Education."

[15] James Baldwin, *Notes of a Native Son* (Boston: Beacon Press, 1984), 9.

附 录

[1] 关于使用化名的讨论, 参见 Amy J. Binder, Daniel B. Davis, and Nick Bloom, "Career Funneling: How Elite Students Learn to Define and Desire 'Prestigious' Jobs," *Sociology of Education* 89, no. 1 (2015): 20–39; Colin Jerolmack and Alexandra K. Murphy, "The Ethical Dilemmas and Social Scientific Trade-Offs of Masking in Ethnography," *Sociological Methods and Research*, March 30, 2017, http://dx.doi.org/10.1177/0049124117701483; Shamus Rahman Khan, *Privilege: The Making of an Adolescent Elite at St. Paul's School* (Princeton, NJ: Princeton University Press, 2011); Ann L. Mullen, *Degrees of Inequality: Culture, Class, and Gender in American Higher Education* (Baltimore, MD: Johns Hopkins University Press, 2010); Lauren A. Rivera, *Pedigree: How Elite Students Get Elite Jobs* (Princeton, NJ: Princeton University Press, 2015)。还可参见 Maria K. E. Lahman et al., "Undocumented Research Participants: Ethics and Protection in a Time of Fear," *Hispanic Journal of Behavioral Sciences* 33, no. 3 (2011): 304–322; Maria K. E. Lahman et al., "A Rose by Any Other Name Is Still a Rose? Problematizing Pseudonyms in Research," *Qualitative Inquiry* 21, no. 5 (2015): 445–453。

[2] 我选择只关注一个样本, 也符合当前在定性研究中的抽样理论。

英杰大学满足了许多的条件,让我可以与关于社会再生产的现有理论进行对话,并做出扩展。关于抽样的讨论,参见 David Willer, *Scientific Sociology: Theory and Method* (Englewood Cliffs, NJ: Prentice-Hall, 1967); William Julius Wilson and Anmol Chaddha, "The Role of Theory in Ethnographic Research," *Ethnography* 10, no. 4 (2009): 549-564。

〔3〕Mitchell L. Stevens, Elizabeth A. Armstrong, and Richard Arum, "Sieve, Incubator, Temple, Hub: Empirical and Theoretical Advances in the Sociology of Higher Education," *Annual Review of Sociology* 34, no. 1 (2008): 131-132.

〔4〕大样本容量的研究启发了我的方法和思考,相关的例子,参见 Michèle Lamont, *The Dignity of Working Men: Morality and the Boundaries of Race, Class, and Immigration* (Cambridge, MA: Harvard University Press, 2000); Michèle Lamont, *Money, Morals, and Manners: The Culture of the French and American Upper-Middle Class* (Chicago: University of Chicago Press, 1992); Mary C. Waters, *Black Identities: West Indian Immigrant Dreams and American Realities* (Cambridge, MA: Harvard University Press, 1999); Jocelyn Viterna, *Women in War: The Micro-Processes of Mobilization in El Salvador*, Oxford Studies in Culture and Politics (Oxford: Oxford University Press, 2013); Roberto G. Gonzales, *Lives in Limbo: Undocumented and Coming of Age in America* (Berkeley: University of California Press, 2015); Rivera, *Pedigree*。因为在同一地点访谈了大量的人,我就能获得多重视角,由此可以进行某些有效性检验;比方说,在如何看待学校生活和校外事件的问题上,我就能估算出学生和行政人员之间的差异,也能估算出群体内部的差异。关于要做多少次访谈才能构成充分样本,参见 Mario Luis Small, "'How Many Cases Do I Need?' On Science and the Logic of Case Selection in Field-Based Research," *Ethnography* 10, no. 1 (2009): 5-38。

〔5〕在当前关于不平等的研究中,尤其是高等教育中的不平等问题时,拉丁裔学生的声音基本上是缺失的;参见 Mario Luis Small and Katherine Newman, "Urban Poverty after *The Truly Disadvantaged*: The Rediscovery of the Family, the Neighborhood, and Culture," *Annual Review of Sociology* 27 (2001): 23-45; Gonzales, *Lives in Limbo*。拉丁裔学生的人数越来越多,无论是在私立高中,还是文理学院和大学,都有争取奖学金的机会。为了充分认识不平等的再生产,我们需要理解拉丁裔学生的经验。参

见 Gustavo López and Eileen Patten, "The Impact of Slowing Immigration: Foreign-Born Share Falls among 14 Largest U.S. Hispanic Origin Groups" (Washington, D.C.: Pew Research Center, September 15, 2015), http://www.pewhispanic.org/2013/06/19/hispanic-origin-profiles/; Douglas S. Massey et al., *The Source of the River: The Social Origins of Freshmen at America's Selective Colleges and Universities* (Princeton, NJ: Princeton University Press, 2003); Anthony Abraham Jack and Veronique Irwin, "Seeking Out Support: Variation in Academic Engagement Strategies among Black Undergraduates at an Elite College," in *Clearing the Path for First-Generation College Students: Qualitative and Intersectional Studies of Educational Mobility*, ed. Ashley C. Rondini, Bedelia Richards-Dowden, and Nicolas P. Simon (Lanham, MD: Lexington Books, 2018), 384; Jenny Anderson, "For Minority Students at Elite New York Private Schools, Admittance Doesn't Bring Acceptance," *New York Times*, October 19, 2012, http://www.nytimes.com/2012/10/21/nyregion/for-minority-students-at-elite-new-york-private-schools-admittance-doesnt-bring-acceptance.html。

〔6〕现有的研究抹平了黑人中产阶级内部的多样性，相关的批评，参见 Karyn Lacy, *Blue-Chip Black: Race, Class, and Status in the New Black Middle Class* (Berkeley: University of California Press, 2007); Karyn Lacy and Angel L. Harris, "Breaking the Class Monolith: Understanding Class Differences in Black Adolescents' Attachment to Racial Identity," *Social Class: How Does It Work?* ed. Annette Lareau and Dalton Conley (New York: Russell Sage Foundation, 2008), 152-178。

〔7〕Massey et al., *Source of the River*, 40.

〔8〕出于历史的和个人的原因，同时也是为了把学生的讲述放在第一位，我会尽量避免描述受访学生的体格特征。只有体格描述能补充我们在访谈中的讨论，或者能表明学生在互动时展示的某些个人品格，我才会进行这方面的描述。比方说，在第三章中，我笔下提到乔舒亚（DD，B）身材健硕，肌肉发达，是因为他曾谈起，在高中阶段，举重训练对他而言是多么重要的一件事。我之所以做出这个决定——尽量不描写学生的外观体格，是基于如下的观察，作家在描写有色人种或女性时，几乎总是专注于他们的长相或者态度，而在描写白人男性时，却总是在突出他们的智力或者品格。

〔9〕从社会学家小奥尔福德·扬的著作中,我汲取了灵感,用定向的生活史组织我的访谈提纲,参见 Alford Young Jr., "The (Non) Accumulation of Capital: Explicating the Relationship of Structure and Agency in the Lives of Poor Black Men," *Sociological Theory* 17, no. 2 (1999): 201-227。关于用归纳的方式对定性数据进行编码的技术,参见 Kathy Charmaz, *Constructing Grounded Theory: A Practical Guide through Qualitative Analysis* (Thousand Oaks, CA: Sage Publications, 2006); Robert Stuart Weiss, *Learning from Strangers: The Art and Method of Qualitative Interview Studies* (New York: Free Press, 1994)。

〔10〕类似的路径,参见 Nicole Arlette Hirsch and Anthony Abraham Jack, "What We Face: Framing Problems in the Black Community," *Du Bois Review: Social Science Research on Race* 9, no. 1 (2012): 133-148。

〔11〕在做定性研究的过程中,访谈者也是在"见证",相关讨论,参见 Jennifer M. Silva, *Coming Up Short: Working-Class Adulthood in an Age of Uncertainty* (New York: Oxford University Press, 2013)。

〔12〕Weiss, *Learning from Strangers*; Charmaz, *Constructing Grounded Theory*.

〔13〕Anthony Abraham Jack, "What the Privileged Poor Can Teach Us," op-ed, *New York Times*, September 12, 2015, https://www.nytimes.com/2015/09/13/opinion/sunday/what-the-privileged-poor-can-teach-us.html.

〔14〕Stephen L. Morgan and Christopher Winship, *Counterfactuals and Causal Inference: Methods and Principles for Social Research* (New York: Cambridge University Press, 2007); Robert Sampson, *Great American City: Chicago and the Enduring Neighborhood Effect* (Chicago: University of Chicago Press, 2012); Samuel A. Stouffer, "Some Observations on Study Design," *American Journal of Sociology* 55, no. 4 (1950): 355-361; Christopher Winship and Robert D. Mare, "Models for Sample Selection Bias," *Annual Review of Sociology* 18 (1992): 327-350.

〔15〕关于寒门幸运儿和双重贫困生之间的差异,参见 Anthony Abraham Jack, "Culture Shock Revisited: The Social and Cultural Contingencies to Class Marginality," *Sociological Forum* 29, no. 2 (2014): 453-475; Anthony Abraham Jack, "Crisscrossing Boundaries: Variation in Experiences with Class Marginality among Lower-Income, Black Undergraduates at an Elite

College," in *College Students' Experiences of Power and Marginality: Sharing Spaces and Negotiating Differences*, ed. Elizabeth Lee and Chaise LaDousa (New York: Routledge, 2015), 83–101; Anthony Abraham Jack, "Class, Culture, and (Un) Easy Engagement at an Elite University," *Harvard Educational Review*, forthcoming; Jack and Irwin, "Seeking Out Support"。关于理想型的讨论，参见 Max Weber, *Economy and Society: An Outline of Interpretive Sociology*, ed. Guenther Roth and Claus Wittich, 4th ed. (Berkeley: University of California Press, 1978). See also Elijah Anderson, *Code of the Street: Decency, Violence, and the Moral Life of the Inner City* (New York: Norton, 1999); Prudence Carter, *Keepin' It Real: School Success beyond Black and White* (New York: Oxford University Press, 2005)。

[16] 我混用了不同的方法来处理这两组学生群体的经历。关于混合方法研究的不同路径的讨论，参见 Mario Luis Small, "How to Conduct a Mixed Methods Study: Recent Trends in a Rapidly Growing Literature," *Annual Review of Sociology* 37, no. 1 (2011): 57–86。关于参加管道项目的学生的经历分析，参见 Amanda Barrett Cox, "Cohorts, 'Siblings,' and Mentors: Organizational Structures and the Creation of Social Capital," *Sociology of Education* 90, no. 1 (2017): 47–63; Rory Kramer, "Diversifiers at Elite Schools," *Du Bois Review: Social Science Research on Race* 5, no. 2 (2008): 287–307; Deval Patrick, *A Reason to Believe: Lessons from an Improbable Life* (New York: Broadway Books, 2011); Richard L. Zweigenhaft and G. William Domhoff, *Blacks in the White Establishment?: A Study of Race and Class in America* (New Haven: Yale University Press, 1991)。关于不同助推项目的讨论，参见 David Leonhardt, "'A National Admissions Office' for Low-Income Strivers," *New York Times*, September 16, 2014, http://www.nytimes.com/2014/09/16/upshot/a-national-admissions-office-for-low-income-strivers.html; Alejandro Portes and Patricia Fernández-Kelly, "No Margin for Error: Educational and Occupational Achievement among Disadvantaged Children of Immigrants," *Annals of the American Academy of Political and Social Science* 620, no. 1 (2008): 12–36; Terrell Strayhorn, "Bridging the Pipeline: Increasing Underrepresented Students' Preparation for College through a Summer Bridge Program," *American Behavioral Scientist* 55, no. 2 (2011): 142–159; W. Scott Swail and Laura W. Perna, "Pre-College Outreach Programs: A

National Perspective," in *Increasing Access to College: Extending Possibilities for All Students*, ed. William G. Tierney and Linda Serra Hagedorn (New York: SUNY Press, 2002), 15-34。

〔17〕Winship and Mare, "Models for Sample Selection Bias."

〔18〕根据社会学家米切尔·史蒂文斯的研究,在敲开大学之门的路上,穷学生要参加各种"助推"项目,在这个问题上,他也得出了类似的结论,参见 Mitchell Stevens, *Creating a Class: College Admissions and the Education of Elites* (Cambridge, MA.: Harvard University Press, 2007)。

致　谢

梦里都不可能梦到的梦想,现在竟然成了真。这本书就是明证。当写下这些文字时,我情不自禁地回想起在迈阿密的小时候。读书,一直是我的避难所,但说起来却一言难尽。在家时,书算是奢侈品了,不是想买就能买得起的。所以,图书馆就成了我的安慰。但难题是,图书馆集中在麦克唐纳街或珊瑚山墙区,跑到那里,来自椰林区的黑孩子就成了不速之客;我曾经被尾随,也受到过警告,因为太吵闹了,说话声太大了,也许只是因为生就太黑了。我的小伙伴们也会作弄我,在他们眼中,我是一个胖墩墩的呆子,怎么会有人喜欢读书或看卡通,而不是打橄榄球。所以说,成为家里的第一位大学生,现在动笔写作一本书的致谢——是啊,梦里都不可能梦到的梦想,已经成真。

这一切都是如何发生的呢?答案是一路走来的各种帮助,学业上的或生活中的,情感的或精神的,我伸手去要的或旁人施以援手的……每想到此,我依旧肥嘟嘟的脸颊就会流下喜悦的眼泪。我所经历的,是一段难以想象的个人和学业的成长之旅,此时此刻,一个人还能说些什么呢?除了感谢,还是感谢。我要感谢的人,实在太多了。但即便如此,我也知道，名单再长，也仍是一个不完全的名单。

首先，我必须感谢威廉·朱利叶斯·威尔逊（William Julius Wilson），您是一位无与伦比的老师和导师。我时常回想起我们第一次见面时的情形。那是我第一次造访哈佛大学的社会学系。当时，您要赶去开会，小跑着穿过校园，但在看到我走进威廉·詹姆斯楼时，您又折返回来。您做了自我介绍，希望能与我坐下来谈谈。为了确保我不会没见到您就要离开哈佛校园，您给我留下自己的手机号码。我从未忘记过那个场景。我们的初次见面，完美地预示着后来发生的全部，只是我当时无从知晓。正是您的鼓励和劝勉，我才明白，不要做您认为我应该做的研究，要做就做那种想起来就令我振奋的题目。您关注我的学术研究，也同样关心着我学业外的生活。世人皆知您是当世最伟大的一位思想家，一位学术的巨匠。这我完全同意。从我们第一次见面后，我没有一日不心怀感激，有您作为我的导师。谢谢您。

米歇尔·拉蒙（Michèle Lamont），是您录取了我，训练了我，甚至保护了我。从开始到现在，这一切对我而言究竟意味着什么，文字无法表达我的感激之情。是您带领着我，经历过那么多次改变人生的精彩旅程，不仅是在美国，甚至远至大西洋的彼岸。还记得，由您引见，我还见到过一位女王！我已经无法数清，自己到底收到过多少封的电子邮件，开头都是一样的："我刚刚见到米歇尔·拉蒙，她跟我讲了你正在做的研究……"感谢您。

玛丽·沃特斯（Mary Waters），感谢您提出的犀利问题。

正是它们迫使我做批判性的思考——不仅要想那些离地三万英尺的问题，还让我反思如何脚踏实地，学以成人。只要有大学时的好友前来拜访，我都会带他们去您的办公室。在阿默斯特学院，《黑人的身份》（*Black Identities*）可以说是每位学生的必读书了。他们总是在问："和玛丽·沃特斯在同一个系，是什么感觉？"我微微一笑，告诉他们，"她是一位导师。一位了不起的人"。感谢您的帮助。

罗伯特·桑普森（Robert Sampson），我有幸能有机会以不同身份与您共事——我上过您的课，做过您的教学助理，参与过您主持的研讨会——与您每一次的接触，都令我受益匪浅。

我又何其幸运，能结识诸多风采各异的朋友，他们各自以其方式，在这个研究项目上留下了深刻的印记。

普鲁登斯·卡特（Prudence Carter）：我们的对话，让我在学术上感到满足，在心灵上获得充实。感谢你在跨洲出访的途中，还能为我挤出交流的时间。感谢你打来电话，我们谈天说地，从社会学和教育，到政治和家庭，无所不包。与你亦师亦友的交往，是我人生宝贵的财富。

奥尔·扬（Al Young）：我该从哪里说起呢？我冷不丁给你发了一封电邮，然后就接到了你的电话。那次谈话，奠定了我在方法论取向上的理论基础。自此后，我们每有机会见面，无论是在安娜堡，还是在美国社会学协会年会上，你总要拷问我一番，为的是确保我的研究没走岔路。每一次，你都鼓励我要继续努力。我真心感激那种支持。

西莫斯·可汗（Shamus Khan）：你是一位了不起的朋友，我从未想过能结识的那种朋友。你对我的帮助，远超过我所知，我再怎么说感谢，也都不为过。我常常想起我们在《代达洛斯》编辑部的晚餐，然后沿河散步，兴之所至，又到马瑟楼游览一番。我那时也不可能想到，不久之后，我就会步行穿过晨边高地，去你家享用了一顿丰盛的早午餐，接下来就是数小时之久的畅谈。

布兰登·特瑞（Brandon Terry）：你是一个指引，总在激励我、启发我去想点大事。你的帮助以及所展示的信任，在学术界竞争如此激烈的环境，原是我认为可望而不可求的。课堂内外，你都是一个榜样，让我这样的学者去追随。

克里斯汀·布米尔（Kristin Bumiller）：我对你感激不尽，因你从未间断也从不动摇的支持。不仅是那些关于不平等、公民权和正义的教导，还要特别感谢你欢迎我的家人去你家做客。

朱诺·迪亚斯（Junot Díaz）：谢谢你的真诚和指导。我们的谈话从来既是支持，又是启发，一切尽在不言中。

拉克什·库拉纳（Rakesh Khurana）：感谢你的领导和指引，帮我思考社会理论和大学治理之间的关系问题。自我们第一次见面后，你在我身上所投入的时间，令我愧不敢当。感谢你照亮了前路。

伊利亚·安德森（Elijah Anderson）、安妮特·拉鲁（Annette Lareau）、布丽吉特·特瑞·朗（Bridget Terry Long）、安德鲁·帕帕克里斯多（Andrew Papachristos）和克里斯托

弗·维尔德曼（Christopher Wildeman）：感谢你们，感谢你们付出的时间和提供的支持。

阿萨德·阿萨德（Asad Asad）、莫妮卡·贝尔（Monica Bell）、马修·克莱尔（Matthew Clair）和大卫·迈尔斯·休罗（David Myers Hureau）：我们的远足总在支撑着我，言语在这里一定是匮乏无力的。当我身陷困境时，你们给了我所需的鼓励。当我裹足不前时，你们给了我应得的鞭策。感谢你们与我共欢笑。也感谢你们帮我拭去泪水。

凯特琳·丹尼尔（Caitlin Daniel）：你是我的朋友。我们曾互相鞭策，最狠的那种。我们也曾彼此赞美，最真的那种。你的友谊——还有那些美妙的菜肴配上美酒，让读研究生院不再是苦熬的岁月，而是乘风破浪的日子。谢谢你。

克里斯托弗·穆勒（Christopher Muller）：想起你的支持、真诚、帮助和爱，我知道我的感谢永远只能是言不尽意的。你是一位无私的人，是总会接听我的电话的朋友。无论是穿行格兰特街，还是漫步伯克利的校园，每次我们的谈话结束时，我都意犹未尽。

斯科特·普尔森·布莱恩特（Scott Poulson-Bryant）和查莱斯·巴伦（Charrise Barron）：哟，是你们俩啊！要是没了我们的聊天、短信、小聚、"填字交友"游戏，以及我们在读研究生院时所遇到的一切，我将会在哪里。离家千万里，你们让我找到了家的感觉。我欠你俩的，实在太多了。

亲爱的学会同事们：感谢你们，是你们让周一晚上的时光成为我的期待。感谢凯利·卡茨（Kelly Katz）和安娜·诺瓦克（Ana Novak）所做的一切。感谢亚历山大·贝维拉夸（Alexander Bevilacqua）的耐心和引导，谢谢你。特别感谢诺亚·费尔德曼（Noah Feldman），沃利·吉尔伯特（Wally Gilbert），巴里·马祖尔（Barry Mazur），伊莲·斯嘉丽（Elaine Scarry），阿玛蒂亚·森（Amartya Sen），玛利亚·塔塔尔（Maria Tatar），威廉·托德（William Todd）和努尔·亚曼（Nur Yalman），时间如此宝贵，可你们还是阅读了本书的初稿，并给出自己的评论，我永远记得，晚餐讨论会上那精彩纷呈的对话。我还要感谢哈佛学会2016级的青年研究员，特别是乔舒亚·贝内特（Joshua Bennett），西蒙·菲利普（Simion Filip），金鑫（Xin Jin），劳拉·克雷伯格（Laura Kreidberg），内奥米·莱文（Naomi Levine），普利雅莎·穆赫帕德亚（Priyasha Mukhopadhyay）和莫莉·舒默（Molly Schumer）。感谢那些远足和吐槽大会！

感谢我所有的朋友，你们应答我的短信，回复我的电邮，甚至胆敢接听我的电话，即便你们知道，即将到来的是一连串喋喋不休关于研究工作的吐槽。特别感谢斯蒂芬妮·奎瓦斯（Stephany Cuevas），勒雪伊·亨德森（LeShae Henderson），维罗尼克·埃尔文（Véronique Irwin）和贾斯明·莫拉雷斯（Jasmin Morales），你们的评论饱含洞察，给我莫大的启发。

我要感谢阿默斯特学院纪念奖学金、福特基金会博士预备奖学金、美国国家科学基金会研究生科研奖学金、美国国家教育学院斯宾塞博士论文奖学金，我很幸运，从上述项目获得了经费支持。哈佛大学的两个项目，首先是美国政治研究中心,其次是"不平等和社会政策"的跨学科研究计划(国家科学基金-研究生教育科研训练项目,立项编号:No.0333403),也资助了我的研究。感谢你,帕梅拉·梅茨(Pamela Metz),感谢你所做的一切,因为没有你,也就没项目可言。感谢斯宾塞奖学金的引荐,我得以结识一个卓越的学者共同体,且允许我聘用两位优秀的研究助手,李安妮(Annie Li)和安娜·巴洛斯(Ana Barros)。感谢你们为本书的研究添砖加瓦。

我何其幸运,能有机会与哈佛大学出版社的安德鲁·金尼(Andrew Kinney)共事,你是一位编辑圣手,在我摸索写作风格和手法的道路上,居功至伟。感谢你,没有你的督促,我不可能打磨出让我也倍觉自豪的叙事方式。感谢你的耐心和时间,你的坦诚和鼓励。

我还要谢谢大卫·罗本斯坦(David Lobenstine),你让我懂得切不可以词害意,修辞不应遮蔽我想要讲述的故事。没有你的评论、编辑和批注,在重写初稿、将它变成一本书的过程中,一定是困难重重的。这工作绝非小事。

特别的感谢要送给 J. K. 罗琳(J. K. Rowling),写论文的阶段总有让人难以忍受的日子,每当这时,你的文字就向我伸出了援手。感谢你给我上了特别的一课,关于如何改变看世界的角度:"不要沉湎于梦想,却忘记了生活。"还未忘记,要感谢阿黛尔(Adele)、碧昂丝(Beyoncé)、Chance the Rapper、萨姆·史密斯(Sam Smith),以及音乐剧《汉密尔顿》(*Hamilton*)的演员们,你们的声音陪伴我写作第一本书。

你们现在都知道,如果没有我的家人,我根本不可能是现在的样子。他们是磐石,让我稳扎稳打,面对困境不动摇。他们是锚点,在岁月艰难时,让我不随波逐流。

致我的妈妈玛丽莲(Marilyn):我的任何言语和行动,都不可企及您的爱和奉献。从生命的第一天起,您就将自己的全部给了我们。悠悠岁月,您扛起了生活的重负,经常是独自一人。我总在希望,希望能学到您的一半坚强。从小到大,您都是我的指引,身体力行地激励我要做到更好,工作更努力。感谢您支持我这个怪孩子,从不强迫我违逆自己的天性。正是您的鼓励,我才成为我自己,成为您的儿子。

致我的哥哥格雷格(Greg):我曾经想过,长大后我要成为你。就像你那样,我要成为一名父亲,永远把他的孩子们放在第一位,第一位,还是第一位。我想要成为你那样的人,自己拼尽全力,是为了让家人得其所需,获其所想,甚至是带来一些做梦都不敢想的东西。回想起小时候,当妈妈无法维持家里的生活时,站出来的就是你。而现在,只要我宠溺夏奇拉和玛莎拉,你就对我发狂。其实我所做的,不过是想偿还一笔根本无法还清的债务:你是最好的哥哥,我欠你的,又何止看一部卡通片,以及馋猫们都想要的小黛比饼干呢。

致我的妹妹阿莉西亚(Aleshia):要是在公开场合,我总是不敢打开你的短信和留言,因为百分百会笑喷。很多时候，你的讯息就是我在挣扎之际所需的强心剂。

  写在最后，但却同样重要的，我要感谢那些勇敢的同学们，他们向我敞开了心扉。感谢你们的笑声。感谢你们的泪水。也感谢你们挂在脸上的会心一笑。同样，感谢你们的鼓励和批评，现在回想起来，我还会笑得像一只柴郡猫。感谢你们愿意分享自己的故事，也感谢你们的信任，让我发出你们的声音。希望这本书可以扩充我们的知识储备，由此去驱动大学的变革，让这些特权的堡垒不仅可以录取出身各异的学生，还能变得更包容——这是我真诚的期待，就此搁笔。

索 引

(所有单名均为化名。页码为原书页码，即本书边码。页码后的"f"和"n"意指表格和注释)

A Better Chance, "更好的机会", 193, 219

Academic identities, of students, 学生的学业追求, 156, 176, 184, 195

Administration, 行政, See Engagement, with faculty and administration

Alice (DD, L), 艾丽斯, 215; background, 背景, 12-19; engagement with faculty and administration, 与教授和行政老师的交流, 99; high school to college transition, 从高中到大学的过渡, 62-63; mental health support and, 与心理健康支持, 127

Amherst College, 阿默斯特学院: author's experiences at, 本书作者的经历, 1-3, 4, 8-9, 10, 11-12, 188; financial aid at, 助学金, 6, 7; Pindar Field Dinner Series of, 品达晚餐会系列, 78; student employment at, 学生打工, 178; Take Your Professor Out program, "约你的教授出去搓一顿"项目, 131; winter coat fund, 冬装基金, 156

Anne (PP, W), 安妮: food insecurity during spring break, 春假期间的食物短缺, 170-171; high school to college transition, 从高中到大学的过渡, 63-64

Antoinette (UI, B), 安托涅蒂: Community Detail and, "校园派遣", 152; engagement with faculty and administration, 与教授和行政老师的交流, 88-90; high school to college transition, 从高中到大学的过渡, 31-33

Ariana (DD, L), 阿里安娜, 213; Community Detail and, "校园派遣", 142-143; engagement with faculty and administration, 与教授和行政老师的交流, 112-113; high school to college transition, 从高中到大学的过渡, 186

Armstrong, Elizabeth, 伊丽莎白·

阿姆斯特朗，19-20，243-244n5

Athletes, food during spring break, 运动员在春假期间的食物，173

ATLAS.ti, 定性数据分析软件，214

Authority figures, 权威人士，237n1. See also Engagement, with faculty and administration

Awards and prizes, engagement with faculty and administration, 与教授和行政老师的交流，奖项和奖金，84-85

Backstage processes, 后台过程，243-244n5. See also Structural exclusion

Baldwin, James, 詹姆斯·鲍德温，153，197

Bates College, 贝茨学院，128

Belonging, sense of, 归属感: culture shock defined, 文化冲击的定义，233n5; culture shock's impact on, generally, 文化冲击的影响，25，27-29，75-76; dis-plays of wealth and social status, generally, 炫富和展示社会地位，64-67; Doubly Disadvantaged and displays of wealth, 双重贫困生和炫富，68-71，75，76-77; Dou-bly Disadvantaged and high school to college transition, 双重贫困生和从高中到大学的过渡，35-52，54，62-63; policy recommend-ations for administration and facul-ty, 对行政老师和教授的政策建议，77-78; Privileged Poor and dis-plays of wealth, 寒门幸运儿和炫富，71-75，77; Privileged Poor and high school to college transi-tion, 寒门幸运儿和从高中到大学的过渡，29-30，52-64; social class and inclusion versus exclu-sion, 社会阶级和融入或排斥，181-183; success at college and, 在大学里的成功，27-28; upper income students and high school to college transition, 高收入学生和从高中到大学的过渡，31-38，41，64

Beyoncé (UI, B), 碧昂丝: high school to college transition, 从高中到大学的过渡，35-38; use of pseudonym, 使用化名，209-210

Bok, Derek, 德里克·博克，3

Boundaries, 边界，See Structural exclusion

Bourdieu, Pierre, 皮埃尔·布迪厄，19

Bowen, William, 威廉·鲍恩，3

Brands, 品牌，See Clothing brands

Brittany (UI, B), 布里塔妮: engage-ment with faculty and administra-tion, 与教授和行政老师的交流，91; food insecurity during spring break, 春假期间的食物短缺，164-165; high school to college

索引 317

transition，从高中到大学的过渡，37

Brown University，布朗大学，178

Bryn Mawr College，布林茅尔学院，177

Bucknell University，巴克内尔大学，5

Callie（DD，W），凯莉：Community Detail and，"校园派遣"，141；food insecurity during spring break，春假期间的食物短缺，175；Scholarship Plus and，"奖学金+"，159

Carnevale, Anthony，安东尼·卡耐瓦莱，4-5

Carol（UI，B），卡萝尔：Community Detail and，"校园派遣"，145；high school to college transition，从高中到大学的过渡，33-34，41；mental health support and，心理健康支持，119-121，122，124，127

Carter, Prudence，普鲁登斯·卡特，243n5

Case, Joe Paul，乔·保罗·凯斯，250n6

Charlotte（DD，B），夏洛特，engagement with faculty and administration，与教授和行政老师的交流，97

Chetty, Raj，拉杰·切蒂，5

Cindy（athlete），辛迪（运动员），173

CiViC program，志愿者计划，138，139

Clarissa（PP，B），克拉丽莎，engagement with faculty and administration，与教授和行政老师的交流，116-117

Cleaning，清洁，See Community Detail

Clothing brands，服装品牌，displays of wealth and social status，炫富和展示社会地位，64-71，236n18

Colby College，科尔比学院，5

Colorado College，科罗拉多学院，5

Columbia University，哥伦比亚大学，174，196

Community Detail，"校园派遣"，136，176-177，211；benefits of，经济收入，143-144；Doubly Disadvantaged and，双重贫困生，141，142-143，144，145-146，150-152，154-156；hidden expenses of，隐形的花销，142-143；during orientation，在新生培训期间，137-156，139-142，247n18；origins of program，项目的起源，138-139；policy recommendations for administration and faculty，对行政老师和教授的政策建议，177-178；Privileged Poor and，和寒门幸运儿，140-141，147-149，152-154，155-156；social effects during school year, 学年度内的社会后果, 143-156; upper income students and, 与高收入学生, 139, 145

Computers, programs to assist with purchase of, 电脑购置资助项目, 156

Connecticut College, 康涅狄格学院, 174, 180, 196

Constraints, social and economic, 社会和经济的制约, 27, 44-45, 48, 52, 76, 138-140, 154, 186, 193. See also Belonging, sense of

Cooke Prize for Equity in Educational Excellence, 库克促进教育公平卓越奖, 7, 227n7

Cornell University, 康奈尔大学, 6

Corinne (DD, B), 科琳娜, engagement with faculty and administration, 与教授和行政老师的交流, 92

Cultural capital, 文化资本, 8, 11, 19-20, 22-23, 40-41, 49-52, 59, 81-82, 183-185; defined, 定义, 19-20

Culture shock, 文化冲击, See Belonging, sense of

Customs, 习俗, See Cultural capital

Damion (PP, B), 达米恩: engagement with faculty and administration, 与教授和行政老师的交流, 114; food insecurity during spring break, 春假期间的食物短缺, 170

Daniel (DD, L), 丹尼尔, engagement with faculty and administration, 与教授和行政老师的交流, 108-110

Dante (student), 丹蒂 (学生), Community Detail and, 与"校园派遣", 144

Dartmouth College, 达特茅斯学院, 156

Destiny (residential adviser), 德斯蒂妮 (宿舍驻院的导师), 85

DeVos, Betsy, 贝茜·德沃斯, 193

Dining hall, 餐厅, See Food insecurity, during spring break

Diversity, 多样性, 78, 114, 182; among low-income students, 在穷学生中间, 128, 183-189; racial, 种族的, 9-10, 29, 36; socioeconomic, 社会经济的, 6-7, 29, 35, 43, 48-49

Dormitory decorations, 宿舍装修, 65

Doubly Disadvantaged (DD), 双重贫困生: Community Detail and, 与"校园派遣", 141, 142-143, 144, 145-146, 150-152, 154-156; defined, 定义, 11, 218; engagement with faculty and administration, 与教授和行政老师的交流, 82, 92-98, 99, 103, 107-113, 126-127; food insecurity during spring break, 春假期

间的食物短缺, 134-136, 164, 165, 167-169, 170, 171, 175; high school to college transition and, 从高中到大学的过渡, 38-52, 54, 62-63; modes of discovery of college programs, 大学项目的发现模式, 220-223, 221f; reactions to display of wealth and social class, 对炫富和显示社会阶级的反应, 68-71, 75, 76-77; Renowned University's adoption of term, 英杰大学对这个术语的接受, 216; Renowned University study and, 在英杰大学的研究, 20, 208, 218-224; Scholarship Plus and, "奖学金+", 157, 159, 161-163; value of studying and understanding contrasts with Privileged Poor, 研究并理解其与寒门幸运儿之间区别的价值, 21-24, 183-189

Duke University, 杜克大学, 6

Durable investments, 持久战一样的投资, 194

Ease, in social and academic situations, 在社交和学术场合的轻松自在, 22, 30, 75-76, 78, 81-82, 102-103, 114, 117, 127, 185, 192-193. See also Engagement, with faculty and administration

Elise (DD, W), 埃莉斯: background of, 背景, 220; Community Detail and, "校园派遣", 150-152; food insecurity du-ring spring break, 春假期间的食物短缺, 170; high school to college transition, 从高中到大学的过渡, 44-46; mental health support and, 心理健康支持, 119, 121-122, 124, 127

Emma (PP, B), 艾玛: engagement with faculty and administration, 与教授和行政老师的交流, 101; high school to college transition, 从高中到大学的过渡, 56

Employment opportunities, of selective college and university graduates, 录取时竞争程度高的大学毕业生的就业机会, 47-48, 189, 192-193, 251n7

Engagement, use of term, "交流"这个术语的使用, 214

Engagement, with faculty and administration, 与教授和行政老师的交流: and cultural capital generally, 与文化资本, 79-87; Doubly Disadvantaged and mental health support, 双重贫困生和心理健康支持, 95-96, 119, 121-122, 124, 126, 127; hidden curriculum and, 与隐藏的课程, 86, 125-126, 129, 190-192; importance of, 意义, 82-86, 238n3, 238-239n6; policy recommenda-tions for administration and faculty, 对

行政老师和教授的政策建议，79－84，128－131，196；Privileged Poor and academic support，寒门幸运儿和学业支持，82，98－103，113－119，126；Privileged Poor and mental health support，寒门幸运儿和心理健康支持，119，122－124，126；upper income students and academic support，高收入学生和学业支持，88－92，103－107，126；upper income students and mental health support，高收入学生和心理健康支持，119－121，122，124，126

Enrichment programs, for high school students，高中学生的"助推"项目，117－118，177，219－220，222－223，257－258n16

Eviction experiences，驱逐的经历，13，44，121，122－123，134，171－172，185

"Experiential core of college life"，"大学生活的经验核心"，202

Faculty，教授，See Engagement, with faculty and administration

Fairfield University，费尔菲尔德大学，174

Family environment，家庭环境：mental health support for problems with，对家庭问题的心理健康支持，119－125；social capital and，和社会资本，82，183－189，223

Food insecurity，食物短缺，174，191，196；defined，定义，242－243n2. See also Food insecurity, during spring break

Food insecurity, during spring break，春假期间的食物短缺，132－135，164－175，178－180，191，216；Doubly Disadvantaged and，和双重贫困生，134－136，164，165，167－169，170，171，175；health effects of，对健康的影响，169－171，245n13；as national problem，作为全国性的问题，174－175；policy recommendations for administration and faculty，对行政老师和教授的政策建议，178，196－197；Privileged Poor and，和寒门幸运儿，135－136，164，165－167，169－172，175；upper income students and，和高收入学生，164－165

Gates Scholarship，盖茨奖学金，195

George Washington University，乔治·华盛顿大学，174

Georgetown University，乔治城大学，128

Goffman, Erving，欧文·戈夫曼，235n13

Guadalupe，瓜达卢普，Community Detail and，和"校园派遣"，

149-150

Guerrero, Mario, 马里奥·格雷罗, 238n4

Guilt feelings, 愧疚感, 93-95, 113-114

Gulliver Preparatory, 格列佛预科学校, 2-4, 12, 185

Hamilton, Laura, 劳拉·汉密尔顿, 20, 243-244n5

Haverford College, 哈弗福德学院, 177

Hidden curriculum, 隐藏的课程, 86, 125-126, 129, 190-192

High school to college transition, 从高中向大学的过渡: Doubly Disadvantaged and, 和双重贫困生, 38-52, 54, 62-63; policy solutions, 政策解决方案, 184-196; Privileged Poor and, 和寒门幸运儿, 29-30, 52-64, 194; upper income students and, 和高收入学生, 31-38, 41, 64

Higher education, 高等教育: financial aid packages, 助学金计划, 6-8, 182; stratification in, 分层, 4-6, 136, 189. See also Selective colleges and universities

Homelessness, 无家可归, 60-61, 93, 117, 118, 171-172, 187, 211, 213

Hunger, 饥饿, See Food insecurity, during spring break

Inclusion, 融入, 181-197; diversity of students' pre-college experiences, 学生上大学前经历的多样性, 183-189; reality of college experiences and, 大学经历的现实, 189-193; recommended policy solutions, 建议的政策方案, 193-197; social class and belonging, 社会阶级和归属, 181-183

Insecurity, 短缺, See Food insecurity, during spring break; Homelessness

International students, 国际学生, 36, 45, 63, 128, 167-168, 178-179

Isabel (DD, L), 伊莎贝尔, engagement with faculty and administration, 与教授和行政老师的交流, 110-112

Isolation, of students, 学生的孤立, 17, 28-29, 38-39, 41-43, 52-53, 150, 190, 214

Jack and Jill Club of America, "杰克与吉尔"俱乐部, 66, 236n17

Janitorial work, 保洁工作, See Community Detail

Javier (PP, L), 哈维尔: Community Detail and, 和"校园派遣", 153-154; engagement with faculty and administration, 与教授和行政老师的交流, 115; high school to college transition, 从高

中到大学的过渡，56

Jeanine（DD, W），珍妮，reaction to display of wealth and social class，对炫富和显示社会阶级的反应，74

Jessica（UI, B），杰茜卡：high school to college transition，从高中到大学的过渡，33

Jessie（PP, B），杰茜：high school to college transition，从高中到大学的过渡，60-61；home life of，家庭生活，61

Joe（UI, B），乔：engagement with faculty and administration，与教授和行政老师的交流，90-91, 94；high school to college transition，从高中到大学的过渡，37-38

Joey（cafeteria worker），乔伊（食堂员工），171

John（UI, B），约翰，engagement with faculty and administration，与教授和行政老师的交流，104

Jose（DD, L），乔斯，152；Community Detail and，和"校园派遣"，145-146；food insecurity during spring break，春假期间的食物短缺，171, 191；high school to college transition，从高中到大学的过渡，41-43, 58；Scholarship Plus and，和"奖学金+"，157

Joseph（administrator），约瑟夫（行政人员），147

Joshua（DD, B），乔舒亚，221, 256n8；engagement with faculty and administration，与教授和行政老师的交流，97；food insecurity during spring break，春假期间的食物短缺，133-134；high school to college transition，从高中到大学的过渡，39-40, 51, 221

Justin（UI, B），贾斯汀，engagement with faculty and administration，与教授和行政老师的交流，106, 107-108

Khan, Shamus，西莫斯·可汗，185

Kissane, Rebecca，丽贝卡·基桑，130-131

Kramer（UI, B），克雷默：engagement with faculty and administration，与教授和行政老师的交流，103-104；high school to college transition，从高中到大学的过渡，34-35, 64

Latinos，拉美裔：in Renowned University study，在英杰大学进行的研究中，206-207；tracks to higher education，走向高等教育的轨迹，11

Lazarus, Emma，艾玛·拉撒路，181

LEDA Program（Leadership Enterprise

for a Diverse America), 多元美国领导力项目, 219

Lindsie (DD, B), 琳赛: engagement with faculty and administration, 与教授和行政老师的交流, 92-93; Scholarship Plus and, 和"奖学金+", 161

Long, Bridget Terry, 布丽吉特·特瑞·朗, 227-228n7

Madeline (UI,B), 玛德琳, Community Detail and, 和"校园派遣", 139

Maid service, 女佣服务, See Community Detail

Manuel (DD, L), 曼纽尔: Community Detail and, 和"校园派遣", 144, 154-155; engagement with faculty and administration, 与教授和行政老师的交流, 92; food insecurity during spring break, 春假期间的食物短缺, 167-168

Marcus (administrator), 马库斯（行政人员）, 147

Marie (UI, B), 玛丽: engagement with faculty and administration, 与教授和行政老师的交流, 79-83; reaction to display of wealth and social class, 对炫富和显示社会阶级的回应, 65-67

Marina (PP,L), 玛丽娜: engagement with faculty and administration, 与教授和行政老师的交流, 100; high school to college transition, 从高中到大学的过渡, 57-58

Marisol (student), 玛丽索尔（学生）, Community Detail and, 和"校园派遣", 149-150

Marshall (administrator), 马歇尔（行政人员）, Scholarship Plus and, 与"奖学金+", 163-164

Martha (cafeteria worker), 玛莎（食堂员工）, 171

Massachusetts Institute of Technology (MIT), 麻省理工学院, 6

Massey, Douglass, 道格拉斯·梅西, 208

Maxine (dorm director), 玛克辛（宿舍主管）, 161

Maya (student), 玛娅（学生）, 188

Mazur, Barry, 巴里·马祖尔, 130

Mehan, Hugh, 休·梅汉, 195

Melanie (DD, L), 梅拉妮: engagement with faculty and administration, 与教授和行政老师的交流, 96-97; reaction to display of wealth and social class, 对炫富和展示社会阶级的回应, 70-71, 75

Mental health support, 心理健康支持, student engagement with, 学生参与, 187; Doubly Disadvantaged and, 和双重贫困生, 95-96, 119, 121-122, 124, 126, 127; Privileged Poor and, 和寒门幸运儿, 119, 122-124, 126, 127;

upper income students and，和高收入学生，119-121，122，124，126，127

Meyerhoff Scholars Program，at University of Maryland, Baltimore County，马里兰大学巴尔的摩分校迈尔霍夫学者计划，129

Michelle（PP，L），米歇尔：Community Detail and，和"校园派遣"，147；engagement with faculty and administration，与教授和行政老师的交流，117-119，190；food insecurity during spring break，春假期间的食物短缺，171-172，173，191，216；high school to college transition，从高中到大学的过渡，53-54；mental health support and，和心理健康支持，123-124

Microaggressions，微侵犯，42-43

Midtown College（pseudonym），中城学院（化名），study of Privileged Poor and Doubly Disadvantaged at，对寒门幸运儿和双重贫困生的研究，218-219，224

Miguel（DD），米格尔，high school to college transition，从高中到大学的过渡，163，190

Miranda（DD，L），米兰达：food insecurity during spring break，春假期间的食物短缺，168-169；reaction to display of wealth and social class，对炫富和显示社会阶级的反应，68-69

Miriam（PP，L），米丽娅姆，Community Detail and，和"校园派遣"，141

Misha（UI，B），米莎，engagement with faculty and administration，与教授和行政老师的交流，91

Mobility springboard, college as，大学作为社会流动的跳板，7-8，23，39，189，192-193，230n12. See also Employment opportunities

Molly（administrator），莫莉（行政人员），85-86

Nancy（administrator），南希（行政人员），138

Natalie（academic adviser），纳塔莉（学业导师），84

New Colossus（Lazarus），《新巨人》（拉撒路），181

New York Times，《纽约时报》，215

Nick（PP，L），尼克，high school to college transition，从高中到大学的过渡，56

Nicole（PP，B），妮可：background of，背景，152；Community Detail and，和"校园派遣"，140-141，156；engagement with faculty and administration，与教授和行政老师的交流，114-115，190；food insecurity during spring break，春假期间的食物短缺，165-167；reaction to display of wealth and social class, 对炫富和显示社会阶级的反应, 74-75

No-loan financial aid, 无贷款助学金, 6-7, 26, 182

Norms, 规范, See Cultural capital

Obama, Michelle, 米歇尔·奥巴马, 125

Office hours, 办公室时间/答疑时间: policy recommendations for, 政策建议, 83-84, 129-131, 191, 195-196; student confusion about, 学生混淆, 83; student engagement and, 和学生参与, 22, 80, 87, 89-90, 95-97, 102, 104, 107, 109, 114-115, 117, 118, 125-126

Ogun (PP, L), 奥贡, 187, 215; Community Detail and, 和"校园派遣", 152-153; engagement with faculty and administration, 与教授和行政老师的交流, 98-100; high school to college transition, 从高中到大学的过渡, 58-59; home life of, 家庭生活, 59-60; Scholarship Plus and, 和"奖学金+", 159-160, 163

One vyG, "藤一代", 174-175

Open houses, hosted by faculty and administrators, 由教授和行政老师举办的家庭招待会, 104-105

Orientation programs, 新生入学培训: benefits of, 收益, 128-129; Community Detail work during, 期间的校园派遣工作, 137, 137-156, 247n18

Patrice (PP, L), 派翠丝: background of, 背景, 12-19; high school to college transition, 从高中到大学的过渡, 58, 61-63, 222; mental health support and, 与心理健康支持, 119, 122-124, 127; reaction to display of wealth and social class, 对炫富和显示社会阶级的反应, 73

Paying for the Party (Armstrong and Hamilton),《为派对买单》(阿姆斯特朗和汉密尔顿著), 243-244n5

Pell Grants, 佩尔奖学金, 7, 197, 208, 227n7

Pell Institute for the Study of Opportunity in Higher Education, 佩尔高等教育机会研究所, 128-129

Pindar Field Dinner Series of Amherst College, 阿默斯特学院的品达晚餐会系列, 78

Pipeline programs, "管道计划", 208, 220, 222, 231n14. See also Prep for Prep

Piper (PP, A), 派珀: food insecurity during spring break, 春假期间的食物短缺, 209; high school to college transition, 从高中到大学

的过渡，54-56，209

Poirier, Dawn, 唐·普瓦里耶，83-84

"Poor-door policies"，"穷人入口政策"，158，245n11. See also Scholarship Plus

Prep for Prep，为预科做预备，14，15-16，53，117-118，193，219，220，222

Preparatory high schools，预科高中：as benefit to individuals, not collective，受益的是个体，而非集体，193；Privileged Poor and，和寒门幸运儿，10-11；Privileged Poor and transition to college，寒门幸运儿和在大学的过渡，52-64

Price (PP, B)，普林斯，engagement with faculty and administration，与教授和行政老师的交流，101-1-2

Princeton University，普林斯顿大学，6，8，178

Privileged Poor，寒门幸运儿：Community Detail and，和"校园派遣"，140-141，147-149，152-154，155-156；defined，定义，10-11，218；engagement with faculty and administration，与教授和行政老师的交流，82，98-103，113-119，126；engagement with mental health support，与心理咨询人员的交流，119，122-124，126，127；food insecurity during spring break，春假期间的食物短缺，135-136，164，165-167，169-172，175；high school to college transition，从高中到大学的过渡，29-30，52-64，194；hybrid reality of college and，大学里的混杂现实，185-186；modes of discovery of college programs，大学项目的发现模式，221-223，223f；reactions to display of wealth and social class，对炫富和显示社会阶层的反应，71-75，77；Renowned University's adoption of term，英杰大学采用了这个术语，216；in Renowned University study，在英杰大学研究中，20，208，218-224；Scholarship Plus and，和"奖学金+"，159-160，163；value of studying and understanding contrasts with Doubly Disadvantaged，研究并理解其与双重贫困生之间区别的价值，21-24，183-189

Public education, need to transform and not to avoid，需要变革而非回避公立教育，193-196

Purdie-Vaughns, Valerie，瓦莱丽·珀迪-沃恩斯，191-192

Purdue University，普渡大学，178

Questbridge，"探索桥"，219，220，222

Re-grading requests，重新评分的要求，90-91，94

Renowned University，英杰大学：Career Exploration Office at，职业发展办公室，113；Equality Center at，平等协会，89-90，113

Renowned University，英杰大学，study at，所进行的研究，199-224；active observation and，积极的观察，214-217；affluent students and，有钱学生，25-27；emotional challenges of，情感的挑战，212-214；gender and，和性别，208；methodology of，方法论，20-21；modes of discovery of college programs，大学项目的发现模式，221f，223f；origins of research，研究的源起，11-12，19-20；pseudonym use，使用化名，209-210，215；race and，和种族，207；sampling methods，抽样方法，203-204；student recruitment, interviews, and interactions，学生的招集、访谈和交流，12-19，202-211，254n5；targeted life history approach，定向生活史的方法，210；university described，对大学的描述，199-202；value of studying and understanding contrasts of Privileged Poor and Doubly Disadvantaged，研究并理解在寒门幸运儿和双重贫困生之间区别的价值，21-24

Rivera, Lauren，劳伦·里韦拉，8

Robbie (DD, W)，罗比，engagement with faculty and administration，与教授和行政老师的交流，94-95

Rod, Alisa Beth，阿丽莎·贝丝·罗德，238n4

Roommates，室友，adjustment to college and，做出调整以适应大学，34，63-65，68-69，210

Rosalind (DD, W)，罗莎琳德，engagement with faculty and administration，与教授和行政老师的交流，95

Rose (UI, B)，罗丝，engagement with faculty and administration，与教授和行政老师的交流，104-105

Ryan (DD, W)，瑞安，high school to college transition，从高中到大学的过渡，50-51，60

Saleh, Donald，唐纳德·萨利赫，6-7

Sampson, Robert，罗伯特·桑普森，249n2

Sara (PP, L)，莎拉：engagement with faculty and administration，与教授和行政老师的交流，100-101；high school to college transition，从高中到大学的过渡，

Scaffold advising，"攀登指导"，195

Scarcity，of student resources，学生资源的稀缺，4，29，191，247n18. See also Food insecurity during spring break

Scholarship Plus，"奖学金+"：Doubly Disadvantaged and，和双重贫困生，157，159，161-163；implementation issues，执行时的问题，136，156-164，245n10，247n18；policy recommendations for administration and faculty，对行政老师和教授的政策建议，178；Privileged Poor and，和寒门幸运儿，159-160，163

Schuler Scholar Program，舒乐学者项目，219

SCS Noonan Scholars，SCS 努南学者，219

Segregation，隔离：Scholarship Plus and，和"奖学金+"，158；in students' home neighborhoods and schools，学生家所在的邻里社区和学校，9，11-12，29-30，53，58，78，93，98-99，184-187，206，218-219

Selective colleges and universities，在录取时竞争性高的大学：benefits of attending，读书的收益，7-8，228n8；diversity at，多样性，7-8，9-10；Doubly Disadvantaged at，双重贫困生，11；employment after，毕业后的就职，47-48，189，192-193，251n7；graduation rates，毕业率，7；Privileged Poor at，寒门幸运儿，10-11；stratification by class and race，基于阶级和种族的分层，4-5

Shaniqua（DD，B），莎妮可，engagement with faculty and administration，与教授和行政老师的交流，93-94

Shape of the River，*The*（Brown and Bok），《河流的形状》（布朗和博克著），3

Shapiro, Harold T.，哈罗德·夏皮罗，6

Sharkey, Patrick，帕特里克·夏基，194

Singer, Jefferson，杰斐逊·辛格，180

Smith College，史密斯学院，174

Social class，社会阶级：classification of students in study，在研究中对学生的分类，205-206；Privileged Poor and Doubly Disadvantaged contrasted，寒门幸运儿和双重贫困生的对比，21-22

South Central Scholars，中南学者，219

Spring break，春假，See Food insecurity, during spring break

Stacy（DD，B），史黛茜，Community

Detail and，和"校园派遣"，147-149

Stanford University，斯坦福大学，6

Stephanie（PP，B），斯蒂芬妮：Community Detail and，和"校园派遣"，149；engagement with faculty and administration，与教授和行政老师的交流，115-116；high school to college transition，从高中到大学的过渡，56-57，236n15

Stevens, Mitchell，米切尔·史蒂文斯，202，258n18

St. Lawrence University，圣劳伦斯大学，174

Strohl, Jeff，杰夫·施特罗尔，4-5

Structural exclusion，结构性排斥，135-136，175-176，243n5；and Community Detail, generally，和"校园派遣"，136，176-177；defined，定义，23；Doubly Disadvantaged and Community Detail，双重贫困生和"校园派遣"，141，142-143，144，145-146，150-152，154-156；Doubly Disadvantaged and food insecurity，双重贫困生和食物短缺，134-136，164，165，167-169，170，171，175；Doubly Disadvantaged and Scholarship Plus，双重贫困生和"奖学金+"，157，159，161-163；food insecurity during Spring Break, generally，春假期间的食物短缺，132-135，178=180，224n2；policy recommendations for administration and faculty，对行政老师和教授的政策建议，177-180；Privileged Poor and Community Detail，寒门幸运儿和校园派遣，140-141，147-149，152-154，155-156；Privileged Poor and food insecurity，寒门幸运儿和食物短缺，135-136，164，165-167，169-172，175；Privileged Poor and Scholar-ship Plus，寒门幸运儿和"奖学金+"，159-160，163；Scholarship Plus, generally，"奖学金+"，136，178，245n10，247n18；upper income students and Community Detail，高收入学生和"校园派遣"，139，145；use of term，术语的使用，214

Structural inequities，结构性的不平等：diversity of pre-college experiences，大学前经历的多样性，183-189；in public education，在公立教育中，194

Student-faculty ratios，师生比，16-17，116，240n10

Students as Learners and Teachers (SaLT) program，教学相长项目，177，196

Summit Seekers program，登峰者计划，138，140，141，142

Supplemental Nutrition Assistance

Program (SNAP), 补充营养援助计划, 196-197

Suzanne (international student), 苏珊娜 (国际学生), 45

Take Your Professor Out (TYPO) program, "约你的教授出去撮一顿", at Amherst College, 在阿默斯特学院, 131

Teaching assistants (TAs), 助教, See Engagement, with faculty and administration

Tonya (student), 托娅 (学生), 188

Torres, Kimberly, 金伯莉·托雷斯, 29

Tracey (PP, L), 特蕾西, food insecurity during spring break, 春假期间的食物短缺, 169-170, 173, 216

Travel and vacations, 旅行与假期, displays of wealth and, 和炫富, 64-65, 67, 70-71, 74-75

Tyson, Karolyn, 卡洛琳·泰森, 243n5

University of California at Davis, 加州大学戴维斯分校, 156

University of Connecticut, 康涅狄格大学, 178

University of Maryland, Baltimore County, 马里兰大学巴尔的摩分校, 129

University of Michigan, 密歇根大学, 6

University of North Carolina at Chapel Hill, 北卡罗来纳大学教堂山分校, 6, 7

University of Virginia, 弗吉尼亚大学, 6

Upper income students, 高收入学生: Community Detail and, 和"校园派遣", 139, 145; engagement with faculty and administration, 与教授和行政老师的交流, 79-84, 88-92, 103-107, 126; engagement with mental health support, 与心理咨询人员的交流, 119-121, 122, 124, 126, 127; high school to college transition and, 从高中到大学的过渡, 31-38, 41, 64; spring break and, 和春假, 164-165; wealth, displays of, 炫富, 65-67

Valeria (DD, L), 瓦莱里娅: engagement with faculty and administration, 与教授和行政老师的交流, 107-108, 190; food insecurity during spring break, 春假期间的食物短缺, 165, 175; high school to college transition, 从高中到大学的过渡, 48-50

Vamonos Van Gogh program, 青春梵高计划, 138-140

Vassar College, 瓦萨学院, 7

Virginia (PP, B), 弗吉尼娅, reaction to display of wealth and social class, 对炫富和显示社会阶级的反应, 72-74

Virginia Commonwealth University, 弗吉尼亚联邦大学, 196

Vivian (DD, L), 薇薇安, Scholarship Plus and, 和"奖学金+", 161

Vocabulary, hidden curriculum and, 隐藏的课程和词汇, 190-191

Washington University in St. Louis, 华盛顿大学圣路易斯分校, 5

Wealth, displays of, 炫富, 64-67; Doubly Disadvantaged and reactions to, 双重贫困生及其反应, 68-71, 75, 76-77; Privileged Poor and reactions to, 寒门幸运儿及其反应, 71-75, 77

"What the Privileged Poor Can Teach Us"(Jack), 《寒门幸运儿可以教给我们什么?》(杰克著), 215

White, Timothy, 蒂莫西·怀特, 174

Wight Foundation, 怀特基金会, 188, 219

William (DD, W), 威廉, high school to college transition, 从高中到大学的过渡, 46-48, 192

Williams College, 威廉姆斯学院, 128, 227n6

Wilson, William Julius, 威廉·朱利叶斯·威尔逊, 249n2

Winter coat funds, 冬装基金, 156

Work (academic), Doubly Disadvantaged and emphasis on, 双重贫困生及其对成绩(学业)的关切, 82, 92-98, 99, 103, 107-113, 126-127

Young, Alford Jr., 小奥尔福德·扬, 249n2

译后记

从2017年《我们的孩子》，到去年《娇惯的心灵》，再到眼前这本《寒门子弟上大学》，这三本书对我来说，是一种一而再、再而三的关系。站在译者这一端，我有时会把这三本书连贯起来，就好像是某种三部曲，贯穿其间的议题倒也不难凝练，就是目前全社会上下最为关注的"教育"问题。在我写作这篇译后记时，正赶上今年的"两会"召开，只要稍微留意一下，各路代表的提案形形色色，但真正能让千家万户都揪着心的、各类网络"热搜"停不下来的，还是教育问题占了大宗。

翻译这三本书，于我始终是一个学习的过程，时不时就会被"震撼"。我自己的专业是法学，理解美国是从研究它的宪法着手并逐步深入的。现在细想起来，以宪法为方法去认识美国，我也不是独行，某种程度上代表了一段时期我们理解美国的主流路径。谈到美国，言必称"宪法"——当然，这里的"宪法"是广义的，不仅是那部历时两个多世纪的宪法典，也包括由形式法律所构建的美国政体或体制，其中有些制度是我们耳熟能详的，也一度顶礼膜拜过，比如三权分立、联邦制、司法审查等等。但必须承认，这种观乎其政的旧方法，在当下遇到了严重的问题，甚至可谓四十年未有之大危机。正是在这一背景下，"教育三部曲"的翻译对我则有了一番别样的启示。搁在学科的版图上，我牵头翻译这三本书，多少显得逾矩了。我不是一个教育问题的专家，充其量是一个"野生"的观察者。但也是在翻译这三本书的过程中，我不仅闯入了教育专家的论域，还以"教育"问题作为一个通道，重新发现了美国当前的社会图景，而教育不过是其中戏剧表现张力最强的一个领域或舞台而已。我们最近之所以越来越觉得无法理解美国，根本就在于我们缺失了对这个"社会的图景"的再认识，没有自觉地追溯美国过去半个世纪的历史行程与变革。我们曾自以为处在"光荣与梦想"的余韵中，殊不知梦醒时分才发现，这段过往原来早已是"下沉年代"的序章了。还好，这三本书都不是就事论事的教育学"专著"，从帕特南到杰克，他们的写作都有更广阔的视野，不是为了取悦同行或讨好读者，教育问题在书中始终嵌在一个美国社会和历史的语境。作为译者，我从中学到很多。

既然是写在《寒门子弟上大学》这本书的后面，请允许我对这本书多说几句。这本书是一位年轻学者的初试啼声，却做到了一鸣惊人。作者安东尼·杰克，我在邮件里总会称他"托尼老师"，目前是哈佛大学的一位助理教授，这本脱胎自博士论文的著作自出版后获奖无数。去年，杰克甚至还因本书拿到了一所大学的名誉博士学位，这头衔在我看来都是属于终身成就序列的。

对我来说，翻译这本书，有一种感受是此前少有的，那就是不断被它打动。虽说杰克写作这本书时是新手上路，但翻译他的文字让我不断感慨，写作这件事有时候真是靠老天爷赏饭吃——当然，每当遇到杰克妙笔生花的段落，就要轮到我搜肠刮肚，字斟句酌了。甚至他最后的致谢，我在翻译时就忍不住和编辑感慨，一方面写得低调华彩，谈笑有鸿儒；另一方面则用情真诚溢于言表，一点也不觉得"凡尔赛"。

某种意义上，杰克在书里真正做到了"把自己作为方法"，其原书书名也即核心概念"寒门幸运儿"所讲述的，就是像他那样的人：出身贫寒，却凭借自己的天赋和努力，外加幸运，最终敲开了精英大学大门的学生——往往是家族的"第一代大学生"。在书中，杰克没有把大学里的寒门子弟视为铁板一块，从早先的个人经历以及沉浸多年的田野调查出发，他发现，同为寒门子弟苦出身，人生道路的分岔要发生得更早些，也即大约在类似我们这里初升高的时间点，一部分寒门子弟有机会离开自家所在的破败社区，如杰克当年一样，升入一所精英的私立寄宿中学；而另一部分则留在原地，日子照旧，从公立学校到穷人街区，一片凋敝。在书中，他把这两类学生分别称为"寒门幸运儿"和"双重贫困生"。前一类之所以"幸运"，在于他们虽然难以摆脱原生家庭的苦难，但中学的训练让他们做好了进入大学的准备，如杰克在书中所言，"他们很穷，但他们也很幸运"。无论哈佛、耶鲁，还是书中的"英杰大学"，或者杰克本科就读的阿默斯特学院，在很多方面不过是一所更大些的精英中学而已。与之形成鲜明对比的是后一类"双重贫困生",杰克所说的"双重",我想一重在于经济上的"穷",另一重在于文化上的"困"。田野调查做得扎实,故事讲得精彩,论述简约有力,杰克在博士毕业后能留校哈佛,靠的就是这本书及其理论上的贡献。

在这篇译后记里,我作为译者,其实不想过度推销这本书的理论贡献。说到底,上述的概念区分是不是适应中国的情况,需要由中国学者基于本土的经验研究来加以回答。在此意义上,我们要做的不是把杰克的理论搬过来,而是要像杰克一样去思考,去研究发生在祖国大地的问题。就好像帕特南告诉过一位中国读者,中国版的《我们的孩子》,终究要靠中国学者或作者来完成。在这里,借杰克这本书,我想说一点并非题外的话:作为大学老师,我们要关注学生群体中的文化资本不平等问题,要正视某些学生文化资本匮乏的问题。总有些学生,就好像杰克一样,一路过关斩将,简直是美国教育选拔的"bug",寒门出了贵子,克服重重人生障碍,考入了"985"大学或一所好大学。但在告别父母、踏入校园后,他们是否能适应这种博雅的文化空间?校园生活的日常会不会经常让他们感到被"微侵犯"?他们是否能做到从容自若,还是总显得畏首畏尾,甚至被判定为有这种或那种"学习障碍"?以上种种,不是我在这里凭空想象或作为译者的脑补。去年进入人们词汇库的两个新词,从"小镇做题家"到"985废物",所描述以及表达的其实就是杰克所说的"双重贫困"问题——在中国,可能尤其体现在文化上的"困"。精英大学里的各种"玩法",对于有些学生来说平淡无奇,不过是"顺义妈妈"或海淀家庭教养孩子的日常,故而他们能从容不迫,如鱼得水,与各类资源分配者谈笑风生。但对于另一些学生而言,可能就是"我来了,我震撼了,我退缩了,我废物了"……在此意义上,大学本科阶段切不可把社会上"胜者通吃"的一套搬进来,这种所谓的绩优制(meritocracy),运转到最后就是把所有人都裹挟在里面的"绩点为王"文化。为什么有些学生在用生命去"卷"?就是因为有限的资源、机会和荣誉总是一而再、再而三地分配给同一批"少数人",那些风口浪尖的"好"学生。反过来说,"小镇做题家"不是不努力,只是他们的努力难以被发现,或不再被承认,教授们高高在上的法眼,其实未必懂得他们的挣扎。如果说我们的大学生群体中也存在着某种两极分化,那么不可能在于"merit"本身,而一定是表现"merit"的能力,这就是一种文化资本。如此而言,在我看来,真正的精英教育,在于因材施教,在于老师应尽可能地对学生多一些了解,在于不让老实学生吃亏。作为译者,我希望本书的出版有助于让这场关于"小镇做题家"的讨论继续,再纵深些,再宽广些。

还有一点要略作交代,三部曲的翻译有一个共同点:由我牵头,每一本书还有一位合作译者,她们分别是宋昕、苏心和孙竞超。宋昕和苏心都曾是我的本科学生,前些年,我还在重庆大学博雅学院任教时,曾受甘阳老师委托,在2013年、2014年的秋季学期分别给两届的大一新生上过一门

"奇怪"的课——《学术英语》。当时,宋昕和苏心都属于班上表现优异的学生,她们每周交上的翻译作业,一点都不像是大学新生的样子。现在一晃多年而过,她们已分别是北京大学中文系和清华大学中文系的博士生了。孙竞超是中山大学博雅学院的首届本科生(2009级),我没有教过她,但因研究方向接近,一直保持着学术交流。2019年,正巧赶上她博士毕业后找工作的阶段,我邀她同我合作翻译了第三本书。现在,她已是南开大学法学院的一名青年教师。感谢她们的翻译以及对我的信任,这种不完全是基于分工的合作,在当下越来越讲求效率的学术时代,也是一份弥足珍贵的经历。

回想三部曲的翻译,从第一本起头,到现在第三本书即将出版,前后历时大约五年。过去这五年,我们都在见证历史,有特朗普,有"新冠"疫情……美国在变,世界在变,我们也在变。什么没有变?如果要我回答这个问题,答案也许是文字工作者的本分,教书育人者的职责,以及学术共同体的友谊和信任。说到这里,我要感谢《我们的孩子》的编辑刘海光、张阳和陈邓娇,《娇惯的心灵》和《寒门子弟上大学》的编辑王晨晨。冯金红老师对"雅理译丛"在三联的出版,一直给予最大的支持和包容,我也要特别感谢她。

当然,最后也是最需要感谢的是这三本书的读者,尤其是三本书都读过的读者们!

田雷
2021年3月8日